JN051882

頭のいい子を育てる
ジュニア
日本の
歴史
366
ぜんぶ この日に あったこと!
主婦の友社

まえがき

いきなりですが、質問です。

今日は何月何日ですか？

この本は、日本の歴史のできごとを1月から12月までの日付順に、１日ひとつ366日分、紹介しています。

キミが送っている今日という日は、何もない平和な１日かもしれません。

けれど、今日と同じ日付の過去を調べてみると、歴史に残る大事件が起きていたり、うれしいできごとがあったりします。

いったい、昔の日本に何があったのか――。

「今日」という共通点があると、歴史というものがもっともっと身近に感じられるのではないでしょうか。

ちなみに、この本の読み方は自由です。自分やお友だち、おうちの人の誕生日にあったできごとから読んでもいいし、もちろん普通に読み進めてもかまいません。

また、日付順に並べた366個のできごとには、飛鳥時代から平成時代までのできごとがまんべんなくとり上げられています。日本の歴史が苦手という人でも、読み進めているうちに歴史が好きになり、いつの間にかインプットされていることまちがいなしです。

では、さっそくページをめくりましょう！

小和田哲男

この本の読み方

日本史で過去の「今日」に起こったことを、イラスト入りでわかりやすく紹介するよ。1年366日分の歴史を楽しく学んでね！

時代

時代の呼び名が書かれているよ。
何時代の「できごと」かを確認しよう！

期間	時代
593～710	飛鳥時代
710～794	奈良時代
794～1185	平安時代
1185～1333	鎌倉時代
1333～1392	南北朝時代
1336～1493	室町時代
1493～1573	戦国時代
1573～1603	安土桃山時代
1603～1868	江戸時代
1868～1912	明治時代
1912～1926	大正時代
1926～1989	昭和時代
1989～2019	平成時代
2019～	令和

日付

1月から12月までの日付が順に並んでいるよ。

タイトル

「できごと」をざっくりと紹介しているよ。興味がわいたものから、ゆっくり読んでみてね。

イラスト

この日に起こったことをイラストにしてあるよ。つけ足しの説明があるので、知識が広がるよ。

解説

まるで登場人物本人が言っているように、その「できごと」を説明するよ。

ミニクイズ

このページに関係する「人物」や「できごと」のミニクイズがあるよ。答えはページのいちばん下だよ。

1月16日

1月16日（天平勝宝6年）

鑑真が来日した日
西暦754年2月12日

このあたり
710　794
奈良時代

視力を失ってもワシには見える これが夢にまで見た日本！

唐の僧だった鑑真が苦難の末に来日。聖武上皇らに仏教で守らなければいけない決まりを伝えると、自らの教えを広めるために唐招提寺を建てました。

鑑真が6回目の渡航でやっと日本の地をふんだ日

遣唐使（※）船でやってきた日本の僧・栄叡どの、普照どのの依頼を受けて日本に行く決意をしたのが天平元年（729年）のこと。ところが5回にわたって渡航に失敗。6回目でようやく日本の地をふむことができた。残念なことに、そのときにはワシの目は見えなくなっておったがのう。

唐から日本に来た鑑真

※日本の代表として唐に行った人。

クイズ　鑑真が一時住んだという東大寺があるのは現在の何県？

① 岩手県　② 和歌山県　③ 長野県　④ 奈良県

34

クイズの答え：④　奈良は当時の都（平城京）でもあった。

マーク

この日はどんなことがあった日なのか、一目でわかるマークがあるよ。

命日

誕生日

即位・任命

災害

事件

イベント・記念日

政治

条約

できごと

戦争

この日について

この日にあったことや起こったことなどをひと言で書いているよ。

ずっとおなかが痛いし、気分も悪い。そうだ、「小説」を書いてみよう！

作家の夏目漱石は若いころから体が弱く、胃と神経の病気に悩んでいました。そこで気分転換のために書き始めた小説が大ヒットしたのです！

クイズ

夏目漱石が書いた小説の代表作といえば？

❶ お嬢さん
❷ 坊っちゃん
❸ おかあさん

英語の先生から大作家へ、夏目漱石の誕生日

漱石が生まれたのは江戸時代の終わりのころだった。本当の名前は夏目金之助。体は弱かったけど、勉強は得意で、大学を出たあとは英語の先生になり、イギリスにも留学した。しかし、神経病を悪くし、気分転換に書いたのが初めての小説『吾輩は猫である』だったんだ。漱石はその後、教師をやめて作家になり、『三四郎』『こころ』などの小説を発表。明治時代、そして日本を代表する大作家になったよ。

おまけ

ペンネームの「漱石」は「頑固者」「変わり者」という意味。20歳ごろ、友人の正岡子規と俳句を作り始めたときに名乗るようになりました。

クイズの答え：② 2階から飛び降りた主人公は「一週間ほど腰をぬかした」そうだよ。 23

西暦

今の日本、ヨーロッパやアメリカの国々で使われている年月日。

和暦

元号が書かれた日本だけの特別な暦だよ。

クイズ

メインがクイズや、まちがい探しのページもあるので、読んでいて飽きないよ。答えはページのいちばん下にあるよ。

おまけ

クイズとまちがい探しがメインになっているページには、おまけの説明が書かれているよ。

忍者でござる！

ページのいたるところに忍者が隠れているよ。ぜひ探してみてね！

もくじ

1月

2月

4年に1度のうるう年は29日まで!

3月

4月

5月

6月

7月

8月

9月

10月

11月

12月

ちょっとひと休みコラム

1月1日（明治6年）

日本の暦が太陽暦に変わった日

西暦1873年1月1日

このあたり 1868 1912 明治時代

12月2日の翌日が1月1日!? 日本の暦が変わった日

月の満ち欠けを基準にしていたカレンダーから、
地球が太陽の周りを1周することを基準にしたカレンダーに変わりました。

季節とカレンダーがズレてしまう昔の日本の暦をチェンジ!

今の日本の暦は、 地球が太陽の周りを回るのにかかる時間を基準にした「太陽暦（新暦）」だよ。 それまでは「太陰太陽暦（旧暦）」といって月の満ち欠けを基準にしていたんだ。 でも、 季節と暦が大きくズレてしまうので、 1年を13カ月にするなど調整が必要だったんだよ。 ただ、 今の太陽暦でも少しだけズレが出るので、 4年に1度のうるう日（うるう年）の2月29日で調整しているんだよ。

クイズ 次のうち、うるう年はどれ？

❶ 2019年　❷ 2020年　❸ 2021年　❹ 2022年

クイズの答え：② 令和2年。東京オリンピックが開催予定だった。

1月2日（永享8年）

室町幕府第8代将軍・足利義政の誕生日
西暦1436年1月20日

1336 このあたり 1493
室町時代

義満じいちゃんが金閣だったら、ワシは銀閣を建ててやろう！

茶道を楽しんだり絵をかいたりと、趣味をきわめた足利義政。彼がつくった文化を「東山文化」といいます。

銀閣は、義政の死後に完成した。その死を悲しみ、あの世で幸せになってもらうことをいのる寺となった。

室町幕府第8代将軍となる足利義政がこの日に誕生！

14歳で将軍になったワシの望みは、尊敬する祖父のような風流（※）な生活を送ること。祖父とは金閣を建てた室町幕府第3代将軍・足利義満のことじゃ。ワシは約11年も続いた戦い、応仁・文明の乱の原因をつくったとかいわれているが、ワシが建てた銀閣はなかなかのものだろう?

※上品で味わいのあること。

クイズ 室町幕府の初代将軍は？

① 足利尊氏　② 足利義満　③ 足利義教　④ 足利義尚

クイズの答え：① 34歳のときに光明天皇によって征夷大将軍の役目につけられた。

1月3日 (嘉永4年)

ジョン万次郎が日本に帰国した日
西暦1851年2月3日

このあたり
1603 1868
江戸時代

久々の日本！やっぱり故郷が一番だな～

日本で初めてアメリカに渡った土佐の中浜万次郎(ジョン万次郎)が帰国したのは幕末のこと。多くの知識人が万次郎に影響を受けました。

14歳で渡米したジョン万次郎が10年ぶりに帰国

今の高知県で漁師の子として生まれた万次郎は14歳のときに、炊事係として日本の漁船に乗っていて遭難。無人島で暮らしていたところをアメリカのクジラをとるための船に救われ、そのままアメリカで暮らすことになったんだ。その後、アメリカで必死に勉強をして、船で働いたり金をほり出したりしてお金を貯めた。そして、遭難から10年、ようやく帰国することができたんだ。ちなみに帰国したあとは、通訳などの重要な仕事をしたんだよ。

クイズ 救助された万次郎がアメリカ本土に渡る前に立ち寄った島は？

① 伊豆大島　② グアム　③ ハワイ　④ マウイ

クイズの答え：③ 当時はハワイ王国(1795～1893年)といって、アメリカとは別の国だった。

1月4日（明治10年）

地租を改め、軽減した日
西暦1877年1月4日

このあたり
1868 1912
明治時代

マジ無理！　こんな高い税金だれが払えるっていうんだ～？

明治政府はこの日、4年前に決めた税金のしくみを変えました。なぜかというと、その税率が高いと多くの人々が不満を持ったからです。

明治政府、地租を3%→2.5%に引き下げ

明治政府は作物などを納めていたそれまでの税のしくみを変えて、土地の価格の3%を地租としてお金で納める「地租改正」という制度をつくったんだ。そうすれば毎年、決まった金額が政府に入るので収入は安定するからね。ところが農民は、作物がうまく育たなかったときも同じ金額を払わなくちゃいけない。それで反対する運動が各地で起きた。さすがにこれじゃまずいと思ったのか、政府は地租を2.5%に下げたんだよ。

クイズ　日本史上、初めて全国的に行われた土地制度改革は？

❶ 天皇検地　❷ 関白検地　❸ 太閤検地　❹ 将軍検地

クイズの答え：③　天正10年（1582年）、山崎の戦いのあとに羽柴（豊臣）秀吉が始めた。田畑の面積や収穫量を調べた。

1月5日（慶応3年）

夏目漱石の誕生日
西暦1867年2月9日

このあたり
1603　1868
江戸時代

ずっとおなかが痛いし、気分も悪い。そうだ、「小説」を書いてみよう！

作家の夏目漱石は若いころから体が弱く、胃と神経の病気に悩んでいました。そこで気分転換のために書き始めた小説が大ヒットしたのです！

クイズ

夏目漱石が書いた小説の代表作といえば？

1. お嬢さん
2. 坊っちゃん
3. おかあさん

英語の先生から大作家へ、夏目漱石の誕生日

漱石が生まれたのは江戸時代の終わりのころだった。本当の名前は夏目金之助。体は弱かったけど、勉強は得意で、大学を出たあとは英語の先生になり、イギリスにも留学した。しかし、神経病を悪くし、気分転換に書いたのが初めての小説『吾輩は猫である』だったんだ。漱石はその後、教師をやめて作家になり、『三四郎』『こころ』などの小説を発表。明治時代、そして日本を代表する大作家になったよ。

おまけ

ペンネームの「漱石」は「頑固者」「変わり者」という意味。20歳ごろ、友人の正岡子規と俳句を作り始めたときに名乗るようになりました。

クイズの答え：②　2階から飛び降りた主人公は「一週間ほど腰をぬかした」そうだよ。

1月6日（慶応4年）

徳川慶喜が大坂を脱出した日

西暦1868年1月30日

このあたり

1603　1868

江戸時代

将軍様が敵から逃げ出す!?
これじゃ勝てるワケないよ～！

徳川幕府軍と新政府軍の最初の戦闘となった鳥羽・伏見の戦いは、徳川慶喜が敵を前にして逃げ出して、あっけなく決着したのでした。

徳川慶喜が味方を置いて大坂城から逃亡

徳川幕府軍と新政府軍が戦った戊辰戦争。その緒戦（※）となった鳥羽・伏見の戦いの指揮を大坂城でとったのが、第15代将軍・徳川慶喜。最新兵器を使ってやる気マンマンの新政府軍にビビったのか、慶喜は、身分の高い家来だけを連れてこっそり江戸に逃げ帰ってしまったんだ。見捨てられた幕府軍はガッカリ。戦いは新政府軍の勝利に終わり、徳川家の立場は弱くなったんだ。

※戦いが始まったばかりの段階。

クイズ　戊辰戦争が起きたときの天皇は？

❶ 孝明天皇　❷ 明治天皇　❸ 大正天皇　❹ 昭和天皇

クイズの答え：② 慶応3年（1867年）に即位した。

1月7日（天保6年）

前島密（郵便の父）の誕生日
西暦1835年2月4日

このあたり
1603 1868
江戸時代

1円切手のモデルをご存じか？あれはワシなんじゃよ!!

日本の郵便事業を始めたのは、1円切手のモデルになった前島密という人で、「郵便の父」と呼ばれています。

郵便制度によって配達時間が短くなったり、料金が安くなったりしたので、手紙を届ける職業の飛脚はなくなっていった。

切手の肖像となった「郵便の父」前島密

みんながふだん使っている普通切手。そのうち1円切手のモデルだけは、昭和22年（1947年）に発行されてから1度も変わっていないんじゃ。その理由は、「郵便の父」といわれたワシがモデルになっているからなんじゃよ。日本で郵便事業を新しくつくり、切手の発行やポストの設置もワシが主導したんじゃ。

クイズ 次のうち、製造を終了した普通切手は？

❶ 2円切手　❷ 3円切手　❸ 5円切手　❹ 10円切手

クイズの答え：② 3円切手は2019年9月30日に製造が終了になった。

1月8日

1月8日（正保3年）

江戸幕府第5代将軍・徳川綱吉の誕生日
西暦1646年2月23日

このあたり
1603 1868
江戸時代

生き物を大事にしなさい！お犬様をいじめると許さないぞ～

江戸幕府の第5代将軍・綱吉は、生類憐みの令を出したことで有名です。特に犬を大事にしたので「犬公方」とも呼ばれました。

ホントは勉強熱心な名将軍、徳川綱吉の誕生日

徳川綱吉は兄の第4代将軍・家綱のあと、35歳で将軍になった。当時は元禄時代といって、景気もよく江戸や大坂でいろんな文化が花開いた。綱吉も勉強熱心でいい将軍だったけれど、40歳ごろに出した生類憐みの令は評判が悪かった。これは、鳥の巣がある木を切ってはいけない、趣味で釣りをしてはいけないといった、生き物を大切にする決まりだったんだ。特に犬は特別で、いじめた人を密告すると賞金がもらえたんだって。

おまけ

綱吉が犬を大事にしたのは、自分がいぬ年生まれだったからという説があります。大きな犬小屋に役人をおき、「御犬様」と呼んで保護しました。

まちがい探しの答え：①家来の頭　②徳川綱吉の右手に持っているもの　③ひざの上の犬

ここの
1月9日（慶応3年）

明治天皇が即位した日
西暦1867年2月13日

このあたり
1603 1868
江戸時代

武士の世はもう古い！新しい時代の始まりだっ！

平安末期から続いた武士たちによる政治が終わりを告げ、明治天皇のもとで天皇中心の新しい政治が始まりました。

第122代天皇として明治天皇が即位した

江戸幕府の終わりに孝明天皇が崩御（※）し、明治天皇が第122代天皇になったよ。同じ年、徳川慶喜が大政奉還（※）して武家政権が終わると、明治天皇は新しい政府をつくることを宣言。新政府のもとで大日本帝国憲法、皇室典範（天皇や皇族についての決まり）、教育勅語（教育についての天皇からの言葉）などが決められ、天皇を中心とした国家がスタートしたんだよ。

※天皇や皇后が亡くなること。　※政権を朝廷に返上すること。

クイズ　大正元年は明治何年？

❶ 15年　❷ 45年　❸ 50年　❹ 64年

クイズの答え：② 明治45年7月30日が改元によって大正元年7月30日となった。

1月10日（明治6年）

徴兵令が出された日
西暦1873年1月10日

このあたり 1868 1912 明治時代

兵隊になるのが義務だなんて、そんなの聞いてないよ～

すべての男子が決まった期間は兵士になって国を守る国民皆兵制。その完成を目指し、明治新政府は徴兵令を出しました。

国民を兵士として呼び集めるための法律が徴兵令

国家が国民を集めて、一定の期間、兵役につかせることを徴兵というよ。明治政府は、ヨーロッパやアメリカに追いつくために国民軍が必要と考えて、この日に徴兵令を出したんだ。国民軍は身体検査に合格した男子の中から抽選で選ばれ、3年間は軍隊に入ることを義務づけた。また、その後の4年の間に戦争が起きたら軍隊に戻らなければならなかったんだって。

 現在、徴兵制を採用している国は？

❶ ドイツ　❷ イギリス　❸ フランス　❹ 韓国

クイズの答え：④　韓国の男性は、満18歳で徴兵検査対象者となる。

1月11日（永禄10年）

上杉謙信が敵に塩を送った日
西暦1567年2月19日

1493　このあたり　1573
戦国時代

ひきょうな手は許さん!!
武士は弓と刀で戦うものじゃ!

敵の今川氏と北条氏から塩を止められ、苦しい立場になった武田信玄。そこに救いの手を差し伸べたのは長年の宿敵・上杉謙信でした。

上杉謙信、ライバルの武田信玄に塩を送る

わが宿命のライバル・武田信玄が、今川氏や北条氏に大事な塩の流通を止められて困っているという。なんたること！ 戦いで白黒つけるのが武士の決まり。塩で敵を苦しめるとは、ひきょうきわまりない！ 信玄よ、心配はいらん。ならばワシがいくらでも塩を送ってしんぜよう。そして、正々堂々と戦おう！

塩を送った上杉謙信

上杉謙信の元服（大人になったことを示す儀式）前の名前は？

❶ 松平元康　❷ 長尾景虎　❸ 明智十兵衛　❹ 木下藤吉郎

クイズの答え：② 永禄4年（1561年）に上杉家を相続して上杉姓を名乗った。

1月12日 (大正3年)

20世紀最大の爆発！　桜島が大噴火した日

西暦1914年1月12日

このあたり　1912　1926　大正時代

鹿児島のシンボルが大噴火！「島」じゃなくなっちゃった？

昔から何度も大噴火をくり返し、今も活発に火山活動を続ける桜島。大正の大噴火によって、大隅半島と陸続きになりました。

直前に地震や煙などの前ぶれがあった桜島の大噴火

前の年から大爆発の予兆はあった。海水の温度が上昇してたくさんの魚やエビが死んだり、地面も温かくなって、冬なのにヘビやカエルが冬眠せずに活動していたんだって。地震が多くなり、煙も見えたりしたので住民は避難を始めていた。そしてこの日の午前10時5分、大きな音とともに噴火が起こり、煙は上空3キロまで上がった。大量の溶岩が流れ出して海が埋まり、桜島は大隅半島と陸続きになったんだ。

おまけ

大正の大噴火の煙は、九州地方全体をおおいつくしました。火山灰は、1000キロ以上はなれた小笠原諸島や、東北地方でも観測されました。

まちがい探しの答え：　①噴火の石　②溶岩　③右の人の手ぬぐいのがら

1月13日（建久10年）

鎌倉幕府初代将軍・源頼朝が急死した日

西暦1199年2月9日

このあたり 1185 1333 鎌倉時代

実は原因がよくわからない？ 記録が残っていない頼朝の死

鎌倉幕府のできごとをまとめた『吾妻鏡』という歴史書がありますが、初代将軍・源頼朝が亡くなった理由は、書かれていません。

クイズ

頼朝が亡くなったきっかけは？

❶ 馬から落ちた

❷ 家来の裏切り

❸ 家が火事になった

公式記録にも残っていない、ナゾだらけの頼朝の死

『吾妻鏡』は、初代将軍・源頼朝が伊豆から戦に向かったときから、第6代将軍までの87年間、鎌倉幕府に起きたできごとをくわしく記した歴史書。それなのに、頼朝が亡くなるまでの3年間はスッポリ記録が抜けているんだ。亡くなる前の年、頼朝が相模川の橋が完成したお祝いに参加したことは別の書物に書かれているけど、そのほかはナゾのままなんだ。なぜ記録が残っていないんだろう。もしかして暗殺されたのかも!?

おまけ

橋の完成祝いの帰り道、頼朝が落馬したと伝えられる場所にあった川は、「馬入川」と呼ばれるようになりました。これも落馬説のひとつの理由になっています。

クイズの答え：① 一説には重い糖尿病にかかったことが原因で落馬したという。

1月14日 (昭和34年)

南極でタロとジロの生存が確認された日
西暦1959年1月14日

このあたり
1926 1989
昭和時代

生きててくれてありがとう！ 置き去りにしてゴメンよ～

悪天候のため南極に置き去りにされた犬ぞり用の樺太犬のうち
タロとジロが生きていたことが1年後に確認されました。

日本中を感動させたタロとジロの奇跡！

昭和基地（※）を訪れた第3次越冬隊が、犬のタロとジロの生存を確認。この2頭は犬ぞりを引くために人間と南極に行った樺太犬の兄弟です。1年前、悪天候で冬も南極にいることをあきらめたとき、15頭の犬が鎖につながれたまま置き去りにされました。生存は絶望的とされましたが、タロとジロはなんとか生き延びていたのです。その後、タロは帰国して15歳近くまで生きました。ジロは5歳のとき、基地で病死しています。

※日本の南極観測基地。

次のうち大陸でないものは？

① 北極　② アフリカ　③ オーストラリア　④ 南極

クイズの答え：① 海が凍ってできた北極は、大陸ではない。

1月15日（昭和24年）

成人の日が祝われた日
西暦1949年1月15日

このあたり
1926 1989
昭和時代

祝20歳！　これでボクも大人の仲間入り？

昭和23年に決められた祝日法では、成人を祝う成人の日など、9つの国民の祝日がつくられました。

国民の祝日のひとつとして成人の日ができた

昔から、子どもが大人の仲間入りをしたことを祝う儀式として「元服」と「裳着」があった。元服は男子の11～16歳、裳着は女子の12～14歳。今の中学生くらいの年齢だから、昔はずいぶん幼いうちに大人あつかいされていたんだね。成人する年齢が20歳と定められたのは明治時代のこと。1月15日が「成人の日」として国民の祝日となったのは昭和24年。1月第２月曜日に変更されたのは平成12年（2000年）からなんだ。

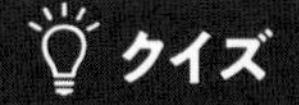

国民の祝日ではないものはどれ？

❶ 元日　❷ 成人の日　❸ ひなまつり　❹ こどもの日

クイズの答え：③　3月3日のひなまつり（桃の節句）は祝日ではない。

1月16日 （天平勝宝6年）

鑑真が来日した日

西暦754年2月12日

このあたり
710 794
奈良時代

視力を失ってもワシには見える これが夢にまで見た日本！

唐の僧だった鑑真が苦難の末に来日。聖武上皇らに仏教で守らなければいけない決まりを伝えると、自らの教えを広めるために唐招提寺を建てました。

鑑真が6回目の渡航でやっと日本の地をふんだ日

遣唐使（※）船でやってきた日本の僧・栄叡どの、普照どのの依頼を受けて日本に行く決意をしたのが天平元年（729年）のこと。ところが5回にわたって渡航に失敗。6回目でようやく日本の地をふむことができた。残念なことに、そのときにはワシの目は見えなくなっておったがのう。

唐から日本に来た鑑真

※日本の代表として唐に行った人。

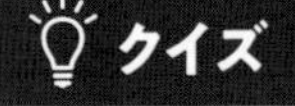
クイズ 鑑真が一時住んだという東大寺があるのは現在の何県？

① 岩手県　② 和歌山県　③ 長野県　④ 奈良県

クイズの答え：④ 奈良は当時の都（平城京）でもあった。

1月17日（明治7年）

民撰議院設立建白書が提出された日
西暦1874年1月17日
このあたり 1868 1912
明治時代

みんなで勝ちとった明治維新！（※）

薩長の好きにはさせないぞ！

維新の中心となった薩摩藩と長州藩がそのまま重要な地位を独占。これに反発し、国民を中心とした民主的な国会を目指す動きが生まれました。

これまでの政治をよく思っていない土佐出身の政治家・板垣退助らは、政府に対し民主的な国会にしようと求めた。

民主的な議会を目指して、民撰議院設立建白書を提出

明治維新の中心となった薩摩（今の鹿児島県）と長州（今の山口県）の2藩が、その後も政界を独占し続けているのはおかしい。そこで土佐出身のワシ、板垣退助や後藤象二郎、佐賀出身の副島種臣らが、国民から選ばれた代表者で国会（民撰議院）をつくり、民主的な政治を目指そうという意見書を政府に提出したのだ。

※江戸時代の終わりに起きた、日本を近代化させるため、世の中を変化させようとする動きのこと。

クイズ 板垣退助は土佐藩出身。この土佐は現在の都道府県でいうと？

❶ 北海道　❷ 福井県　❸ 高知県　❹ 鹿児島県

クイズの答え：③　維新後の廃藩置県で高知県となった。

1月18日 (明暦3年)

明暦の大火が起きた日
西暦1657年3月2日

このあたり 1603 1868
江戸時代

こうなる前の火の用心！火元のチェックは忘れずに

江戸時代の大災害で「江戸三大大火」といわれる、明暦の大火・明和の大火・文化の大火。そのうち最も被害が大きかったのが明暦の大火です。

江戸城天守も焼けてなくなった明暦の大火

江戸は火事がとても多い町だったんだ。木造の家が中心の江戸の町にとって、火事はとても大事！明暦の大火は、市街地のほとんどを焼きつくしただけでなく、江戸城天守も焼いてしまったんだ。火事で亡くなった人も約10万人！ 建て直されてからは、防火のために道幅が広い広小路が設けられ、町にある家やお店の大きさ、道路の幅が統一されることになったんだ。

クイズ 江戸時代の消防士をなんと呼んだ？

① 火消し　② 岡っ引き　③ 雲助　④ 浪人

クイズの答え：① 所属によって定火消、大名火消し、町火消しの3種があった。

1月19日 (応永35年)

足利義教が室町幕府第6代将軍になった日
西暦1428年2月4日

このあたり
1336 1493
室町時代

やった〜! クジ引きで将軍になれちゃった!

日本でいちばんえらい将軍というポジション。
室町時代には、クジ引きという方法で選ばれた人もいたそうです。

この日、足利義教が室町幕府第6代将軍に選ばれた

19歳という若さでこの世を去った室町幕府5代将軍の足利義量。6代目となる次の将軍は、ふつうなら義量の子どもが引きつぐもの。でも、残念ながら義量には子どもがいなかった。そこで、次の将軍候補に挙がったのが4代将軍・足利義持の4人の弟たち。この4人で将軍を決めることに……。選んだ方法がびっくりするほど意外!なんと、それはクジ引き。そして将軍になったのが足利義教だったんだよ。

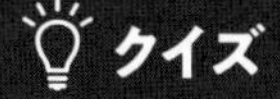
クイズ 足利義教が将軍になる前の職業は?

❶ 農民　❷ 武士　❸ 商人　❹ 僧侶

クイズの答え:④ 足利義教は義円という名前の僧侶だった。

1月20日（昭和22年）

学校給食が始まった日
西暦1947年1月20日

このあたり
1926 1989
昭和時代

今日のおかずはなんだろう？ みんなでおいしく、いただきます

戦後、育ちざかりの子どもたちが栄養不足にならないように
学校給食が全国的に行われるようになりました。

全国の学校で給食が始まった

貧困家庭の子どもを対象に、パンなどの簡単な給食が配られることは明治・大正のころからあったんだ。それが全国規模になったのは戦後のこと。東京、神奈川、千葉の学校で試験的に行われ、この日から全国の都市に対象が広がったよ。300万人の子どもたちが食べていたそのころの給食は、今とはちがって簡素なもの。なんと、メニューはトマトシチューと脱脂粉乳だけだった！

クイズ 次のうち主食でないものは？

❶ ごはん　❷ 食パン　❸ うどん　❹ スープ

クイズの答え：④　以前は主流だったパン食は近年減少し、ごはん食が増えている。

1月21日（慶応2年）

薩長同盟が結ばれた日
西暦1866年3月7日

昨日の敵は今日の友！ 幕府は首を洗って待っていろ！

立場のちがいから対立していた薩摩と長州が急速に接近。坂本龍馬らの仲介で、江戸幕府を倒すための軍事同盟を結びました。

江戸幕府を倒すぞ！　薩摩と長州が手を組んだ薩長同盟

慶応2年（1866年）の薩長同盟で、倒幕運動が一気に進んだことは知っているかな。京都の薩摩藩（今の鹿児島県）のお屋敷で、薩摩の西郷隆盛らと長州（今の山口県）の桂小五郎（のちの木戸孝允）らが会見。武力で幕府を倒すことをちかったんだ。長く敵対関係にあった薩摩と長州の間をとりもったのが、土佐（今の高知県）の坂本龍馬と中岡慎太郎だといわれているよ。これにより、幕府はいよいよ追いつめられることになるんだ。

坂本龍馬がリーダーとなって結成した組織は？

① 奇兵隊　② 陸援隊　③ 海援隊　④ 白虎隊

クイズの答え：③　日本初の株式会社とされる亀山社中が発展した組織。

1月22日（明治20年）

電力会社が営業を開始した日

西暦1887年1月22日

このあたり 1868 1912 明治時代

なにこれ昼間みたい！ これが電気の明かりなの？

日本で初めてつくられた電力会社が東京電燈会社で、最初に点灯した場所が、鹿鳴館という西洋館でした。

日本初の営業用の電灯が鹿鳴館にともる

今日は移動式発電機によって鹿鳴館に電灯がともった日だ。私は電機メーカー東芝の創業者で「日本のエジソン」と呼ばれる藤岡市助。私が設立者に名を連ねる日本初の電力会社「東京電燈会社（今の東京電力）」が開業してから最初の点灯をした記念すべき日となったのだ。

日本のエジソン・藤岡市助

クイズ 電灯が広まる前、使われていた照明は？

❶ 行灯　❷ ろうそく　❸ 石油ランプ　❹ ガス灯

クイズの答え：④　主に街灯として利用されていた。

1月23日

(明治40年)

物理学者・湯川秀樹の誕生日
西暦1907年1月23日

このあたり
1868 1912
明治時代

祝・ノーベル賞ゲット!
なんでも「初」はいいもんだ!

第二次世界大戦の敗戦から4年。いまだ戦勝国・アメリカの支配のもとにあった日本。国民に勇気をあたえる、久しぶりの明るいニュースでした。

陽子と中性子がバラバラにならないのは、両者をつなぎとめる何かがあるからでは? という疑問からスタートしたんだ。

湯川秀樹が「中間子論」でノーベル物理学賞を受賞した

物質の最小単位が原子。その中心にある原子核内に、中間子という未知の存在を予言したのが中間子論だ。のちにイギリスの物理学者パウエルがπ中間子(最も軽い中間子)を発見したことで私の理論は証明され、昭和24年(1949年)のノーベル賞受賞につながった。ちなみに翌年はパウエルが受賞したぞ。

クイズ 湯川秀樹に次いで日本人で2番目にノーベル賞を受賞したのは?

① 朝永振一郎　② 川端康成　③ 田中耕一　④ 山中伸弥

クイズの答え:① 受賞部門は物理学賞。通算8回目のノミネートだった。

1月24日（昭和47年）

横井庄一がグアム島で発見された日
西暦1972年1月24日

1926 このあたり 1989
昭和時代

降伏は恥！と教えられ 28年間のジャングル暮らし

敗戦を知らずにジャングルに隠れ住んでいた元日本兵の横井庄一がグアム派遣から28年たった昭和47年、地元の漁師に発見されました。

グアム島で元日本兵の横井庄一が発見された

第二次世界大戦の終戦から28年目、グアム島で元日本兵の横井庄一が発見された。横井さんは昭和19年（1944年）に兵士としてグアム島へ！ アメリカ兵から逃れるためにジャングルにひそんでいたんだ。そして敗戦を知らぬまま、ずっと自給自足の生活を送っていた。帰国時の言葉「恥ずかしながら帰ってまいりました」には、戦場に向かうときの生きては戻らないという覚悟を決めた横井さんの思いが表れているんだ。

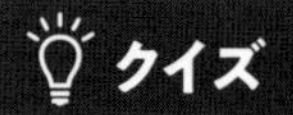
クイズ グアム島は現在、どの国の領土？

① スペイン ② アメリカ ③ イギリス ④ 日本

クイズの答え：② 太平洋戦争開戦から終戦まぎわまで日本が支配していた。

1月25日（昌泰4年）

菅原道真の大宰府行きが決まった日
西暦901年2月16日

このあたり
794　1185
平安時代

このうらみ、晴らさずには死んでも死にきれん！

裏切りの疑いで地位を失った菅原道真。
死後は学問の神「天神様」として敬われるようになりました。

菅原道真が裏切りの疑いで地位を失った「昌泰の変」

学問の神「天神様」といえば菅原道真のこと。有能で天皇からの信頼も厚く、朝廷のナンバー2である右大臣に上りつめたんだ。でも朝廷のトップ、左大臣・藤原時平が、道真が裏切りをたくらんでいると天皇に報告。地位を落とされて遠い大宰府に行かされた道真は、そのまま亡くなってしまった。その後、人々の不幸は道真のうらみによるしわざとされ、それをしずめるために道真は天神様としてまつられるようになったよ。

クイズ　菅原道真の怒りをしずめるため京都に建てられた神社は？

① 八坂神社　② 北野天満宮　③ 清水寺　④ 伏見稲荷大社

クイズの答え：② 「天神さん」の愛称で知られ、現在も多くの受験生がおまいりする。

1月26日 (昭和24年)

文化財防火デー
西暦1949年1月26日

このあたり
1926 1989
昭和時代

焼けたら、元には戻らない 大事な文化財を火事から守れ!

法隆寺の火災で重要文化財の壁画が焼けてしまったことをきっかけに文化財防火デーがつくられました。

法隆寺金堂で火災が起きて文化財の壁画が焼けた

平成5年 (1993年)、法隆寺は世界最古の木造建築物として、日本で初めてユネスコの世界遺産に登録されたんだ。この日はその金堂 (寺の中心になる仏像を置いてある建物) が火事になり、文化財の壁画の多くが焼けてこわれてしまった日なんだ。文化財防火デーは、この火事をきっかけにつくられたもの。昭和30年 (1955年) から実行されて、全国的に文化財を火事から守る運動や避難訓練などが行われているよ。

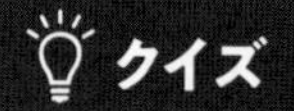
クイズ 法隆寺を建てたとされている人物は?

❶ 聖徳太子　❷ 蘇我入鹿　❸ 天智天皇　❹ 中臣鎌足

クイズの答え:① 用明天皇が亡くなる前の願いで、薬師三尊像を安置するために建てられた。

1月27日 （建保7年）

源　実朝が暗殺された日
西暦1219年2月13日

このあたり
1185　1333
鎌倉時代

あの世で頼朝もビックリ！源氏将軍、3代で終了！

源平合戦で平氏をほろぼし、鎌倉に幕府を開いた源氏ですが、実朝の死により、幕府のトップは源氏から北条氏へと移りました。

雪の積もる正月の鶴岡八幡宮で待ち受けていた公暁（第2代将軍・頼家の子）がおまいりに来た実朝を襲撃。

源　実朝が暗殺され源氏の血を引く将軍がとだえる

鎌倉幕府を開いた源頼朝の息子として生まれた私は、兄・頼家のあとをついで第3代将軍になった。ところが権力を母の親せきの北条氏にうばわれ、鶴岡八幡宮におまいりに行ったときにおいの公暁に殺されてしまった。これにて源氏の将軍も私の代でおしまい。偉大な父上にあの世で合わせる顔がないよ～。

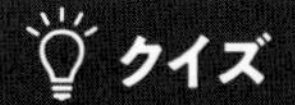

クイズ　源　頼朝の妻で、源実朝の母にあたる女性は？

① お市の方　② 日野富子　③ 北政所　④ 北条政子

クイズの答え：④　実朝の死後は将軍の後見役（若い主人を助ける役割のこと）となり、尼将軍と呼ばれた。

1月28日（和銅5年）

『古事記』が完成した日
西暦712年3月9日
このあたり
710 794
奈良時代

あの神話や、この神話など、おなじみのエピソードが満載

国の成り立ちから推古天皇までの歴史を記した、日本最古の歴史書『古事記』を太安万侶が完成させました。

完成した『古事記』が天皇に献上された

日本最古の歴史書といえば『古事記』だね。編纂（※）したのは太安万侶。序文（前書き）によると、完成したのは和銅5年（712年）のことで、第43代・元明天皇に献上（身分の高い人に物をさしあげること）されている。内容は上中下の3巻に分かれていて、上巻は序文と神話の時代、中巻は初代・神武天皇から第15代・応神天皇まで、下巻は第16代・仁徳天皇から第33代・推古天皇までが記されているんだ。

※いろいろな材料を集め、整理・文を書き足して書物を作成すること。

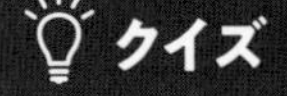

クイズ　『古事記』と並ぶ日本の古い歴史書は？

❶『日本書紀』　❷『史記』　❸『太閤記』　❹『今昔物語』

クイズの答え：① 日本書紀は天皇の命令で編纂された最古の歴史書でもある。

1月29日

（長和5年）

藤原道長が摂政となった日

西暦1016年3月10日

このあたり
794　1185
平安時代

欲しいもの、ぜ〜んぶ手に入れちゃった！

娘が産んだ子が天皇になると、家来の身でも大きな権力を得られます。その望みをかなえた藤原道長は、政治を動かす摂政の位につきました。

3人目の娘が天皇の妻になったとき「この世をばわが世とぞ思ふ望月の欠けたることもなしと思へば」とうたった。

藤原道長が摂政になって、藤原氏の時代が到来

家来として最高位となる左大臣に昇進した藤原道長は、自分の娘たちを天皇の妻とすることに成功！ これにより、後一条天皇、後朱雀天皇、後冷泉天皇の外祖父（※）となったんだ。後一条天皇が即位したときに摂政（天皇にかわって政治を行う役目）になり、藤原氏が摂政と関白（天皇を助ける大事な役割）を独占する、藤原摂関政治の時代がスタートしたよ。

※母の親せき側の祖父が外祖父。天皇の外祖父になると大きな権力を手にすることができた。

クイズ 藤原道長の娘に家庭教師として仕えた『源氏物語』の作者は？

①清少納言　②紫式部　③和泉式部　④小野小町

クイズの答え：② 紫式部は史料としても価値のある『紫式部日記』も残している。

1月30日（文政6年）

勝海舟の誕生日
西暦1823年3月12日

このあたり
1603　1868
江戸時代

西洋と対等に話をしたかったら国がひとつになんなきゃダメさ

貧しい武士の家に生まれた勝海舟は、船の艦長としてアメリカへ。外国と交流する大切さを知り、江戸幕府を倒すための道筋をつけました。

薩摩の西郷隆盛とともに、江戸の町で戦争が起こらないように城を明け渡す「江戸城無血開城」を実現。

江戸幕府265年の歴史に幕をおろした勝海舟

なんでも長いこと続ければ調子が悪くなる。幕府だって同じことさ。知ってるかい、アメリカでは入れ札（選挙）で国の指導者を決めるんだとさ。てなことを弟子の坂本龍馬たちに話したら、さっそく薩摩（今の鹿児島県）や長州（今の山口県）の間を飛び回って何かを計画してやがる。まあ、どっちみち徳川幕府も幕の引きどきってことさ。

幕末の英雄・勝海舟

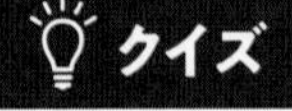
クイズ　海舟が艦長を務め、日本人の手で初めて太平洋横断に成功した船は？

①いろは丸　②順動丸　③咸臨丸　④梵天丸

クイズの答え：③　幕府がオランダに発注してつくった軍艦。

1月31日 (明治45年)

女性専用車両が登場した日
西暦1912年1月31日

このあたり
1868 1912
明治時代

男子は乗っちゃダメ! これは私たち専用なの!

女性が安心して電車に乗れるようにと運行が始まった女性専用車両。日本の鉄道で初めて採用されたのは明治の終わりごろでした。

女性専用車両が日本で初めて走った

今では当たり前となった女性の専用車両。これが最初にできたのは明治45年(1912年)のことなんだ。当時の中央本線沿線には女学校がたくさんあって、朝夕は通学の女学生でいっぱいだったんだよ。そこで安心して乗車できるよう、中央本線は通学時間帯に専用電車を走らせたんだ。すぐになくなってしまったけどね……。そのあと、本格的に運用が始まったのは平成17年(2005年)からなんだよ。

クイズ 当時は駅のことをなんと言っていた?

❶ 停留所　❷ 停車場　❸ 宿場　❹ 待合所

クイズの答え:② 現在も法律上の名称は「停車場」が使われている。

2月1日（昭和28年）

テレビ本放送が始まった日
西暦1953年2月1日

このあたり
1926 1989
昭和時代

全員テレビの前に集合！中の人が待ちくたびれちゃうぞ

NHKが日本初のテレビ放送を行うと、その半年後には日本テレビが加わります。こうしてテレビは各家庭に普及していきました。

NHKが日本で初めてテレビ放送を開始した

テレビ放送のしくみを知っているかな。テレビ局は映像と音声を電気信号に変えて電波に乗せ、テレビはその電気信号を映像と音声に変える。こうすることで家でテレビ放送が楽しめるんだ。NHKによって日本初のテレビ放送が始まったのがこの年のこと。最初は、街頭テレビが駅やお店などの人が集まる場所に置かれて、大勢の人で見るものだったんだ。

クイズ　日本初のテレビ放送を行ったNHKの正式名称は？

❶ 日本テレビ放送網　❷ 日本放送協会　❸ テレビ東京　❹ 東京放送協会

クイズの答え：② 日本でただ一つの公共放送。

2月2日 (延久6年)

藤原頼通の命日
西暦1074年3月2日

このあたり 794 1185
平安時代

父上みたいに、もうちょっといい思いをしたかったなあ…

藤原道長の時代に始まった藤原摂関政治（※）の全盛期は、あとをついだ頼通の代で終わりを告げます。

父・道長のあとをつぎ、摂政関白の座に就いた藤原頼通

お財布に10円玉は入っているかな。ほれ、裏側にえがかれた平等院を建てたのがワシじゃ。父の道長のあとをついで摂関政治を行っていたワシじゃが、天皇と結婚した娘にあとつぎの男の子が生まれなかった。天皇の外戚（母の親せき）として権力をふるった藤原氏の時代もこれでおしまいとなったんじゃ。

頼通がつくった平等院

※天皇ではなく摂政・関白の職に就く者が権力を持って行われる政治のこと。

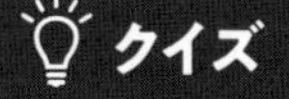

クイズ　藤原頼通の父親の名は？

① 藤原鎌足　② 藤原竜也　③ FUJIWARA　④ 藤原道長

クイズの答え：④　家来として最高位につき、藤原氏の最盛期をつくった。

2月3日 (昭和47年)

札幌冬季オリンピック開会式の日
西暦1972年2月3日

このあたり
1926 1989
昭和時代

日本で初めて！ アジアで初めて！ 待ちに待った冬のオリンピック

実は戦争で中止になった、まぼろしの「札幌冬季オリンピック」がもっと昔にあったのです。なので、この開催は日本人の強い願いでした。

クイズ

札幌冬季オリンピックで、日本のメダルはいくつだったでしょう？

❶ 1個

❷ 2個

❸ 3個

32年ぶりに開催がかなった！ 札幌冬季オリンピック

昭和15年（1940年）9月、アジア初となる夏のオリンピックが東京で開催される予定だった。同じ年の2月に、冬のオリンピックが札幌で開催されることも決定していたけど、当時は日中戦争が激しく、どちらも中止になってしまった。昭和39年（1964年）の東京オリンピックの開催が決まってから、札幌は昭和47年（1972年）冬の開催に立候補し、2度目の挑戦で決定した。まぼろしの大会から32年後の開催だったんだ。

おまけ

この大会で最も多くメダルを手にしたのはソ連（今のロシア）で16個。日本の3個は、参加した35カ国・地域中、11位という結果でした。

クイズの答え：③　スキージャンプで、日本チームは金銀銅を1個ずつ手にした。

2月4日（明治40年）

足尾暴動事件が起きた日
西暦1907年2月4日

このあたり
1868 1912
明治時代

こんな給料でやってられっか！ えらいヤツ、出てこい！

公害事件で全国に悪名をとどろかせた足尾銅山。
その後、しいたげられた労働者による暴動事件が起きました。

足尾銅山で労働者による暴動が発生

山から銅をほり出すときに鉱毒（人の体に有害な物質）が近くの川に流れこんで、周辺の農地などを汚染したのが足尾鉱毒事件。たくさんの人が体調をくずしたり、農作物に被害が出たり、大きな社会問題になったんだ。足尾銅山では鉱山労働者の労働環境が悪く、賃金もとても低かった。足尾暴動事件はそんな状況にあった労働者の不満が爆発して起こったんだ！　軍隊が出動するさわぎにもなったんだよ。

クイズ　足尾銅山があった都道府県は？

❶ 栃木県　❷ 東京都　❸ 沖縄県　❹ 北海道

クイズの答え：①　栃木県上都賀郡足尾町（現在の日光市足尾地区）にあった。

2月5日（明治2年）

明治政府が小学校設置を指示した日
西暦1869年3月17日

このあたり 1868 1912
明治時代

元気よく小学校へ！ 今日も一日がんばるぞ〜！

明治維新を成しとげた日本政府の次なる目標は国の近代化。国民の教育水準を上げるため小学校の設置を指示しました。

教育のレベルを上げるため全国に小学校が設置された

まだまだ国内は不安定だったけれど、日本が欧米のように発展するには国の近代化が必要。そこで政府は、国民の教育レベルを上げるため、小中学校をはじめとする学校制度の整備に取り組んだんだ。全国にどんどん学校がつくられていったよ。ほかにも、どこでだれがどの夫婦の子どもとして生まれたかを記録しておく、「戸籍」というデータを作ることもすすめられたよ。

クイズ　日本の義務教育制度は？

❶ 4・3・2制　❷ 6・6制　❸ 6・3制　❹ 9年制

クイズの答え：③　高校と教育の一貫性を持たせた中高一貫校もある。

2月6日 (大正11年)

ワシントン海軍軍縮条約が採択された日

西暦1922年2月6日

このあたり 1912 1926 大正時代

なんでイギリスとアメリカだけ有利なわけ？

戦争の勝敗が戦艦を中心とした海軍の強さで決まった時代。
戦艦をつくるお金がなくて苦労している国の間で軍縮条約が結ばれました。

ワシントン会議で海軍軍縮条約が結ばれた

第一次世界大戦後も、主要国は海軍の兵士や武器を増やして強くなろうとしていたんだ。ほかの国よりすごい戦艦をつくるためにはばく大な費用がかかり、それが各国のなやみになった。そこでワシントン会議が開かれ、海軍の力をこれ以上大きくしない約束をしたんだ。調印国は戦艦をつくるのを10年間ストップし、持っている戦艦の割合もイギリスとアメリカは5、日本は3、フランスとイタリアは1.67としたよ。

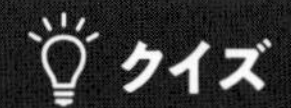

クイズ 会議が行われたワシントンD.C.はどこの国の首都？

① 日本　② アメリカ　③ イギリス　④ フランス

クイズの答え：② D.C.はコロンビア特別区を意味し、コロンブスにちなんだ名称。

2月7日(寿永3年)

源氏が一ノ谷の戦いに勝った日
西暦1184年3月20日

このあたり
794 1185
平安時代

敵はこのガケの下にあり! ビビってないでオレに続け!

源氏と平氏の戦いのひとつ、一ノ谷の戦いで源氏を勝利に導いた源義経。思いがけない方法で攻撃したんだ。

源義経の奇襲が成功し、源氏が一ノ谷の戦いに勝利!

なるほど。平氏の軍勢は摂津国一ノ谷に陣を張ったか。北は山、南は海に面する一ノ谷は入り口もせまく守りに強い場所。正面から戦いに行って勝つのは難しい。だったらここは山からとつぜん攻めるしかない。鵯越から一ノ谷へ下るガケは馬も人も通れないといわれる急坂だが、なんのこれしき!

一ノ谷の戦いで活躍した源義経

クイズ 源義経の幼名は?

① 吉法師 ② 悪源太 ③ 金太郎 ④ 牛若丸

クイズの答え:④ 元服して義経を名乗った。

2月8日 (明治20年)

郵便マークの日
西暦1887年2月8日

このあたり
1868 1912
明治時代

ごめんなさい！「T」ではなく「〒」でした

郵便局のシンボルマークとしておなじみの「〒」。
最初はまちがって、「T」と紹介されました。

※現在の郵便局・ポストなどで使用されている「〒」は、日本郵政株式会社の登録商標です。

逓信省のマークとして郵便記号が制定された

当時、郵便や通信などを管理していた国の組織のことを、逓信省と呼んだよ。そのマークが「〒」に決まった日なんだ。逓信省の「テ」をデザインした「〒」に決定したんだけど、官報（※）で知らせたときに「T」とまちがって表示し、2月19日に「〒」であると訂正したんだ。でももうひとつ、Tが外国で郵便料不足を表すものだとわかって、急いで変更したという説もあるようだよ。

※法律や制度が変わったことなどがのっている国が発行している新聞のようなもの。

クイズ 最初にできたポストはどんな素材で作られていた？

❶ 紙　❷ 銅　❸ 木　❹ 鉄

2月9日

(昭和11年)

プロ野球の最初の試合が行われた日
西暦1936年2月9日

このあたり
1926 1989
昭和時代

7球団で開幕した日本プロ野球。初めての試合で勝ったチームは？

野球は、明治時代の初めにアメリカから日本へと伝えられました。現在は12チームあるプロ野球も、当時は7チームだけでした。

クイズ

日本初のプロ野球の試合はどこの球場で行われたでしょう？

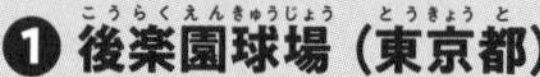

❶ 後楽園球場（東京都）
❷ 鳴海球場（愛知県）
❸ 甲子園球場（兵庫県）

プロ野球最初の試合は昭和11年！

日本初のプロ野球の試合では、東京巨人軍（現在の読売ジャイアンツ）と名古屋金鯱軍が対戦し、10対3で名古屋金鯱軍が勝ったよ。ほかには大阪タイガース（現在の阪神タイガース）、名古屋軍（現在の中日ドラゴンズ）、阪急軍（現在のオリックス・バファローズ）、東京セネタース、大東京軍というチームがあったんだって。今はもうないチームもあるね。全チームが加入する団体「日本職業野球連盟」が作られた2月5日は「プロ野球の日」になっているよ。

おまけ

東京巨人軍は試合の５日後、アメリカ遠征に出発した。選手の中に、日本プロ野球初のノーヒットノーランを果たす名投手・沢村栄治がいました。

クイズの答え：② 2万人以上が観戦できる大きな球場で、現在の愛知県名古屋市緑区にあった。

2月10日（明治37年）

ロシアに宣戦布告した日
西暦1904年2月10日

このあたり
1868 1912
明治時代

ここは決して引けない戦い！東アジアを制するのはどっち？

清（今の中国）の力が弱くなったすきに、支配する土地を広げたいと考えた日本とロシア。中国満州地域と朝鮮半島をめぐって戦いに突入しました。

日本がロシアに宣戦布告（※）して日露戦争が始まる

日清戦争後、南の地域に進出したいロシアと、中国大陸に進出したい日本がぶつかるようになった。そこで満州（今の中国東北部）と朝鮮をめぐり、日本とロシアの間で戦争が起きたんだ。このとき、日本とイギリスは、おたがいの国が複数の国から攻撃されたら、いっしょに戦う約束をかわしていた。ロシアはイギリスと戦いたくなかったから、密約（※）を結んでいた清に助けを求められなかったんだ。

※相手に対して「これから戦争を始めるぞ」と知らせること。　※秘密の条約。

クイズ　当時のロシアの正式な国名は？

① ロシア帝国　② ロシア連邦　③ ロシア共和国　④ ソビエト連邦

クイズの答え：①　1917年のロシア革命によって、帝政（国を皇帝が支配し、政治を行うこと）は終わりを告げた。

2月11日（昭和42年）

建国記念の日
西暦1967年2月11日

このあたり
1926 1989
昭和時代

日本の誕生をお祝いしましょう、そうしましょう！

国ができたことを祝う建国記念日。
日本では神武天皇が即位したとされる紀元節をこの日に定めました。

日本ができたことを祝う建国記念の日が制定

建国記念日は国によって祝い方が違います。アメリカは、イギリスからの独立宣言にサインした日。ドイツは東西に分かれた二つの国を再統一した日。日本はちょっと複雑。昔は初代・神武天皇が天皇の位に就いた2月11日を紀元節という日にし、お祝いをしていたよ。紀元節は戦後に廃止されたけれど、新しい建国記念日もこの日が選ばれたんだ。

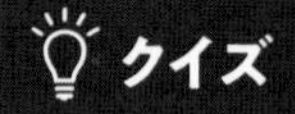

クイズ 紀元節を決めるとき参考にした歴史書は？

❶『万葉集』 ❷『日本書紀』 ❸『今昔物語』 ❹『太閤記』

クイズの答え：② 『日本書紀』にある神武天皇の即位日を新暦に換算して決めた。

2月12日 （慶長8年）

江戸幕府が開かれた日
西暦1603年3月24日

このあたり
1603 1868
江戸時代

将軍になったはいいけど60歳!? 思ったよりかかっちゃったな

徳川家康は関ケ原の戦いに勝った2年後、征夷大将軍（※）に指名され、265年続いた江戸幕府がスタートしたのです。

徳川家康が征夷大将軍となり江戸幕府が誕生した

ワシもついに征夷大将軍か。念願の江戸幕府のスタートじゃな。思えば長い長いガマンの日々じゃった。しかし、安心はできん。ワシも気づけば、もう60歳。早いところ将軍の座を息子・秀忠にゆずらんとな。これから幕府の将軍は、徳川一族によって代々受けつがれていくのじゃ～！

江戸幕府初代将軍・徳川家康

※朝廷から指名される幕府のいちばんえらい人。

クイズ 幕府のもとで各大名が支配する土地をなんという？

❶ 県　❷ 郡　❸ 都　❹ 藩

クイズの答え：④ 明治初期の廃藩置県によって県に置きかえられた。

2月13日 (明治8年)

平民にも名字が義務づけられた日
西暦1875年2月13日

このあたり
1868 1912
明治時代

忘れんぼうもこれなら安心？ 名前はシンプルなのがベスト！

江戸時代より前は、正しい名前やあだ名など、いろいろな言い方がありました。明治政府はこれを整理し、名字+名を日本人の名前の基本としました。

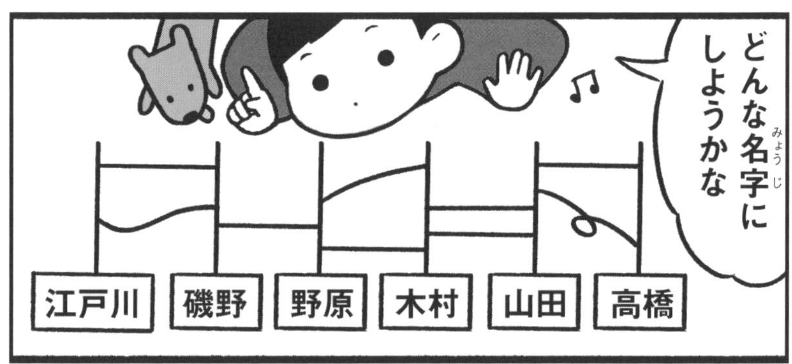

日本人の名前が今のように名字+名になった

明治4年（1871年）、国民の状況を知るため明治政府は戸籍法という法律を作ったんだ。それによって、国民それぞれが、「名字」と「名」からできている名前を持つことが決まったよ。ここからえらい人だけが使っていた名字を、ふつうの人々も使えるようになったんだ。ところが、このルールはなかなか広まらなかったので、政府はあらためて「平民苗字必称義務令」を出して、みんなに名字をつけるよう、すすめたんだ。

クイズ　難読名で知られる作家・武者小路実篤の名字の区切りは？

❶ 武者　❷ 武者小　❸ 武者小路　❹ 武者小路実

クイズの答え：③　明治から昭和にかけて活躍した小説家・詩人。

2月14日 (天慶3年)

平 将門が討ちとられた日
西暦940年3月25日

このあたり
794 1185
平安時代

もはやこれまでかっ！ 思えば短い天下だったなあ…

地方の武士が起こした最大の反乱のリーダー・平将門。
関東を支配下におきましたが、野望の途中で討ちとられました。

新皇を名乗った平将門が朝廷の軍勢に討ちとられた

平安時代の中期に入ると、地方の武士たちの力が強くなった。下総国(今の千葉県と茨城県の一部)の豪族（※）・平将門もそのひとりで、関東全域に勢力を広げた。将門は天皇に対抗して自分を「新皇」と名乗ったが、最後は平貞盛・藤原秀郷に討ちとられてしまったんだ。東京の大手町にある平将門の首塚は、都でさらされた将門の首が関東に飛び去り、力つきて落ちた場所とされているよ。真実はわかっていないけどこわいね。

※ある地方で大きな富や力を持つ一族。

クイズ　平 将門は体のどこに矢を受けて死んだ？

① 額　② 首　③ 心臓　④ ヘソ

クイズの答え：① 流れ矢が額にあたって死んだといわれる。

西南戦争が起きた日
西暦1877年2月15日
このあたり 1868 1912
明治時代

2月15日（明治10年）

2月15日

昨日の友は、今日の敵？ だとしてもツライでごわす

社会のしくみも大きく変えることになった明治維新がきっかけで武士たちの不満がたまり、西郷隆盛を中心に反乱が発生しました。

戦は避けたかったがしかたがない…

明治10年9月24日、西南戦争に敗れた西郷隆盛は、城山（今の鹿児島市西部）で自らの命を絶った。

薩摩で武士と政府の戦い、西南戦争が起こった

徳川幕府を倒したまではよかったんでごわすが。どうやら、おいどんたちは社会のしくみを急に変えすぎた。薩摩（今の鹿児島県）でもみんなの不満がたまり、今にも爆発しそうでごわす。そうなれば仲間たちとともに、おいどんも政府と戦わなければならない。日本人同士が戦うことだけは避けたかったでごわすが。

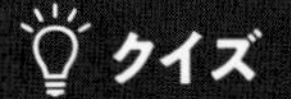

クイズ 西郷の盟友で、西南戦争では敵対した政府の指導者は？

① 大久保利通　② 木戸孝允　③ 江藤新平　④ 伊藤博文

クイズの答え：① 西南戦争の翌年、暗殺された。

2月16日 (平成17年)

京都議定書が発効した日
西暦2005年2月16日

このあたり
1989 2019
平成時代

未来の子どもたちのために温暖化にブレーキをかけよう!

地球温暖化を防ぐためには温室効果ガスを減らすことが必要。世界各国が話し合った結果、京都議定書が発効(※)しました。

地球温暖化を防ぐ「京都議定書」が発効した

地球温暖化を防ぐための会議が京都で行われ、二酸化炭素などの温室効果ガスを減らすためのルールが決められたよ。これが京都議定書。1990年の排出量を基準に、2008年から2012年までの間に温室効果ガスを5%以上減らすという目標が設定された。しかしアメリカがぬけたり、中国などの途上国には削減目標がないなど、さまざまな問題が生じ、発効までに7年以上もかかったよ。

※法律や決まりなどの効力が発生すること。

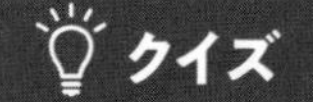
クイズ 最も温暖化に影響が大きい温室効果ガスは?

❶ 一酸化二窒素　❷ 二酸化炭素　❸ メタン　❹ フロン

クイズの答え:② 燃料となる石油や石炭の消費によって大量に放出されている。

2月17日

島崎藤村の誕生日
西暦1872年3月25日（明治5年）

このあたり 1868 1912 明治時代

歌曲として歌われている詩も多いんだよ～

ヨーロッパで起きた芸術の運動、ロマン主義。注目された詩人・島崎藤村はのちに自然主義文学（※）の小説家になりました。

初めての詩集『若菜集』の中の「初恋」は、島崎藤村の代表的作品として知られる。

自然主義文学のパイオニアとなった島崎藤村

私が文学を始めたのは、女学校の英語教師時代の教え子との恋愛がきっかけでした。なやみになやんで教師をやめ、旅に出た先で雑誌「文学界」にかかわり、詩などを発表するようになったのです。結婚したころに、創作の中心は詩から小説へと変わったんだ。

詩人で小説家の島崎藤村

※自然の事実を観察して「真実」を表現するために物事を美化しない文学。

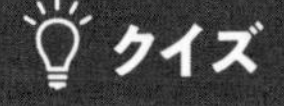

クイズ 島崎藤村が卒業し、校歌も作詞している大学は？

❶ 青山学院大学　❷ 上智大学　❸ 明治学院大学　❹ 成蹊大学

クイズの答え：③　明治学院本科（明治学院大学の前身）の第1期卒業生。

2月18日（文政8年）

異国船打払令が出された日
西暦1825年4月6日

このあたり 1603 1868 江戸時代

外国船を見つけたらすぐに打て！何も考えずに打て、打て〜っ！

江戸幕府は各地の大名に、日本の海岸に近づく外国船を見つけたらすべて打ち払うように命令しました。

3つのまちがいを探せ

もう外国船にはガマンできない！異国船打払令を出したぞ！

江戸幕府の鎖国体制で、ヨーロッパの国ではオランダだけが長崎の出島で貿易を許されていた。しかし18世紀末ごろからロシア、イギリスなどの船が勝手に日本に入ってくるようになってトラブルが起きていたんだ。幕府はこれにおこって、異国船打払令を出したんだ。命令には「見まちがいでもいいから打ち払え」とも書いてあったくらいだから、幕府はよっぽど頭にきてたんだね。

おまけ

天保13年（1842年）にイギリスがアヘン戦争で清（今の中国）に勝ち、開国させたことを知ると、幕府はあわてて打ち払い令をやめた。

まちがい探しの答え：①大砲の弾 ②手前の人の左手のもの ③奥の人の旗

2月19日

(天保8年)

大塩平八郎の乱が起きた日
西暦1837年3月25日

このあたり
1603 1868
江戸時代

庶民のピンチに何もできないような幕府なんていらない！

食べ物が不足して飢え死にする人がいるのに幕府は何もしない。奉行所の元与力・大塩平八郎はおこって、反乱を起こしました。

「救民」の旗をあげた大塩平八郎と仲間たちは、お金持ちの商人をおそって大砲や火矢を放った。

大坂町奉行所の元与力・大塩平八郎が起こした乱

役所でとても仕事ができる上司といわれた私が、なぜ乱を起こしたかって？ 大飢饉（※）で飢え死にする人まで出ている状況なのに、幕府が有効な手を打とうとしないからですよ。私は結果的に刀で自殺しなければいけなくなってしまいましたが、私のあとに続く者がたくさん出てきて幕府も手をやいたようです。

名与力だった大塩平八郎

※飢饉＝農作物の不作により、人々が食べ物を食べられず苦しむこと。

クイズ　大塩平八郎が与力を務めていたのは？

❶ 町奉行所　❷ 寺社奉行所　❸ 勘定奉行所　❹ ろう屋敷

クイズの答え：① 大塩家は代々、大坂町奉行所の与力だった。

2月20日 (昭和3年)

初めて普通選挙が行われた日
西暦1928年2月20日

このあたり
1926 1989
昭和時代

納税制限がなくなっても年齢と性別の制限があるじゃん

それまでは税金を納めた金額で投票できる人が決まっていたけれど、日本国籍を持つ満25歳以上の男子全員に選挙権があたえられました。

25歳以上の男性限定で普通選挙が実施された

この日は、日本で初めて普通選挙が行われた記念すべき日。投票率は今では考えられない80%超え。1000万人近くが投票所に足を運んだよ。とはいっても選挙権が25歳以上の男性に限られた不完全なもの。まだ社会的立場が弱かった女性は、立候補も投票もできなかったんだ。女性が国の政治へ参加することが認められたのは敗戦後の昭和20年（1945年）になってからのこと。

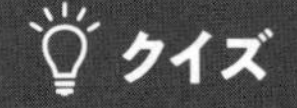

クイズ 現在の選挙権年齢は？

❶ 16歳以上　❷ 18歳以上　❸ 20歳以上　❹ 25歳以上

クイズの答え：② 平成28年（2016年）6月19日以降、それまでの20歳以上から18歳以上に引き下げられた。

2月21日

2月21日（文治4年）

源 頼朝が弟・義経の追討を命じた日
西暦1188年3月20日

このあたり 1185 1333 鎌倉時代

幕府を開いた源頼朝は弟であってもようしゃせず！

平氏を倒した源頼朝と、弟の義経との間に対立が生まれます。頼朝は義経を討ちとるよう東北の藤原泰衡に命令しました。

源 頼朝が弟・源義経を討つよう藤原泰衡に命令した

源平合戦で大きな功績をあげた源義経は、源氏の棟梁（指導者）である源 頼朝の弟。頼朝と義経の関係はだんだんギクシャクし、頼朝は義経を攻めほろぼすことを決めたんだ。どうやら義経の活躍におそれをいだいたのが原因だったらしい。朝廷が義経をやっつけるように命令を出すと、頼朝は義経と関係があった、東北地方の奥州藤原氏4代目の泰衡を使って、義経が刀で自殺するように追いこんだんだ。

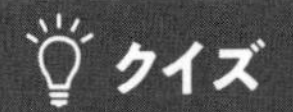

クイズ 牛若丸と言われた若いころ、義経が弁慶と出会ったのは？

❶ 万世橋　❷ 金門橋　❸ 渡月橋　❹ 五条大橋

クイズの答え：④　童謡「牛若丸」にも2人の出会いが歌われている。

2月22日（推古天皇30年）

聖徳太子の命日
西暦622年4月8日

このあたり 593 710
飛鳥時代

同時に10人に話しかけられても ぜ〜んぶ聞きとれちゃうのさ！

昭和時代にお札の肖像になった聖徳太子。
皇子として生まれ、さまざまな制度をつくり上げました。

同時に10人（8人とも）に話しかけられても、それぞれに的確な答えを返したといわれている。

推古天皇を摂政として支えた厩戸皇子が聖徳太子

私は厩戸皇子（※）。後世の人は聖徳太子と呼んでいるようですね。なんでもお札の肖像にもなったとか。私のおばさんの推古天皇のもとで摂政（天皇を助ける大事な役割）を務め、冠位十二階や十七条の憲法を制定しました。ほかにも遣隋使を送って隋と交流をしたり、法隆寺や四天王寺を建てたのも私なんですよ。

※厩戸前で生まれたので厩戸皇子と名づけられた。厩とは馬や家畜を飼う小屋のこと。

クイズ 聖徳太子が遣隋使として隋（今の中国）に送ったのは？

❶ 蘇我馬子　❷ 小野妹子　❸ 刀自古郎女　❹ 蘇我蝦夷

クイズの答え：② 推古天皇15年（607年）の第2回遣隋使で隋に派遣された。

2月23日（天明4年）

「漢委奴国王」の金印が見つかった日
西暦1784年4月12日

このあたり
1603　1868
江戸時代

キレイなハンコを見っけ！…って、1700年前のもの!?

福岡県の志賀島で、農作業中の男性が金印を見つけました。調べてみると後漢の皇帝が日本の王におくったとされるものでした。

中国の歴史書に記された「漢委奴国王」の金印を発見

志賀島で農民が農作業中に出てきた大きな石をどけたら、キラッと光るものを発見！ 見るとそれは縦横が各約2.3センチ、高さ0.9センチの金印で、ヘビのかたちをしたツマミがついていたんだ。そして印面には「漢委奴国王」の刻印が……。中国の史書『後漢書』に、後漢の皇帝・光武帝が、倭（今の日本）の奴国（福岡県あたりにあったとされる国）の王に「印綬（※）」をあたえたと書いてある。なんと、金印はこの印綬だった！

※印をあたえることによって、相手の役職の証とすること。

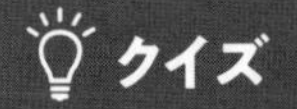

クイズ　中国史で後漢の次の時代は？

❶ 秦　❷ 三国時代　❸ 西晋　❹ 隋

クイズの答え：② 後漢がほろんだあと、魏・呉・蜀の三国が分立した。

2月24日

(嘉永7年)

日本初の電気通信が行われた日

西暦1854年3月22日

このあたり

1603 1868

江戸時代

これがあれば江戸にいながら日本のどこにでも命令が送れる!?

幕末、海外とのやりとりが増えると多くの先端技術が伝わってきました。電信機でモールス符号を使った信号を送る電気通信もその一つです。

大統領からおくられた電信機で日本初の電気通信に成功

日本に開国をせまるためにやってきたペリー司令官。その2回目の来日のとき、アメリカ大統領から幕府へのプレゼントとしてエンボッシング・モールス電信機を持ってきた。この機械にモールス符号という文字のコードを打つと、紙に凹凸がついて文字の信号が受けとれるんだ。ペリーは約900メートルの距離から信号を送る実験をしてみせたよ。このときの電信機は郵政博物館に保管されていて、重要文化財にも指定されている。

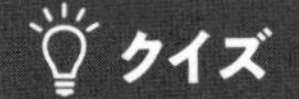

ペリーが最初の来日のとき入港したのは?

❶ 下田　❷ 晴海　❸ 浦賀　❹ 長崎の出島

クイズの答え:③ 東京湾の入り口、三浦半島の東部にある。

2月25日（長保2年）

藤原彰子が中宮になった日
西暦1000年4月2日

このあたり 794 1185 平安時代

正妻として皇后がいるのに私まで正妻にしようだなんて！

藤原道長は娘の彰子を、むりやり一条天皇の中宮（※）にしました。もともと天皇には皇后の定子がいたので、2人の妻が存在することになりました。

藤原彰子は一条天皇の正妻。『源氏物語』を書いた紫式部や、歌人として有名だった和泉式部などを従えていた。

定子が皇后、彰子が中宮となりひとりの天皇に妻が2人となった

一条天皇の中宮・彰子です。天皇には定子というれっきとした皇后がいるのに、父・藤原道長がどうしても私を天皇の正妻にしたかったらしくて……。以前におじさんの道隆が、本当は妻にならない中宮という位を、強引に皇后と同じ正妻の意味があることにしてしまったんです。父はそれを利用したんですね。ハァ……。

※元は「皇后が住むところ」という意味だったのを、そこから転じて正妻のことをさすようになった。

クイズ　彰子に仕えた女房でないのは？

❶ 紫式部　❷ 和泉式部　❸ 赤染衛門　❹ 清少納言

クイズの答え：④　中宮・定子に女房として仕えていた。

2月26日 (昭和11年)

二・二六事件が起きた日
西暦1936年2月26日

このあたり
1926　1989
昭和時代

雪におおわれた町のように日本を一気に変えてやるんだ！

陸軍の青年たちが武力で政権を取ろうとした。うまくいかなかったけれど、この事件をきっかけに陸軍の力が強くなっていきました。

陸軍の若い軍人によるクーデター「二・二六事件」

陸軍の青年たちが武力による改革を目指し、千数百人の兵士をひきいて反乱を起こしたのが二・二六事件だ。内大臣の斎藤実、大蔵大臣の高橋是清らが殺害され、多くの重傷者が出たんだよ。反乱グループは国会や首相官邸など永田町一帯にたてこもったけれど、失敗して指導者は処刑されている。でも、この事件をきっかけに2派に分かれていた陸軍が一つになり、政治の主導権をにぎるようになったんだ。

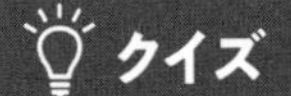
クイズ　大蔵大臣の高橋是清のニックネームは？

① ダルマ　② てんぐ　③ ひょっとこ　④ 福助

クイズの答え：①「ダルマさん」「ダルマ宰相」と呼ばれた。

2月27日（天武天皇2年）

天武天皇が即位した日

西暦673年3月20日

このあたり 593 710 飛鳥時代

兄やおいには悪いことしたけど 天皇としてがんばります！

大海人皇子は兄・天智天皇を助けて大化の改新を進めた人。壬申の乱で大友皇子に勝利し、天武天皇になりました。

気合い入ってますね 皇子！

関ケ原で勝ちとった地位 これからがんばるぞ！

フン

フン

「関ケ原」は東西を結ぶ交通の重要な場所。大海人皇子と大友皇子が戦った壬申の乱の舞台にもなった。

天智天皇の弟・大海人皇子が天武天皇として即位

兄の天智天皇は、すべての権力やお金が天皇のもとに集まる国家を目指していたんじゃ。大化の改新をはじめとする、だいたんな改革をたくさん行ったのもそのためだ。そんな兄のあとをつぐのは私のほかにいない！ 兄の息子である大友皇子を死ぬように追いこんでしまったのは、ちとやりすぎたがのう。

第40代天皇・天武天皇

クイズ 天武天皇が即位した都は？

❶ 飛鳥浄御原宮　❷ 藤原京　❸ 平城京　❹ 平安京

クイズの答え：① 天武天皇と持統天皇の2代にわたって都だった。

2月28日（天正19年）

千利休の命日
西暦1591年4月21日

このあたり
1573 1603
安土桃山時代

ず～っとうまくやってきたのにいきなり切腹ってひどくない？

文化人としても政治家としても大きな存在になった茶人・千利休。豊臣秀吉はそんな利休がじゃまになり、切腹を命令しました。

千利休が豊臣秀吉の命令で切腹した

豊臣秀吉どのに仕えたおかげで、ワシの目指す茶道をきわめることができたんじゃ。「わび」「さび」の心を大切にし、だれもが気軽に楽しめる「わび茶」を完成に近づけることができた。ただ、政治家として力をつけすぎたかもしれないのう。秀吉どのから切腹を命令されてしまったのだ。

茶人の千利休

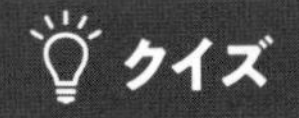
クイズ　千利休の生家の商売は？

❶ 八百屋　❷ 魚問屋　❸ 本屋　❹ 茶道具屋

クイズの答え：② 屋号は「魚屋」だった。

2
月
29
日

2月29日

(天正6年)

安土城で上覧相撲が開催された日

西暦1578年4月6日

このあたり

1573 1603

安土桃山時代

力と力のぶつかり合いは見ていて気持ちがいいのぅ

相撲好きが多かった戦国大名のうち、特に好きだったのが織田信長。たくさんの相撲取りを安土城に集め、観戦していました。

織田信長が相撲取り300人を集めて試合を観戦した

日本の国技である相撲。 戦国武将も相撲が大好きで、 特に織田信長はひんぱんに上覧(※)相撲を開いていたんだって。 記録に残るところでは、 近江国(今の滋賀県)の相撲取り300人を安土城に集めたこともあったとか。 力自慢の力士たちの中には、 信長の目にとまって家来にしてもらえた者もいるそうだよ。 ほかにも大会で活躍すると、 金銀飾りの太刀や脇差、 衣服など豪華な賞品をもらえたらしいよ。

※天皇や将軍など、身分の高い者が見ること。

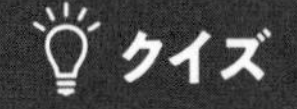

相撲取りがつけるふんどしはなんという?

❶ はち巻き　❷ 前垂れ　❸ まわし　❹ たすき

クイズの答え:③ 絹でできている。「締めこみ」ともいう。

3月1日

（昭和7年）

満州国が建国された日

西暦1932年3月1日

このあたり 1926 1989 昭和時代

あやつり人形でも国は国 皇帝は皇帝だもんね！

日本は中国に進出するために満州国をつくり、
国のトップには清朝の皇帝・溥儀をむかえました。

中国で日本が活動するための場所、満州国が誕生した

満州事変（※）の結果、満州（今の中国東北部）の支配に成功した日本は、満州国をつくった。中国の皇帝・溥儀を政治のトップにむかえ、満州人を大臣などの重要な役につけたけど、日本の思いどおりに動くあやつり人形のような国家だった。日本は中国大陸で活動できるようになったものの、これをきっかけに日中戦争、太平洋戦争と、長期にわたるドロ沼の戦争を続けることになったんだ。

※関東軍が南満州鉄道の線路を爆破したこと。これをきっかけに、満州全体を支配した。

クイズ　清朝最後の皇帝・溥儀の異名は「ラスト〇〇」？

❶ サムライ　❷ ショーグン　❸ エンペラー　❹ キング

クイズの答え：③　皇帝は英語でエンペラー。

3月2日（昭和18年）

野球用語で英語が禁止された日
西暦1943年3月2日

このあたり
1926　1989
昭和時代

「正打」を打てなかったぁ～！それってヒットのこと!?

太平洋戦争が激しくなると、日本政府は英語を使わないよう国民に呼びかけ、野球で使われている英語も言いかえられました。

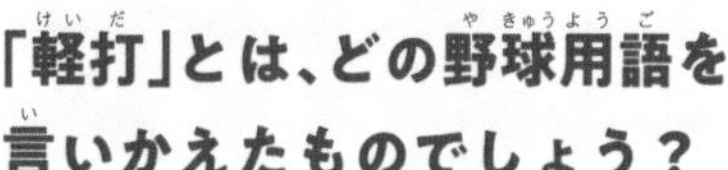
「軽打」とは、どの野球用語を言いかえたものでしょう？

① バント

② フライ

③ ファウル

敵国の言葉は使うな！　野球用語で英語は禁止！

「英語は敵国の言葉だから使わないようにしよう」というのは、法律で禁止されたわけではなかった。それでも反対できない「イヤな空気」があって、野球用語で英語を使うことは禁止されていたんだ。言いかえた例はほかにもあって、放送用語では、「アナウンサー」を「放送員」、「マイク」を「送話器」と呼んだ。食べ物では、「コロッケ」を「油あげ肉まんじゅう」、「カレーライス」を「から味入り汁かけ飯」と言ったんだ。

プロ野球では、ロシア出身の「スタルヒン」という選手が「須田博」に改名させられた。戦後、日本プロ野球史上初の通算300勝を達成した大投手だ。

クイズの答え：①　ちなみに「よし3本、それまで！」は「スリーストライク、アウト！」のことで、「正打」はヒットのこと。

3月3日

（安政7年）

桜田門外の変が起きた日
西暦1860年3月24日

このあたり
1603 1868
江戸時代

3月3日

こっちだって、好きで外国と仲よくしてるわけじゃないよ～

将軍を助ける役目のえらい人、井伊直弼が江戸城桜田門外で暗殺されました。この事件が幕府崩壊のきっかけになりました。

井伊直弼が江戸城の桜田門外で暗殺された

大老・井伊直弼が水戸（今の茨城県）や薩摩（今の鹿児島県）の人たちに暗殺されたことを桜田門外の変というんだ。井伊が天皇の許可なく外国と条約を結んだり、尊皇攘夷（※）派を押さえつけたことが原因といわれているね。門の外とはいえ、江戸城で政治の最高権力者である大老が暗殺されたんだから、大きなニュースになったんだよ。この事件をきっかけに幕府の権力は大きくぐらついて、次の時代へと入っていったんだ。

※天皇を尊敬し、外国の勢力を追い払うという考え。

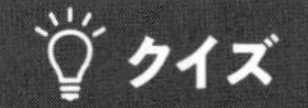

門の正面に庁舎があるため、「桜田門」の異名をもつ国の組織は？

❶ 国会　❷ 警視庁　❸ 裁判所　❹ 国税庁

クイズの答え：② 現在の庁舎は昭和55年（1980年）に完成。

3月4日（明和8年）

杉田玄白が死体解剖に立ち会った日
西暦1771年4月18日

このあたり
1603　1868
江戸時代

このイラスト本物そっくり！ さすが西洋、進んでるねっ！

オランダ語の医学書にかいてある解剖図が正しいものかを確かめるため、蘭学者の杉田玄白は、死体の解剖に立ち会いました。

杉田玄白と前野良沢は、オランダ語の医学書を日本語に訳し、『解体新書』を完成させた。

杉田玄白らが小塚原刑場で死体の解剖を見学

オランダ語の医学書『ターヘル・アナトミア』にのっている解剖図は正しいのか？　それを確かめるため、私と前野良沢どの、中川淳庵どのは、処刑されて死んだ人の腑分け（解剖）に立ち会いました。すると思った以上に解剖図は正確。私も良沢どのも、これを絶対に日本語に訳そうとちかい合ったのです。

蘭学者の杉田玄白

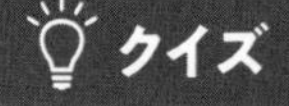
クイズ　蘭学の「蘭」はどこの国を表している？

❶ イギリス　❷ フランス　❸ オランダ　❹ スウェーデン

クイズの答え：③　オランダの漢字表記は「和蘭」「阿蘭陀」などが使われてきた。

3月5日（昭和7年）

血盟団事件が起きた日
西暦1932年3月5日
このあたり
1926 1989
昭和時代

政治家も財界人もズルい！ だから世の中を変えてやるんだ

暴力で日本を変えようとした血盟団が暗殺を計画。
政財界のえらい人をねらったテロによって2人の犠牲者が出ました。

血盟団事件で財界トップの団琢磨が殺害された

血盟団は、日蓮宗の僧・井上日召を中心としたグループだ。犬養毅首相など十数人を暗殺する計画だったらしい。さいわい犬養首相は殺されなかったけれど、前の大臣だった井上準之助や、財界のえらい人だった団琢磨が命を落とした。井上日召はだらしない支配階級や貧しい農村の姿を見て、社会を変える必要があると考えたようだ。だから「昭和維新」をかかげ、政財界のえらい人をねらおうとしたんだ。

クイズ 日蓮宗をつくった人は？

❶ 日蓮　❷ 親鸞　❸ 蓮如　❹ 道元

クイズの答え：① ちなみに、親鸞は浄土真宗の開祖、蓮如は浄土真宗の僧。道元は曹洞宗の開祖。

3月6日（永仁5年）

永仁の徳政令が出された日
西暦1297年3月30日

このあたり
1185　1333
鎌倉時代

3月6日

えっ！借金がチャラ!! だったらもっと借りようかな

経済的に困っている武士が増えたため、鎌倉幕府は徳政令を出しました。この法律で借金帳消しなどを命令しましたが、より混乱してしまいました。

経済的に苦しい武士を救うための法律

鎌倉時代に幕府が出した、借金をなかったことにする法律を徳政令というんだ。借りたお金を返さなくてよかったり、労働者が働かなくてもよかったりと、ズルができちゃう法律といえるかもしれないね。幕府は困っている武士を救おうとしたんだけれど、借りた側に都合がよすぎて、かえって社会の混乱を招いてしまったんだ。ちなみに徳政令は、室町時代や戦国時代にも出されたんだよ。

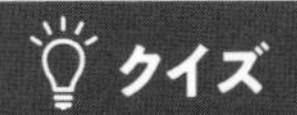

クイズ　主人が土地をあげて家来を従わせる封建制度はいつ始まった？

❶ 平安時代　❷ 鎌倉時代　❸ 室町時代　❹ 江戸時代

クイズの答え：② 鎌倉～江戸時代は武家政権でもある。

3月7日（推古天皇36年）

推古天皇の命日
西暦628年4月15日

このあたり
593 710
飛鳥時代

日本で初めて女性が天皇に。推古天皇はすごい美人だった！

第33代天皇・推古天皇は、わが国で初めての女性の天皇。厩戸皇子（聖徳太子）や蘇我馬子と協力して政治を進めました。

推古天皇が、人々にさかんにすすめたものはなんでしょう？

❶ おしゃれ
❷ 親孝行
❸ 仏教

女性でも政治ができることを証明！

額田部皇女（のちの推古天皇）は、天皇だった夫と兄2人が次々に亡くなり困っていた。そこで息子が成長するまでのつなぎ役として、日本初の女性天皇となったんだ。とても美人で頭もよかったそうだよ。推古天皇のおじさんにあたる当時の大権力者・蘇我馬子や、優秀なおいの厩戸皇子（聖徳太子）と協力して政治を進めた。しかし厩戸皇子が先に亡くなってしまったことで、推古天皇はあとつぎを決められないまま亡くなった。

おまけ 推古天皇の摂政（補佐役）となった厩戸皇子は十七条の憲法や冠位十二階をつくったことで知られます。天皇の権力を強くするのが目的でした。

クイズの答え：③ 三宝とは「仏・法・僧」のこと。仏教は90年ほど前に中国から伝わった。

3月8日（大宝2年）

度量衡が統一された日
西暦702年4月9日

このあたり
593 710
飛鳥時代

バラバラの道具ではかったら結果がちがって当然でしょ！

それまでは計測に使う単位や道具がバラバラで混乱が起きていたので計測の基準として文武天皇が度量衡を統一しました。

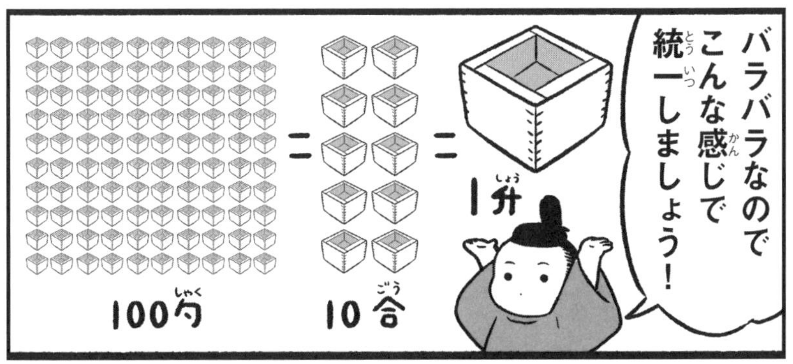

文武天皇によりバラバラだった度量衡が統一された

度量衡は、計測を意味する古い呼び名。「度」は長さを、「量」は体積を、「衡」は質量（重さ）を指しているよ。同時に、これらの計測に使う、ものさし・ます・はかりといった道具のことも指すんだ。この日は第42代・文武天皇が、日本の歴史上で初めて計量の単位（度量衡）を決めた日。文武天皇は国の近代化を目指し、さまざまな改革を行ったんだ。度量衡の統一も含めた大宝律令（※）をつくったのもそのひとつ。

※律令＝国の基本法。律は刑法、令は行政や訴訟に関する法律のこと。

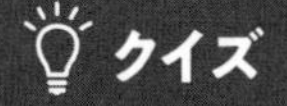

クイズ　長さをはかる道具でないものは？

① 定規　② メジャー　③ 天秤　④ ノギス

クイズの答え：③　天秤は重さをはかるもの。

ここの

3月9日

（昭和20年）

東京大空襲があった日

西暦1945年3月9日

このあたり

1926　1989

昭和時代

どこに逃げたらいいんだろう…東京が炎に包まれた日

町工場と住宅地が建ち並ぶ下町に鳴りひびく空襲警報。
深夜にたくさんのB29が空をおおい、東京の半分が焼け野原に…。

東京大空襲によって下町が焼け野原になった

太平洋戦争の末期、アメリカ軍は戦争を少しでも早く終わらせたくて、東京の下町に大規模な空襲を行ったんだ。B29爆撃機がなんと約300機も参加し、悲しいことに約10万人の死者と300万人をこえる被災者が出た。また、東京の半分が焼け野原になり、家屋約70万戸が焼失してしまった。ほかに沖縄戦と広島・長崎の原爆でも同じように大きな被害が出たんだ。

クイズ　B29が主に使った、火災を目的とした弾薬は？

❶ 焼い弾　❷ 誘導爆弾　❸ 手りゅう弾　❹ 水素爆弾

クイズの答え：① 木造家屋の多い日本の町を焼き払う目的で使われた。

3月10日 (和銅3年)

平城京に都を移した日
西暦710年4月13日
このあたり
710 794
奈良時代

都を移したのはいいけれど ここはここで問題があるなあ…

唐(今の中国)の長安をマネした平城京が新しい都になりました。ところがまたすぐに、都を移す計画が持ち上がります。

708年に都を移すと決めて、2年後の710年に平城京が完成。そのときは皇居などの重要な部分しかなかった。

こうくさいと風情も何もないよ…

都を移してしまおう

元明天皇が藤原京から平城京へ引っ越しさせた

私が移した平城京は、唐の都・長安にならっただけあって、なかなか立派な都だ。ただ、大きな川が遠くて輸送をするには不便な場所だ。それに排水もうまくできないので、衛生状態にも問題がある。まだ移ってきたばかりだけど、また引っ越してしまおうか。いくらなんでも早すぎるかな?

都を移した元明天皇

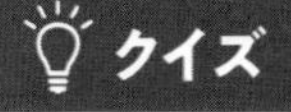

日本の都として最も期間が長いのは?

❶ 平城京　❷ 長岡京　❸ 平安京　❹ 東京

クイズの答え:③ 平清盛が福原に都を置いた一時期を除き、1000年の都だった。

3月11日（平成23年）

東日本大震災が起きた日
西暦2011年3月11日

このあたり
1989 2019
平成時代

かつて経験したことのないゆれ。列島が大きくゆさぶられた日！

東日本を中心に、観測史上最大の大津波をともなう大地震が発生。多くの人の命が失われるとともに、深刻な原発事故を引き起こしました。

大地震と大津波が東北地方をおそった東日本大震災

午後2時46分ごろ、三陸沖でマグニチュード9.0の巨大地震が発生。震度7の激しいゆれと、観測史上最大の津波によって、東北から関東へかけての広いはんいに大きな被害をもたらしました。令和2年（2020年）3月1日時点の死者1万5899人、行方不明者2529人。この地震では福島第一原子力発電所も被災。ソ連（今のロシア）・チェルノブイリ原子力発電所の事故を思い出させました。

クイズ 作品の中で震災をえがいたNHKの朝ドラは？

① ゲゲゲの女房　② あまちゃん　③ ごちそうさん　④ なつぞら

クイズの答え：② 岩手県の三陸海岸沿いにある町が舞台だった。

3月12日（明治9年）

日曜日が休日となった日
西暦1876年3月12日

このあたり 1868 1912 明治時代

うわ～！ 昔の人ってあんまり休みがなかったんだ！

この年、公務員の休日が欧米にならって週休制に。
しかし完全週休2日になるまで、それから100年以上かかりました。

国家公務員が土曜半休・日曜完休の週休2日制に

現在は会社も学校も毎週1回以上の休日がある週休制が当たり前。ところが明治の初めは、毎月31日をのぞく、1と6のつく日を休日としていたんだ。欧米のような週休制になったのがこの年。当時は土曜は半日の休み、日曜がまる1日休みだった。平成4年（1992年）に国家公務員と、多くの公立の学校が週休２日になった。公立校はその後、完全週休２日になったんだけど、今は土曜授業を行う学校も増えているみたいだね。

クイズ 月曜を休日にして土日月と3連休にする制度は「〇〇マンデー」？

❶ プレミアム　❷ ビバ　❸ ハッピー　❹ デリシャス

クイズの答え：③　成人の日、海の日、敬老の日、体育の日（今のスポーツの日）が月曜に移動した。

3月13日 (文久3年)

壬生浪士組が誕生した日
西暦1863年4月30日

このあたり
1603 1868
江戸時代

都の治安を守るため命をかけて戦うぞっ!

幕府が募集した将軍を守るための組織、浪士隊のうち、考え方のことなる一派が脱隊。残った近藤勇らは、のちの新選組となる壬生浪士組を結成しました。

新選組副長となった土方歳三や、一番隊隊長となる沖田総司たちも、浪士組に参加した。

新選組の前身となる壬生浪士組が結成された

はるばる江戸からやってきたわれら壬生浪士組が、京都守護職(※)の松平容保様から正式に認められた! これから京の治安と将軍の身の安全を守るのは、われわれの仕事だ。地位もコネもなくて、剣さばきがうまいだけだが、ここから絶対に出世してやる。みなも心して任務につくように!

※京の町を守るために置かれた幕府の役職。

クイズ 近藤勇が教えていた剣の流派は?

❶ 二天一流　❷ 北辰一刀流　❸ 柳生新陰流　❹ 天然理心流

クイズの答え:④ 新選組に参加した土方歳三、沖田総司も同じ流派。

3月14日 (慶応4年)

五箇条の御誓文が示された日
西暦1868年4月6日

1603 1868 このあたり
江戸時代

神々にちかったからには このとおりにやらないとね！

明治新政府は5カ条からできている基本方針を作成。これを明治天皇が五箇条の御誓文として神にちかいました。

発表のときに神前で読み上げたのは明治天皇ではなく、三条実美だった。

明治天皇が五箇条の御誓文をちかった

御誓文は、天皇の名のもとに天地の神々にちかうという大きな意味を持つ。明治新政府の基本方針になるものだ。由利公正が書き起こし、福岡孝弟が修正、木戸孝允が最終的に整えて、みんなで仕上げたものである。京都御所の正殿・紫宸殿で行われた儀式は、さすがに重々しい雰囲気だったぞ。

五箇条の御誓文

クイズ 木戸孝允が幕末のころ名乗っていた名前は？

❶ 桂小五郎　❷ 西郷吉之助　❸ 才谷梅太郎　❹ 大久保一蔵

クイズの答え：① 戊辰戦争が終わったころから木戸孝允を名乗るようになった。

3月15日（昭和2年）

昭和金融恐慌が始まった日

西暦1927年3月15日

このあたり
1926　1989
昭和時代

銀行や大企業が倒産！もうどこを信じたらいいんだか

関東大震災のあと、企業の経営がどんどん悪くなり、
銀行などの金融機関への不信感が高まって経済恐慌が起きました。

言ってはいけないことを大臣が言ったせいでパニック！

大正12年（1923年）の関東大震災のせいで支払いができなくなった手形を震災手形というんだ。政府は、国が借金を肩がわりして震災手形の処理を進めようとしたんだけど、銀行や企業がルール違反している疑いが出てきて手続きが止まってしまった。お金を管理する大蔵大臣は早く手続きを進めたくて、「東京渡辺銀行が破綻した」とまちがった情報を発言。これをきっかけに金融機関が倒産するなど恐慌（※）が広がっていったんだ。

※企業の倒産や株価の暴落など、急速に景気が悪くなること。

クイズ

1930年代に起きた世界恐慌が始まった国は？

❶ イギリス

❷ ドイツ

❸ アメリカ

❹ 日本

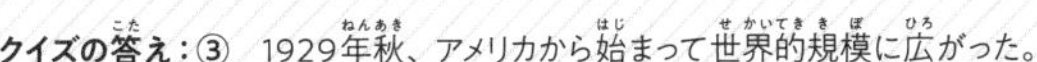
クイズの答え：③　1929年秋、アメリカから始まって世界的規模に広がった。

3月16日

藤田東湖の誕生日
西暦1806年5月4日(文化3年)

このあたり 1603 1868 江戸時代

西洋はおそるるに足らず!てっていして追い払うべし

水戸(今の茨城県)藩主・徳川斉昭がたよりにしていた部下だった藤田東湖の考えや行いは、幕末の高い志を持った武士に影響をあたえました。

尊皇攘夷(※)派に影響をあたえた藤田東湖

天皇の絶対的な権威を認め、わが国に近づく外国は打ち払うべきだというワシの考えは、全国の若者の間に知れわたっているようだな。そういえば西郷隆盛という薩摩(今の鹿児島県)の若者が先日訪ねてまいったが、ワシに考えも近く、スケールも大きい。きっと歴史に残る立派な働きをすることだろう。

水戸藩士で学者の藤田東湖

※天皇を尊敬し、外国の勢力を追い払うという考え。

クイズ 水戸黄門として知られる水戸藩第2代藩主は?

❶ 徳川頼房　❷ 徳川光圀　❸ 徳川斉昭　❹ 徳川昭武

クイズの答え:② 徳川家康の孫にあたる。歴史書『大日本史』を編集した。

3月17日 (昭和63年)

東京ドームが完成した日
西暦1988年3月17日

このあたり
1926 1989
昭和時代

雨が降っても心配ご無用！ビッグエッグで野球観戦だー！

読売ジャイアンツと日本ハムファイターズの新しい本拠地として雨の日でも試合ができる東京ドームが完成しました。

天井の総重量は400トン。空気をつねに送り込むことで、この重い天井を支えている。

日本初の屋内野球場、東京ドームが完成した

読売ジャイアンツの本拠地といえば東京ドーム。昭和末期、後楽園球場跡地にできたんだよ。最大の特徴は、日本初の全天候型多目的スタジアムということ。雨の日だってプレーできちゃうんだもんね。ちなみに平成16年（2004年）までは、日本ハムファイターズの本拠地でもあったんだ。

東京ドーム（東京都文京区）

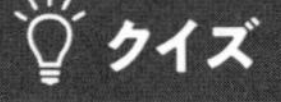
クイズ 日本ハムファイターズが2004年から使用した新たな本拠地は？

❶ 札幌ドーム　❷ ナゴヤドーム　❸ 京セラドーム　❹ 川崎球場

クイズの答え：① 2023年に新球場への移転を予定。

3月18日

（平成19年）

PASMOの運用が開始された日
西暦2007年3月18日

このあたり
1989 2019
平成時代

電車もバスもこれ1枚！ ジュースだって買えるんだ

改札を通るたび、切符やカードを改札機に入れるのはストレス。そこに、タッチ&ゴーで精算できるPASMOなどのICカードが登場しました。

使われ始めた当初から、首都圏23の鉄道会社と31のバス会社すべてで利用することができた。

Suicaに続く交通系ICカード、PASMOが誕生

ボクの名前はPASMO。ふれるだけで買い物ができるICカードさ。ボクの登場によって、鉄道ごとに定期を使い分ける必要がなくなったんだよ。それに先輩のSuicaのエリアとボクのPASMOエリアのどちらでも利用できて、電子マネーとしても使えるすぐれもの。使える場所も増えているよ！

PASMO

・「PASMO」は株式会社パスモの登録商標です。

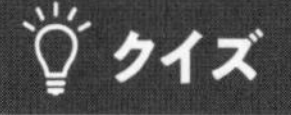

クイズ PASMOの公式キャラクターは？

❶ ペンギン　❷ ネズミ　❸ ロボット　❹ イヌ

クイズの答え：③　名前はなく「PASMOのロボット」が通称。

宗尊親王が京都を出発した日
西暦1252年4月29日

このあたり
1185 1333
鎌倉時代

3月19日 (建長4年)

将軍とはいったって何もやらせてもらえないしなぁ

北条氏が鎌倉幕府の実権をにぎった時代に。
宗尊親王が皇族からむかえられる初めての将軍になった。

鎌倉幕府6代将軍になる宗尊親王が京都を出発

源 頼朝が征夷大将軍になって60年。頼朝と血がつながっていた3代・実朝が死んで、源氏の将軍はとだえてしまった。そこで幕府は、家柄がよい九条家から4代・藤原頼経、5代・藤原頼嗣と2代にわたって将軍をむかえたんだ。ところが、九条家が朝廷と幕府の両方を支配することが不満だった後嵯峨天皇は、自分の第2皇子・宗尊親王を6代将軍の座に就かせた。こうして、初の皇族将軍が誕生したってわけ。

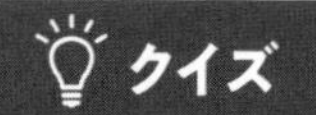

クイズ 鎌倉幕府は約何年間続いた？

❶ 25年　❷ 80年　❸ 150年　❹ 250年

クイズの答え：③　正慶2年(1333年)、新田義貞によってほろぼされた。

3月20日 (明治15年)

上野動物園が開園した日

西暦1882年3月20日

このあたり

1868 1912

明治時代

パンダだけじゃないよ! なんと350種の動物が大集結

今もファミリーでにぎわう上野動物園には140年近い歴史があります。人気者のパンダの前には、連日たくさんの人々が集まります。

開園記念日のこの日は入場料が無料になる♪

日本初の近代的な動物園として生まれた上野動物園は、開園当時は国が運営する施設だったんだ。それが大正13年(1924年)、昭和天皇(当時は皇太子)の結婚を記念して、上野公園とともに東京都に下賜(※)されたんだよ。現在はジャイアントパンダのほか、350種類をこえる動物たちが飼育されているんだ。

上野動物園(東京都台東区)

※身分の高い人から、物などをあたえられること。

クイズ 上野動物園の平成30年度の入園者数は?

❶ 約50万人　❷ 約100万人　❸ 約200万人　❹ 約500万人

クイズの答え:④ 2019年のトップ3は上野動物園、東山動物園(愛知県名古屋市)、天王寺動物園(大阪市)。

3月21日

(昭和47年)

高松塚古墳の壁画が見つかった日
西暦1972年3月21日

このあたり
1926 1989
昭和時代

美しいものは色あせない！ 教科書でもおなじみの飛鳥美人

高松塚古墳の石室から色あざやかな壁画が発見されました。飛鳥時代の女性たちをえがいた女子群像はとくに有名です。

飛鳥時代のカラフルな色の壁画が発見された！

私たちがえがかれた壁画が、1300年も残っているなんておどろき！ それに発見されたときも、まだまだ色あざやかなままだったとか。そういえば後世のみなさんは、私たちのことを「飛鳥美人」と呼んでいるんですって？ おまけにほとんどの教科書が、私たちの絵を掲載しているんだそうでうれしいわ♡

西壁の女子群像（飛鳥美人）

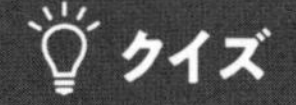
クイズ　高松塚古墳があるのは？

❶ 京都府　❷ 奈良県　❸ 香川県　❹ 福岡県

クイズの答え：② 奈良県高市郡明日香村の国営飛鳥歴史公園内にある。

3月22日 (大化2年)

薄葬令が出された日
西暦646年4月12日

このあたり 593 710
飛鳥時代

お墓でもなんでも、大きけりゃいいってもんじゃない！

権力の象徴として、お墓の大きさを競った巨大古墳時代。それに終止符を打ったのが大化の改新(※)のなかで出された薄葬令です。

墓のサイズを身分に応じて制限する薄葬令

大仙古墳（仁徳天皇陵）で有名な前方後円墳など、大きくてデザインにもこった古墳が多くつくられた時代を古墳時代とも呼ぶんだ。大きな墓は、埋葬された人の生前の権力を示すものでもある。だから古墳にこだわったんだね。そんなとき大化の改新のなかのひとつとして、お墓は身分に応じたサイズでつくるようにという薄葬令が出されたんだよ。その後、地方の豪族たちは墓の大きさを競い合わなくなったんだ。

※政治の実権をにぎっていた蘇我氏をほろぼしたクーデターのこと。

クイズ　大化の改新の中心人物で、藤原氏の初代となったのは？

❶ 中大兄皇子　❷ 蘇我入鹿　❸ 中臣鎌足　❹ 藤原道長

クイズの答え：③　臨終をむかえたとき、天智天皇から藤原姓をたまわった。

鎌倉大仏の建立が始まった日

西暦1238年5月8日

このあたり

1185　1333

鎌倉時代

3月23日（嘉禎4年）

大仏殿(※)がなくて逆にラッキー？ 自然と調和した鎌倉のシンボル

鎌倉時代に高徳院というお寺の本尊(※)としてつくられた鎌倉大仏は、現在も、昔とほぼ変わらない姿です。

源頼朝が奈良の大仏を見て感動し、鎌倉にもつくる計画を立てていたという説もある。

鎌倉の高徳院の本尊として大仏がつくられた

鎌倉の大仏として知られるワシは、高徳院の本尊じゃ。最初は木像としてつくられ、建長4年（1252年）に現在の青銅製の像につくりかえられたんじゃ。昔は屋根もあったんじゃが、明応4年（1495年）の津波で倒壊してしもうた。それからはごらんのとおり雨ざらし。ワシのなかは空洞なので見学もできるぞ。

※大仏が置かれている建物。　※寺院で、人々がおまいりするための中心になる仏像。

クイズ　鎌倉大仏は仏教でいうなんという像？

❶ 釈迦如来　❷ 大日如来　❸ 薬師如来　❹ 阿弥陀如来

クイズの答え：④　極楽浄土で教えを説く仏。浄土宗、浄土真宗の本尊。

3月24日 (元暦2年)

平氏が壇ノ浦でほろびた日
西暦1185年4月25日

このあたり
794 1185
平安時代

どんなに栄えていても ほろびるときは一瞬なんだね…

源 義経を中心とする源氏の軍と平氏の軍が壇ノ浦で激突！
源氏が勝利し、繁栄していた平氏はほろびました。

壇ノ浦の戦いで、源平合戦が幕を下ろした

栄えていた平氏もこれまでか!? 京の都を追われて壇ノ浦（今の山口県下関市）まで逃げてきたが、得意な船上での戦いにも敗れてしまったので言いわけもできない。平氏の血を引く安徳天皇も、ともに戦った武将たちも死んでいった。あとはいさぎよく自分で命を絶つのみじゃ。

壇ノ浦の戦い
『安徳天皇縁起絵図』

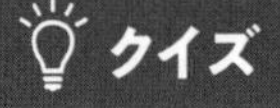
クイズ 平氏による政権を築いた平知盛の父親は？

❶ 平 将門　❷ 平 清盛　❸ 平 教経　❹ 平 宗盛

クイズの答え：② 知盛は清盛の4男。

3月25日

(明治5年)

樋口一葉の誕生日

西暦1872年5月2日

このあたり

1868 1912

明治時代

あんなにお金に困ってた私が5千円札の肖像になるなんて！

樋口一葉は、社会の底辺を生きる女性たちをえがいた作品で注目を浴びた小説家。多くの読者に愛されながら、24歳の若さで世を去りました。

近代最初の女性作家・樋口一葉

家の大黒柱の父と兄を次々と亡くし、17歳の私が樋口家を養うことになりました。そこで自慢の文章力を生かして小説家になったんですが、それだけでは暮らせず、雑貨のお店も出すことにしました。そんなとき、お客として来た身分の低い女性たちを見て、小説のアイデアがうかんだのです。

小説家の樋口一葉

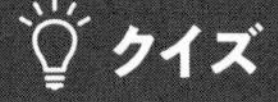
クイズ 結核で亡くなった樋口一葉が小説家として活動した期間は？

❶ 10カ月　❷ 1年2カ月　❸ 2年半　❹ 3年

クイズの答え：② 当時はまだ治りょう法のなかった肺結核により、24歳6カ月で死去。

3月26日（天正20年）

豊臣秀吉が名護屋城へ出発した日
西暦1592年5月7日

このあたり
1573 1603
安土桃山時代

3月26日

日本のすべてはワシのもの。お次はいよいよ海外だ！

国内統一をはたした豊臣秀吉の次のターゲットは中国。
まず朝鮮へ兵を送ると、自らも名護屋城に向け出発します。

朝鮮出兵に備えて豊臣秀吉が名護屋城へ出発

名護屋城は、豊臣秀吉が朝鮮出兵の基地として現在の佐賀県に築いたもの。おいの豊臣秀次に関白（※）の座をゆずった秀吉はこの日、朝鮮との戦に専念するため京都を出発したよ。名護屋城に到着したのは4月25日のことで、すでに朝鮮軍との戦いが始まっていたんだ。国内の政治は秀次に任せ、秀吉は約1年3カ月にわたり、名護屋城から朝鮮との戦を見守ったよ。

※天皇を助ける大事な役割。

朝鮮出兵が行われた時代の中国の王朝は？

❶ 漢　❷ 唐　❸ 元　❹ 明

クイズの答え：④　朝鮮出兵のそもそもの目的が明国の征服にあった。

松尾芭蕉が旅に出発した日

西暦1689年5月16日

このあたり

1603 1868

江戸時代

3月27日（元禄2年）

見どころいっぱいの旅。歩きに歩いた2400キロ！

松尾芭蕉は弟子の曾良と江戸を出発し、奥州（今の東北）・北陸の旅に出かけます。『おくのほそ道』は、そのときの旅の様子を記した芭蕉の紀行文です。

松尾芭蕉が『おくのほそ道』の旅に出発した日

平安末期～鎌倉初期の僧・西行は、何度もいろいろな場所を旅してはうたをよむ生活を送った人。江戸時代の俳人・松尾芭蕉はこの西行をとても尊敬していて、西行が亡くなってからちょうど500年目のこの年、自分も東北、北陸への旅に出かけたんだ。住まいのあった江戸・深川を出発し、目指すは景色がよくて有名な松島、象潟。日光東照宮や平泉といった名所旧跡もめぐったよ。

クイズ 俳句と同じ5・7・5の17文字からできている詩は？

❶ 和歌　❷ 川柳　❸ 漢詩　❹ 都々逸

クイズの答え：② 俳句にある季語はない。

3月28日
(明治9年)

廃刀令が出された日
西暦1876年3月28日
このあたり
1868 1912
明治時代

あんなにいばっていたのに刀がなければタダの人!?

武士と庶民の間に大きく身分の差があった封建社会。武士の身分を表す刀を持つことを禁じられ、不満がたまっていきました。

武士の特権だった刀を禁じる廃刀令が出された

昔、豊臣秀吉が行った刀狩りは、刀を持つことができた武士と、持てなかった庶民の身分の差を決定づけるものだった。つまり武士は刀を持つことで高い身分を証明していたんだ。明治政府が出した廃刀令は、これを逆にしたもの。平等な社会にするため、武士の特権をうばったんだ。大礼服(※)を着ているときと、軍人・警察官以外は刀を持つことを禁じた。この法律には反発も多く、反乱も起きた。

※宮中や、重要な儀式の際に着用した礼装。

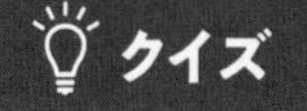
クイズ

明治政府が廃刀令を出すことで実現したかったのは?

❶ 兵農分離　❷ 上意下達　❸ 四民平等　❹ 封建制度

クイズの答え:③ 支配層だった武士からその象徴である刀をうばう目的があった。

3月29日 (慶応2年)

坂本龍馬が新婚旅行で高千穂山に登った日

西暦1866年5月13日

このあたり 1603 1868 江戸時代

楽しい様子をお姉さんに報告♪ 龍馬とおりょうの新婚旅行

幕末の日本をかけ回り、新しい時代を夢に見続けていた坂本龍馬。死ぬ直前に妻と温泉で過ごしたひとときは日本初の新婚旅行になりました。

クイズ

坂本龍馬と妻のおりょうが新婚旅行に出かけた場所はどこ？

1. 桂浜（高知県）
2. 伊勢神宮（三重県）
3. 霧島（鹿児島県）

龍馬夫妻の「新婚旅行」。実はケガを治すためだった

坂本龍馬は、仲が悪かった薩摩藩と長州藩に、薩長同盟（※）を結ばせたことで有名だね。実はその2日後、京都の寺田屋という宿で幕府の役人におそわれて、妻・おりょうと逃げ出したんだ。ケガをした龍馬を鹿児島へ案内し温泉で治りょうさせたのが薩摩藩の西郷隆盛だった。龍馬夫妻は霧島温泉に旅行し、高千穂山に登った。龍馬はその様子をさし絵入りの手紙にして、姉に送っているんだ。

※両藩（今の鹿児島県と山口県）が政治や軍事で助け合う約束をした。

おまけ

龍馬は旅行のあと、出身の土佐藩（今の高知県）に戻りましたが、同年11月に京都で暗殺されてしまいます。犯人がだれだったかは謎のままです。

クイズの答え：③　坂本龍馬夫妻を鹿児島に案内したのは西郷隆盛だったと伝えられる。

3月30日 （享保8年）

徳川吉宗が人口調査を命令した日

西暦1723年5月4日

このあたり

1603 1868

江戸時代

働く人が多ければ年貢の量も多くなる…はず？

政策を決めるときには目安となる数字が必要です。徳川吉宗は労働力はどれくらいか知るために、定期的な人口調査を命令しました。

徳川吉宗が6年ごとに人口調査をするよう命令

江戸時代に初めて行われた全国的な人口調査は享保の改革（※）のひとつでした。この改革を進めたのは8代将軍・徳川吉宗。これまで増えていた年貢の量が、自分の代になると増えていないことに気づいた吉宗は、年貢の引き上げや新しい田んぼの開発などの改革に取り組みます。人口調査もそのひとつ。吉宗は年貢の基本となる労働力がどれくらいか知るため、6年ごとに人口調査を行うよう命令しました。

※吉宗が幕府の政治をよりよくするために制度を変えたこと。

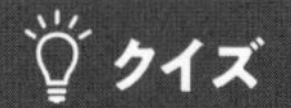

徳川吉宗の異名は？

❶ 米将軍　❷ 改革大王　❸ 年貢大将　❹ 人口将軍

クイズの答え：① 財政の基本は米。そこで米の価格の安定に政策の重点をおいた。

3月31日 (昭和22年)

6・3・3・4制の学校教育が発足した日
西暦1947年3月31日

このあたり
1926 1989
昭和時代

受験さえなければ たのしい16年間なんだけどね

戦後は、教育面でも民主主義社会にふさわしい方針が必要になりました。そこで、学校教育法を作り、新しい学校制度をスタートさせました。

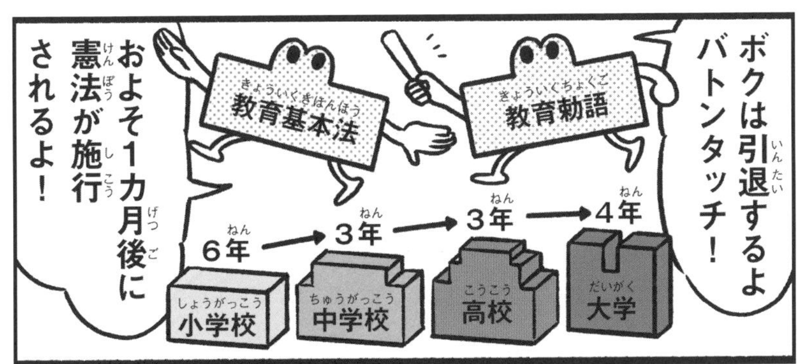

6・3・3・4制などを決めた学校教育法

戦前は、教育勅語（※）が国の教育の基本だった。それが戦後、日本国憲法の精神にのっとった新しい方針が必要となり、教育基本法が生まれたんだ。教育を受ける機会を平等にする、義務教育は無料、男女共学もこのなかで決められているんだよ。学校教育法は、この教育基本法の考え方を具体化したもの。小学校6年間、中学校3年間、高校3年間、大学4年間の6・3・3・4制も、この法律によって決められているんだ。

※教育についての天皇の言葉をまとめたもの。

クイズ　義務教育の対象は？

❶ 幼稚園まで　❷ 小学校まで　❸ 中学校まで　❹ 高校まで

クイズの答え：③　日本では6歳から15歳までの9年間を義務教育期間としている。

ざっくり日本史 古代編

すご〜く昔、卑弥呼と呼ばれる女王がいた！

日本に人が移り住んできたのは、今から1万6000年以上も前のこと。「磨製石器」と呼ばれる石をみがいた武器を持って、動物の群れを追ってきたのが始まりとされているよ。この時代を「旧石器時代」と呼ぶんだ。その後、土器や弓矢が使われた「縄文時代」を経て、「弥生時代」になるんだ。弥生時代には、稲を育てたり金属を加工したりと、文明が発達したんだ。「卑弥呼」と呼ばれる女王がいたのは、この時代の終わりのころ。日本のどこかにいたことは確かなんだけど、くわしい場所はわかってないんだ。九州かな？　近畿かな？

4月1日
(昭和13年)

国家総動員法が発表された日
西暦1938年4月1日

このあたり
1926 1989
昭和時代

国民からすべてをとり上げて それでも戦争を進めたいの？

全力で戦うために国の資源すべてを戦争に使う法律ができました。
これにより、日本中は戦争ムードになっていきました。

国内を戦争一色に染めた国家総動員法

戦争が起きたとき、人や物などあらゆる国の資源を、政府が自由に使えるようにする法律が国家総動員法だ。日本と中国が戦争をしているときにつくられたもので、対象は、労働や資金、物価、運輸、貿易、文化に言論など、国民生活のすみずみにおよんでいたんだ。じっさいに国家総動員法をもとにした天皇の命令がくり返し出され、日本中が戦争一色にぬりかえられていったんだ。

クイズ 生活必需品を国が割り当てる制度は？

❶ 国民総背番号制 ❷ 配給制 ❸ 徴兵制 ❹ 価格等統制令

クイズの答え：② 配給制では、お米や卵などの食べ物のほか、洋服などの衣類も割り当てられました。

4月2日（天保8年）

徳川家斉が引退した日

西暦1837年5月6日

このあたり 1603 1868 江戸時代

子だくさんで何が悪い？ 後継者をつくるのも将軍の仕事

将軍のときに老中・松平定信と組んで寛政の改革（※）を行った徳川家斉。仕事を引退したあと、ぜいたくな生活を送るようになりました。

徳川家斉は引退して4年で亡くなるが、将軍の地位を含めた50年間を「大御所時代」と呼ぶ。

次男・家慶に将軍をゆずって徳川家斉はゆうがに暮らした

53人いる子のうち、次男の家慶に将軍職をゆずったが、まだまだワシは元気じゃ。将軍を引退しても今までどおり、政治の実権はにぎらせてもらうからな。将軍になったころ、老中の松平定信と寛政の改革を進めたが、あれはきゅうくつすぎた。老後は、もっとのんびりとリッチに暮らしたいものじゃ。

※世の中をよりよくするために、作物をためたり、節約をしたりするような決まりに変えたこと。

クイズ　徳川家斉の死後、老中・水野忠邦が行った改革は？

❶ 天保の改革　❷ 安政の改革　❸ 享保の改革　❹ 文政の改革

クイズの答え：① 寛政の改革よりもさらに厳しい節約を求めた。

4月3日 (推古天皇12年)

聖徳太子が十七条の憲法を出した日
西暦604年5月6日

このあたり
593 710
飛鳥時代

人事制度の次はルールづくり。国づくりってたいへ〜ん

推古天皇のもとで、新しい国づくりにとり組んだ聖徳太子(厩戸皇子)。冠位十二階に続き、改革第2弾となる十七条の憲法をつくりました。

聖徳太子の十七条の憲法は、御成敗式目など、のちの法律づくりの基礎になったといわれている。

聖徳太子が国の基本法となる十七条の憲法をつくった

ワシは日本で初めての階級制度となる冠位十二階を定め、優秀な人を役に就かせるときの目安にした。次は国の基本となる憲法だな。近ごろは豪族(※)同士の争いが絶えないという。ならば「和」の大切さを説こうかな。仏教を広めたいので、三宝(仏・法・僧)を敬う気持ちを広めるものにしよう。

聖徳太子

※ある地方で大きな富や力を持つ一族。

クイズ　ともに数々の改革を実行した聖徳太子の協力者は?

❶ 蘇我入鹿　❷ 蘇我蝦夷　❸ 蘇我馬子　❹ 蘇我稲目

クイズの答え:③　推古天皇にたのまれて、蘇我馬子は聖徳太子の仕事を手伝った。

4月4日

（慶長20年）

徳川家康が大坂夏の陣に出陣した日

西暦1615年5月1日

このあたり 1603 1868 江戸時代

さあ、今度こそ決着だ！秀頼、首を洗って待っていろ

天下人となった徳川家康に残された課題は、豊臣家をほろぼすことだけ。いろいろな大名に号令をかけると、自ら大坂城へ向け出陣します。

攻めるのが難しいとされた大坂城。家康はその大事な堀を埋めることをたくらんで大成功した。

豊臣家との最終決戦のため徳川家康が大坂夏の陣へ

大坂城からすべての浪人を追放するよう言ったんじゃが、やっぱり豊臣秀頼は拒否したのぅ～。素直に従うとは思っていなかったし、まあ想定内じゃ。めんどうな堀も埋まったし、さすがの大坂城も、これで終わりじゃろう。さて、全軍に気合を入れるため、ワシも出陣するとしよう。

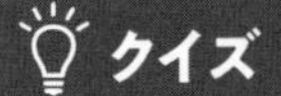

クイズ 秀頼の父は豊臣秀吉。では母は？

❶ お市の方　❷ 北政所　❸ 築山殿　❹ 淀殿

クイズの答え：④　本名は茶々。織田信長の妹・お市の方の娘にあたる。

4月5日

（慶長14年）

琉球王国が薩摩に敗れた日

西暦1609年5月8日

このあたり

1603　1868

江戸時代

中国にも日本にも国を渡すのはイヤだ

琉球王国に対して兵をあげた薩摩（今の鹿児島県）。
琉球は戦う気がなかったため、ほぼ無抵抗で征服されてしまいました。

薩摩藩の侵攻により琉球が征服された

琉球王国7代目の王・尚寧は、明国（今の中国）の皇帝・神宗から貴族の位をもらうかわりに、琉球が明国に支配されることを受け入れたんだ。ところがその3年後、薩摩は侵略の兵を琉球に送ったんだ。戦に負けた尚寧は、鹿児島、駿府（今の静岡県）の徳川家康、江戸の第2代将軍・秀忠のもとへ次々に送られてしまった。とうとう尚寧は、薩摩が琉球を支配してもよいと認め、ようやく帰国を許されたんだ。

クイズ　薩摩を支配していた大名家は？

❶ 徳川家

❷ 毛利家

❸ 大友家

❹ 島津家

クイズの答え：④　鎌倉時代以降、明治維新まで薩摩は島津家が支配する地域だった。

4月6日

（明治15年）

板垣退助が刺された日

西暦1882年4月6日

このあたり 1868 1912 明治時代

刺されたくらいで死んだら自由は手に入らない！

土佐（今の高知県）出身の板垣退助は、明治維新政府の重職に就きます。その後は自由民権運動（※）の中心人物として政治活動を行いました。

広く開かれた国会を目指した板垣退助

板垣退助は、維新政府の重要な役職を任されたのだが、征韓論（※）をめぐって大久保利通たちと対立し、西郷隆盛たちとともに政府をやめたんだ。その後、国民が政治に参加できるようにする自由民権運動を進め、日本で初めて全国的な政党となった自由党を結成。政治活動中に岐阜で演説して回っていたところを刺されてしまったんだ。そのときの有名な言葉が「板垣死すとも自由は死せず」だよ。

※自由を求める政治活動のこと。　※鎖国主義をとる朝鮮に対する侵略の主張。

クイズ　板垣と同じ土佐出身で自由党結成にも参加した政治家は？

❶ 後藤象二郎　❷ 江藤新平　❸ 副島種臣　❹ 大隈重信

クイズの答え：① 幕府による大政奉還（政権を朝廷に返すこと）をおし進めた。

4月7日（天正7年）

江戸幕府第2代将軍・徳川秀忠の誕生日

西暦1579年5月2日

このあたり

1573　1603

安土桃山時代

デキのいい兄さんたちでなく　このボクが将軍になるなんて！

征夷大将軍となり江戸幕府を開いた徳川家康。
その後継者となったのは3男として生まれた秀忠でした。

偉大な父のあとをついだ第2代将軍・徳川秀忠

父上が幕府を開き徳川政権がスタートしたのはいいんだけど、問題なのはだれが父上のあとをつぐか。ボクの評判は関ケ原の戦いに遅刻したせいでイマイチ。でも、長男の信康兄さんは織田信長に疑われて切腹。次男の秀康兄さんも豊臣秀吉の家の子になったので、けっきょくボクが将軍になったんだ。

江戸幕府第2代将軍・徳川秀忠

政略結婚で豊臣秀頼にとついだ秀忠の長女は？

❶ 千姫　❷ 珠姫　❸ 勝姫　❹ 初姫

クイズの答え：① 母は織田信長の妹であるお市の方の3女・江。

4月8日 (康正3年)

太田道灌が江戸城をつくった日
西暦1457年5月1日

このあたり
1336 1493
室町時代

江戸が大都市になったのはワシが城をつくったおかげ？

4月8日

室町後期、江戸城のあとにまた城をつくった太田道灌。扇谷上杉家の勢力拡大に努めますが、最後は暗殺されてしまいます。

太田道灌が江戸氏の館の跡地に江戸城を築いた

江戸城の始まりは平安時代の末期。城というよりは館で、鎌倉時代にかけて江戸氏の住むお屋敷だったんだ。室町時代の後期、あれはてた江戸氏のお屋敷があった場所に、ふたたび城をつくったのが、南関東で勢力のあった太田道灌。江戸時代のお城は本丸、二の丸、三の丸といった構造だったけれど、すでに道灌の城もこれに近いものだった。その後、徳川家康が改修し、将軍にふさわしい城にしたんだ。

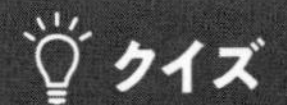

クイズ 江戸城内で将軍の妻たちが生活する場所をなんという？

❶ 二の丸 ❷ 天守 ❸ 西の丸 ❹ 大奥

クイズの答え：④ 将軍以外の男性は立ち入りを禁じられていた。

ここの

4月9日

（天平勝宝4年）

東大寺の大仏の開眼供養の日

西暦752年5月26日

このあたり

710 794

奈良時代

仏像づくりのフィニッシュは筆で目をかき入れること

聖武天皇が天皇の地位に就いてから、災害や疫病が続きました。そこで天皇は国の安定を願って大仏をつくることを命令したのです。

東大寺の大仏にたましいを入れる開眼供養が行われた

仏像をつくるときは、ほかの部分をすべてつくり終えた最後に目をかいて、たましいをむかえ入れるんだ。仏像やお墓が完成すると、開眼供養という、おいのりをする儀式をするよ。東大寺の大仏（盧舎那仏）の開眼供養は、予定から1日おくれのこの日、盛大に行われた。飾りたてられた大仏殿（※）で行われた儀式には、大仏を建てるように命令した聖武太上天皇と皇太后、孝謙天皇などが参加したよ。

※大仏が置かれている建物。

クイズ 太上天皇の略称は？

❶ 法皇　❷ 上天皇　❸ 上皇　❹ 院

クイズの答え：③ 太上天皇は皇位をゆずった天皇にあたえられる尊称。

4月10日 (昭和21年)

日本で初めて女性が選挙に参加した日
西暦1946年4月10日

このあたり
1926 1989
昭和時代

男女平等な社会っていいね！女性だって選挙に行ける！

女の人が政治に参加できる女性参政権が認められた初の選挙は、第二次世界大戦が終わってからのことでした。

民主化のために日本でも女性参政権が認められた

日本で女性が政治に参加できる権利が認められたのは戦後のこと。戦争でとだえていた婦人参政権運動の再開と、GHQ(※)が日本の民主化のために出した指令に婦人参政権もあったからなんだ。昭和20年(1945年)12月に女性にも投票する権利(選挙権)と、立候補する権利(被選挙権)が認められた。翌年4月の衆議院議員選挙では約1380万人の女性が投票。79人の女性が立候補して、39人が当選したんだよ。

※連合国軍最高司令官総司令部のことで、最高司令官はダグラス・マッカーサー。

日本初の女性閣僚となった中山マサは何大臣？

❶ 大蔵大臣　❷ 外務大臣　❸ 文部大臣　❹ 厚生大臣

クイズの答え：④　平成13年(2001年)からは労働省と合併して厚生労働大臣。

4月11日（慶長2年）

徳川秀忠の娘・千姫の誕生日
西暦1597年5月26日

このあたり
1573　1603
安土桃山時代

周りが天下人ばかりで けっこう大変な人生だったかな

徳川家康が祖父で、織田信長が大伯父。最初の夫の父が豊臣秀吉。そんな生まれもあって、千姫は変化に富んだ人生を送ります。

本多忠刻と千姫は美男美女の夫婦だった。住んでいた姫路城で仲むつまじく結婚生活を送った。

政略結婚（※）で豊臣秀頼の妻となった千姫

私が最初に結婚した相手、豊臣秀頼様はやさしいかたで、結婚生活はとても楽しかった。だから亡くなったときは、とても悲しかったわ。再婚相手の本多忠刻様もすてきなかた。男性とは思えないほど美しいお顔で、初めてお会いしたときにはおどろきました。なんだかんだいって、すてきな縁にめぐまれた人生でした。

※政治のために本人の気持ちに関係なく結婚させること。

クイズ　豊臣秀頼が命を落とした戦は？

❶ 関ケ原の戦い　❷ 大坂冬の陣　❸ 大坂夏の陣　❹ 島原の乱

クイズの答え：③　大坂城落城のときに自殺し、豊臣家は滅亡する。

北条政子が十三人の合議制をつくった日
西暦1199年5月8日

このあたり
1185 1333
鎌倉時代

4月12日 (建久10年)

将軍だからって独断はダメ！ みんなで話して決めましょう

鎌倉幕府第2代将軍・源頼家の自分勝手さに、家来たちは不満いっぱい。そこで北条氏は、13人の話し合いで物事を決める制度をつくりました。

鎌倉幕府が十三人の合議制を導入

私は北条政子。頼朝どのが急死して、息子の頼家が18歳で征夷大将軍となりました。頼家は何をするにも1人で決めるので、家来たちから反発の声が多くあがっているようです。そこで考えたのが、私の実家である北条家を中心にした13人で物事を決めるしくみ。これできっと頼家の身勝手さも止まるはず。

合議制を定めた北条政子

クイズ　北条氏が拠点としていた地域は？

❶ 奥州　❷ 房総　❸ 伊豆　❹ 鎌倉

クイズの答え：③　当主の時政は、伊豆国に流された源頼朝の監視役だった。

4月13日（慶長17年）

巌流島の決闘があった日
西暦1612年5月13日

このあたり
1603 1868
江戸時代

2人の剣の達人が激突！いったいどっちが強いんだ？

全国で武者修行していた宮本武蔵と、小倉藩（今の福岡県）の剣術師範・佐々木小次郎。腕じまんの2人が巌流島で決闘をしました。

宮本武蔵と佐々木小次郎が巌流島で対決

宿命のライバルだった宮本武蔵と佐々木小次郎。2人の戦いの場となった巌流島はもともとは船島といったんだけど、小次郎が巌流（岩流）を名乗っていたことから巌流島と呼ばれるようになったんだって。決闘の当日、武蔵はあえて2時間おくれることで、小次郎のイラ立ちをさそったといわれているんだ。木の剣を手にした武蔵と、長い刀を持った小次郎。2人の戦いは一瞬で武蔵の勝利に終わった。

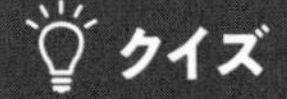
クイズ 戦前に発表された小説『宮本武蔵』の作者は？

❶ 吉川英治　❷ 司馬遼太郎　❸ 海音寺潮五郎　❹ 山岡荘八

クイズの答え：① 昭和10年（1935年）連載開始。戦時下のベストセラーとなった。

4月14日（慶応3年）

高杉晋作の命日
西暦1867年5月17日

このあたり
1603　1868
江戸時代

敵が幕府だからってビビるな！ 勝つのはオレたちだ!!

朝廷の敵とされ、二度にわたって幕府から征討軍を送られた長州藩（今の山口県）。大ピンチの長州藩にとって、高杉晋作は勝利の原動力となりました。

高杉とともに戦った戦闘集団、奇兵隊のメンバーは、身分に関係なく庶民からも集められた。

ゴホッゴホッ ちょっと最近せきが…

大丈夫？ 大丈夫？

奇兵隊を結成して幕府と戦った長州藩士・高杉晋作

伊藤俊輔（博文）がオレのことを、「動けば雷電のごとく、発すれば風雨のごとし」って評したらしいな。オレの行動力と決断力をほめてくれてるみたいだけど、ちょっと持ち上げすぎじゃないか？ このころ、幕府との大きな戦がせまっていたから、オレも奇兵隊の連中に気合を入れさせたものだよ。

長州藩士・高杉晋作

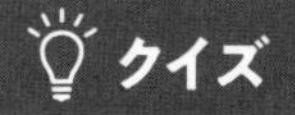
クイズ　高杉晋作の先生は？

❶ 勝海舟　❷ 緒方洪庵　❸ 吉田松陰　❹ 桂小五郎

クイズの答え：③　伊藤博文らとともに松陰の松下村塾の塾生だった。

4月15日 (延暦21年)

アテルイが坂上田村麻呂に降参した日
西暦802年5月19日

このあたり
794 1185
平安時代

朝廷軍なんてチョロいぜ！と思ってたら今回はちがった!?

胆沢地方の族長として蝦夷征討軍を負かしたアテルイですが、征夷大将軍・坂上田村麻呂の軍勢には勝てず、負けを認めました。

蝦夷の族長・アテルイが坂上田村麻呂に降参

古代日本では、東北地方や北海道に住む人たちを「蝦夷」と呼んでいたんだ。アテルイは、8世紀の終わりごろに陸奥国胆沢（今の岩手県奥州市）を活動の場にしていた蝦夷の族長。延暦8年（789年）、征東将軍・紀古佐美の軍をやっつけたものの、征夷大将軍・坂上田村麻呂には素直に降参したらしいね。その後、平安京に連れていかれたアテルイは、田村麻呂が助けようとしたけど処刑されてしまったんだ。

クイズ 坂上田村麻呂が建てたと伝えられる寺は？

❶ 東大寺　❷ 法隆寺　❸ 延暦寺　❹ 清水寺

クイズの答え：④　宝亀11年（780年）、十一面千手観世音菩薩を本尊として建てた。

4月16日（応永4年）

金閣寺が建てられた日
西暦1397年5月13日

このあたり
1336 1493
室町時代

目がくらむほどキラキラのお寺。実は昭和になって燃えちゃった？

室町幕府の第3代将軍・足利義満によって建てられた金閣寺。
現在残っているのは、昭和30年に再建された建物です。

クイズ

金閣寺の正式な呼び方は？

❶ 鹿苑寺
❷ 慈照寺
❸ 法隆寺

室町時代前期の文化の代表、金閣寺が建てられた日

観光地として有名な金閣寺。池の上にうかぶ金色の建物（金閣）は仏の骨を納めている「舎利殿」で、ほかの建物や庭全体は「鹿苑寺」が正しい名前だよ。足利義満が政治を行う場所としてつくられ、その後は国宝に指定されたんだけど、昭和25年（1950年）、若い僧に火をつけられて全焼しちゃった。この事件は三島由紀夫の小説『金閣寺』でも書かれているよ。放火の5年後、全国からお金を集めてまた建てられたんだって。

おまけ

金閣寺に代表される北山文化には、ほかにも観阿弥・世阿弥親子が大成した能や、『太平記』などの軍記物語文学などがあげられます。

クイズの答え：① ②は銀閣寺の正式名、③は世界最古の木造建築がある奈良の寺院。

4月17日 (養老7年)

三世一身法が出された日
西暦723年5月25日

このあたり 710 794 奈良時代

4月17日

もともと、土地は天皇のものだけど ある条件で自分のものだよ

人口増加による田んぼ不足が問題になり始めた奈良時代。一定の条件のもとで土地の私有を認める法律ができました。

土地を自分のものとして持てる三世一身法

奈良時代になると人口が増え、田んぼなどが不足するようになったんだ。そこで政府が出したのが三世一身法。新しく用水路を引いて田んぼを作ったら本人・子・孫（または子・孫・曾孫）の3代にわたってその田んぼが自分たちのものになり、古い用水路を使ったら本人1代かぎりは自分のものになる法律さ。ただ、けっきょくは土地をとり上げられるので、田んぼを増やす効果はあまりなかったんだ。

クイズ 平城京へ都を移すのを決めた当時の天皇は？

❶ 天武天皇　❷ 持統天皇　❸ 元明天皇　❹ 聖武天皇

クイズの答え：③ 慶雲4年（707年）に即位。和銅3年（710年）に平城京に都を移す。

専売特許条例が出された日
西暦1885年4月18日

このあたり
1868 1912
明治時代

4月18日 (明治18年)

特許制度をもたない国は近代的とはいえないよ！

4月18日

明治に出された専売特許条例は、特許法のもとになったルールです。当時の政府は、日本の近代化を外国に示したかったのです。

のちの特許法となる専売特許条例が出された

特許庁の初代長官を務めた政治家の高橋是清たちが、現在の特許法のもととなる専売特許条例を出したよ。目的は、せっかく発明したアイデアや技術がぬすまれないようにするため。そして多くの発明につながるアイデアを守ると、国が近代化して経済も成長するから、国民の生活も便利になると考えたからだ。4月18日は「発明の日」でもあるんだけれど、これも専売特許条例を発表した日からきているよ。

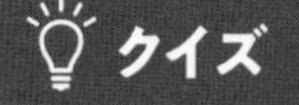

クイズ 特許に関する行政を担当する役所は？

❶ 東京特許許可局　❷ 特許庁　❸ JASRAC　❹ JIS

クイズの答え：② 経済産業省に入っている行政機関。条例を出すときの呼び名は商標登録所。

4月19日 (昭和26年)

ボストンマラソンで日本人が初優勝した日
西暦1951年4月19日

このあたり
1926 1989
昭和時代

アメリカの大会で勝って日本人に勇気をあたえるんだ！

第55回ボストンマラソンで、田中茂樹選手が優勝！
日本人による大会初出場と初優勝を同時に達成しました。

第55回ボストンマラソンで日本人が初出場&初優勝

アメリカ独立戦争が始まった4月19日を、 アメリカでは「愛国の日」としています。 この日を記念して開催されるようになったのがボストンマラソン。 オリンピックのマラソン競技の次に長い歴史をもっているよ。 戦後まだ間もないこの年、 55回目のボストンマラソンに初めて日本人の田中茂樹選手が参加したんだ。 そしてなんと初出場にして初優勝。 記録は2時間27分45秒だったよ。

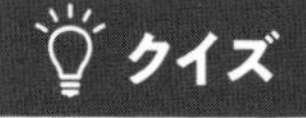
クイズ　ボストンが本拠地のMLBの野球チームは？

① レッドソックス　② セルティックス　③ メッツ　④ ペイトリオッツ

クイズの答え：① アメリカン・リーグ発足時から存在する伝統ある球団。

4月20日（弘治2年）

斎藤道三の命日
西暦1556年5月28日

このあたり
1493　1573
戦国時代

父・長井新左衛門尉と2人で大出世 マムシとおそれられた戦国大名

説はいろいろありますが、とても出世をしたことで知られる斎藤道三は、美濃国（今の岐阜県）を治める戦国大名でした。

クイズ

斎藤道三の父が売っていたのは何？

❶ 水
❷ 酒
❸ 油

最後の敵は息子？　美濃のマムシ・斎藤道三

僧侶だった父・長井新左衛門尉が美濃の大名に。そのあと道三は、軍事の責任者である役職の守護を追放して、国をうばいとった。その実力を、人々は毒ヘビの「マムシ」のようだとしておそれたんだ。道三は、娘の夫である織田信長とも協力して美濃国をうまく治めた。しかし引退後、息子の義龍に戦いをしかけられ、長良川の戦いで戦死。信長も助けに行ったが間に合わなかったそうだよ。

おまけ

義龍に攻められたとき、道三に味方する者は少なかったそうです。国をとり合うのが当たり前の時代。親子の「情」よりも「力」が大事だったのでしょう。

クイズの答え：③　油を売るパフォーマンスに感心した武士から武芸の練習をするようすすめられたという。

4月21日 (昭和9年)

忠犬ハチ公の銅像が建てられた日

西暦1934年4月21日

このあたり 1926 1989 昭和時代

そろそろ帰ってくる時間だ！先生をむかえに行かなきゃ

現在、渋谷駅前にある忠犬ハチ公像は、戦後につくられた2代目。初代は戦前につくられ、除幕式にはハチ自身も参加しました。

渋谷駅前に忠犬ハチ公の銅像が建てられた

大好きな飼い主が死んだことがわからず、毎日、渋谷駅に通い続けた忠犬ハチ公の物語は海外でも有名。渋谷駅前にあるそのハチ公の銅像だけど、現在の像は実は2代目。初代はまだハチ公が生きていたこの年に制作されたんだ。除幕式には像のモデルになったハチ公も参加したよ。初代の像は戦争で失われたため、戦後間もない昭和23年(1948年)に2代目が制作されたんだ。

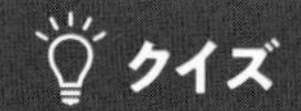

クイズ ハチ公の犬種は？

❶ アイヌ犬　❷ 秋田犬　❸ 柴犬　❹ 紀州犬

クイズの答え：② 日本犬でゆいいつの大型犬で、飼い主に忠実といわれる。

4月22日（大正14年）

治安維持法が出された日
西暦1925年4月22日

このあたり
1912 1926
大正時代

政府のやり方は正しい！逆らったらタイホだぞ！

社会運動の過激化に対応するためにつくられた治安維持法。戦争中は、政府に反対する立場の人々をおさえつけるために使われました。

社会運動のとりしまりを目的とした治安維持法

治安維持法は、人々の新しい考え方や、理想の社会のしくみを実現しようとするための集会などをとりしまる目的でつくられた。国と考えがちがう人々による運動や活動、暴動やさわぎを起こさせたくなかったからなんだ。戦争中にはとりしまる対象を広げ、政府に逆らう考えや学問に対するおさえつけにも使われるようになったんだ。逮捕者は6万、7万人から数十万人といわれているよ。

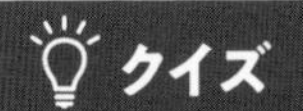

クイズ 治安維持法で逮捕され拷問死した作家・小林多喜二の代表作は？

❶『山椒魚』　❷『雪国』　❸『父帰る』　❹『蟹工船』

クイズの答え：④　カニを加工する船で働く貧しい労働者たちの厳しい現実がえがかれる。

4月23日 (文久2年)

寺田屋騒動が起きた日
西暦1862年5月21日

このあたり
1603 1868
江戸時代

京都に今も残る「寺田屋」は幕末の事件が起きる名物旅館？

「寺田屋騒動」といわれる大きな事件は2つあります。時代を動かすようなできごとが同じ旅館で2回も起きたのです。

話し合いから殺し合いになってしまった「寺田屋騒動」

薩摩藩（今の鹿児島県）主の父であり、最高権力者だった島津久光は、幕府を倒そうとする過激な考えを持つ武士たちを藩から追い出したかった。かれらが京都の寺田屋という旅館にいることを知った久光は、剣術がうまい9人の部下を送って説得しようとしたんだ。しかし、話し合いは失敗。部下たちが切りかかり、幕府を倒そうとしていた武士たちの中心メンバーはほとんどが死亡。残りは逃げるか、降参してしまったよ。

おまけ

もうひとつの寺田屋騒動は慶応2年（1866年）に坂本龍馬がおそわれた事件です。龍馬はケガをしましたが、妻と逃げることができました。

まちがい探しの答え：①左奥 ②左の人が持つもの ③右の柱

4月24日（天正11年）

柴田勝家が切腹した日
西暦1583年6月14日

このあたり 1573 1603 安土桃山時代

サルの天下を見ずにすむなら切腹も悪くはないのう

織田信長の後継者をだれにするかで、羽柴（豊臣）秀吉と柴田勝家が対立。2人の戦で秀吉が勝利すると、負けた勝家は切腹しました。

北庄城に逃れた勝家は、秀吉の軍勢に囲まれてしまう。夫人で織田信長の妹のお市の方たちと自殺した。

戦に負けた柴田勝家が切腹し秀吉が信長の後継争いに勝利

信長様の父の代から織田の家来であるワシが、成り上がりのサル（秀吉のあだ名）ごときに負けるとは～。この先、サルは何もわからぬ幼い三法師（※）を利用して、権力を自分のものにすることだろう。くやしいがこれも運命。道づれにする妻にはすまぬが、武士らしく、みごとに切腹しよう。

※信長の長男・信忠の子。祖父と父の死により3歳で織田家当主に。

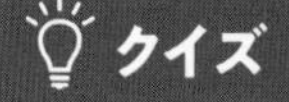

クイズ 本能寺の変を起こして、織田信長を死に追いやった武将は？

❶ 斎藤道三　❷ 明智光秀　❸ 前田利家　❹ 石田三成

クイズの答え：② 秀吉との戦に敗れたあと、落ち武者がりにあって命を落とした。

4月25日（元亀元年）

金ヶ崎の戦いが始まった日
西暦1570年5月29日

このあたり
1493 1573
戦国時代

義理の弟が裏切ったって!? そんなの聞いてないよ〜

織田信長が越前（今の福井県）の朝倉義景と争った金ヶ崎の戦い。義弟・浅井長政の裏切りによって、信長は大ピンチにおちいります。

浅井長政が織田信長を裏切った金ヶ崎の戦い

越前の朝倉義景をやっつけるため、織田信長は金ヶ崎城を攻撃して朝倉氏のいるところに向かっていたんだ。でも途中で予想していなかった知らせを受けた。浅井長政が裏切ったらしい！ 長政は信長の妹・お市の方の夫。ここで朝倉軍と浅井軍のはさみうちにあったら、いくら信長でも勝ち目はない。すぐに逃げることを決めた信長が命からがら帰ると、おともの兵はわずか数十人しか残っていなかったんだ。

お市の方の娘で徳川秀忠の妻となったのは？

❶ 茶々　❷ 初　❸ 江　❹ 孝子

クイズの答え：③　3回目の結婚で秀忠にとついだ。

4月26日（天平7年）

吉備真備が唐からの文物を献上した日
西暦735年5月22日

このあたり
710 794
奈良時代

学びに学んだ唐での18年！おみやげもたくさんあるよ

遣唐使（※）として唐（今の中国）で学んだ吉備真備が、本や資料を持って帰国。そのごほうびに、真備はいっぺんに10階級も昇進しました。

従八位下という低い位階から一気に正六位下に、10階級も昇進。その後も出世コースをかけ上がった。

遣唐使の吉備真備が、唐から多くの本や資料を持ち帰った

私は9回目の遣唐使として唐に渡り、そこで学ぶこと18年。帰国したのは天平6年（734年）のことです。唐からは書物だけでなく、日時計、楽器、弓、矢などを持ち帰り、これを朝廷におみやげとして渡し、とても喜ばれました。12回目の遣唐使のとき、ふたたび唐に行ったんですよ。

遣唐使の吉備真備

※日本の代表として唐に行った人。

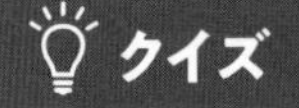
クイズ　平安京のモデルとなった唐の都は？

❶ 北京　❷ 洛陽　❸ 長安　❹ 成都

クイズの答え：③　現在の西安市付近。前漢の都でもあった。

4月27日（推古天皇7年）

日本最古の地震被害が記録されている日
西暦599年5月26日

このあたり
593 710
飛鳥時代

うわわっ！　家が倒れる～！ 助けて～、地震の神様～！

日本初の歴史書『日本書紀』には、当時あった地震の記録も残されています。なかでも推古地震の記録は、その被害についてもふれられています。

『日本書紀』に記録された国内最古の地震被害

日本最初の歴史書の『日本書紀』には、いくつか地震の記録が残されている。そのなかで、被害について書かれているいちばん古いものが、この年に起きた推古地震といわれる大地震だ。震源地は近畿地方で、地震の強さを表すマグニチュードは推定で7.0。地震の対策もしていない時代だから、きっと被害も大きかっただろうね。記録にも「地が動いて家屋がことごとくこわれたので、各地に命じて地震の神をまつらせた」とあるほどだ。

クイズ　地震が起きたとき推古天皇の摂政だった人物は？

❶ 中大兄皇子　❷ 聖徳太子　❸ 蘇我馬子　❹ 中臣鎌足

クイズの答え：② 天皇にかわって政治を行っていた聖徳太子は地震の発生を予測していたという逸話もある。

4月28日 (昭和27年)

日本の主権が回復した日
西暦1952年4月28日

このあたり
1926 1989
昭和時代

主権がないってつらい…もうぜったい戦争はイヤだ！

国のことを自分たちで決められる権利を主権といいます。
主権をとり戻しても、沖縄などはアメリカが支配していました。

サンフランシスコ講和条約で日本の主権が回復

戦争に負けた日本はアメリカに支配され、自分たちでは何ひとつ決められない状況だった。でも、サンフランシスコ講和条約で、アメリカをはじめとする48カ国と条約を結び、多くの国と仲直りして国のつきあいが回復したんだ。日本は主権をとり戻し、国際社会の仲間に復帰！ ただ、いくつかの国は署名を拒否したんだ。ちなみに、署名した場所はサンフランシスコだよ。

クイズ　条約に署名した当時の日本の総理大臣は？

❶ 吉田茂　❷ 佐藤栄作　❸ 田中角栄　❹ 中曽根康弘

クイズの答え：① 第45・48・49・50・51代の5回にわたって内閣総理大臣に就任。

元弘の乱が始まった日
西暦1331年6月5日

4月29日 (元徳3年)

このあたり
1185 1333
鎌倉時代

天皇が自分で政治を行うため何がなんでも幕府は倒す！

天皇の政治を実現するために何度もクーデターを起こした後醍醐天皇。力のある家来たちもどんどん兵をあげ、鎌倉幕府を滅亡させました。

鎌倉幕府をほろぼした元弘の乱

元亨4年（1324年）、後醍醐天皇は天皇による政治を目指し、鎌倉幕府に対してクーデターを起こしたけれど失敗（正中の変）。その後、2回目の反乱、元弘の乱を起こしたんだ。事前に情報がもれて、天皇はいったん隠岐に流されたけど、楠木正成たちが幕府軍との戦いを続けた。さらに後醍醐天皇が隠岐を脱出すると、のちに室町幕府を開く足利尊氏、新田義貞たちも戦いを始め、鎌倉幕府を滅亡へと追いこんだよ。

クイズ 鎌倉幕府を倒した後醍醐天皇が行った政策は？

❶ 大化の改新　❷ 建武の新政　❸ 下剋上　❹ 明治維新

クイズの答え：② 2年半の短期間で失敗し、政権は崩壊した。

4月30日 (平成7年)

野生のトキが残り1羽になった日
西暦1995年4月30日

このあたり 1989 2019
平成時代

野生に生きる日本のトキをもう一度見たかったけど…

佐渡の保護センターで飼育されていたオス・メス2羽のトキのうち、オスのミドリが死んだことで日本生まれのトキの絶滅が決まりました。

日本のトキが最後の1羽になった日

私の名前はキン。日本生まれのトキの最後の1羽なの。それまでいっしょにいたオスのミドリが死んで、ひとりぼっちになっちゃった。これで赤ちゃんをつくることが不可能になっただけじゃなく、私が死んだら、その瞬間に日本のトキはこの世から姿を消すんだわ……。昔はあんなに仲間がたくさんいたのに。

最後の1羽「キン」

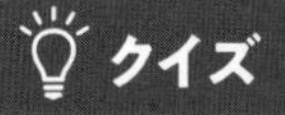

トキをデザインした普通切手は？

❶ 1円切手　❷ 2円切手　❸ 5円切手　❹ 10円切手

クイズの答え：④　平成27年（2015年）2月2日販売開始。

5月1日（明治10年）

日本赤十字社設立のきっかけとなった日
西暦1877年5月1日

このあたり
1868 1912
明治時代

戦場で傷ついた兵士は敵も味方も関係なく助けるぞ！

戦争や災害などで苦しむ人を助ける日本赤十字社は、日本人同士の戦いがきっかけで明治時代に生まれました。

明治政府に不満を持つ西郷隆盛たちが反乱を起こした西南戦争。戦いは政府軍が勝利した。

日本赤十字社ができたきっかけは日本人同士の戦争だった

戦争などで苦しむ世界中の人を救う「赤十字社」という国際組織を知っておるか？ 日本にも日本赤十字社があるが、つくられたきっかけは西南戦争（※）だった。政府側の兵士は手当てを受けられても、敵側の兵士は手当てを受けられなかった。だから、すべての傷ついた兵士を助ける博愛社（※）をつくったのだ。

創始者の佐野常民

※今の九州地方で起きた日本人同士の最後の戦い。 ※博愛社がのちの日本赤十字社となった。

クイズ 赤十字社を最初につくったのは、どこの国の人？

❶ アメリカ ❷ イギリス ❸ スイス ❹ フランス

クイズの答え：③ スイス人のアンリ・デュナンがつくった。

5月2日

（明治20年）

えんぴつ記念日
西暦1887年5月2日

このあたり
1868　1912
明治時代

簡単に書き直しできるなんて！学校や職場で大人気のえんぴつ

日本で初めて、えんぴつが工場で生産されたのは明治時代。
それまで墨と筆を使っていた人々にはおどろきの筆記具でした。

えんぴつを最初に使ったといわれているのは？

❶ 織田信長
❷ 豊臣秀吉
❸ 徳川家康

みんなが使っているえんぴつが生産開始！

ヨーロッパでは、1600年代の初めごろまでには、今のようにけずって使うえんぴつが作られていたらしい。日本では真崎仁六という人が明治11年（1878年）にパリの万国博覧会で初めて見て感動。10年近い研究を重ねて、この年から工場での生産ができるようになったんだ。今の「三菱鉛筆」の前身だよ。消しゴムが使えて、何度も書き直しができるえんぴつは、学校を中心に大人気の筆記道具になったよ。

ひし形を3つ合わせた三菱鉛筆のマークは、真崎仁六が初めて使ったものです。「三菱グループ」とは別の会社です。

クイズの答え：③　静岡県の久能山東照宮にある家康の遺品が、日本最古のえんぴつといわれます。

5月3日 (昭和22年)

日本国憲法が使われ始めた日
西暦1947年5月3日

このあたり
1926 1989
昭和時代

いくつもある法律の親分、日本国憲法がいよいよスタート！

第二次世界大戦の終結から2年後に、日本という国にとっての新しいルールである日本国憲法が使われ始めました。

日本の新ルール、日本国憲法が使われ始めた

日本国憲法には、国民主権（国のことは国民が決める）、基本的人権の尊重（だれもが人間らしく生きることができる）、平和主義（戦争をしない）という大きな3つの決まりがあるよ。これらは戦争をして国内外の人々を苦しませたこと、国民の権利を制限していたことなどへの反省からとり入れられたんだ。憲法は国民の権利や自由を守るための決まりなので、日本国憲法に反する別の法律をつくってはいけないことになっているんだ。

クイズ 日本国憲法の前に日本で使われていた憲法は？

❶ 十七条の憲法　❷ 大日本帝国憲法　❸ ワイマール憲法　❹ 武家諸法度

クイズの答え：② 1890年11月29日から1947年5月2日まで使われた。

5月4日

（明治5年）

ラムネの製造販売が始まった日

西暦1872年6月9日

このあたり

1868 1912

明治時代

明治の人たちもシュワシュワのサイダーを飲んでいた！

炭酸が入ったさわやかでおいしいサイダー。
その歴史は意外と古く、明治時代には販売が始まっていました。

日本でのラムネの製造販売が始まった

冷たくておいしいラムネの名前の由来になっているのは、レモネード（※）という外国の飲み物。最初に日本人にごちそうしてくれたのは、幕末の1853年にアメリカからやってきたペリーだといわれているよ。それから19年後のこの日、ラムネを作って売ってもいいという許可を国から初めてもらったのが、千葉勝五郎という東京で商売をしている人だったんだ。それをきっかけに、5月4日は「ラムネの日」とされているんだよ。

※レモンの果汁に砂糖や水などを入れた飲み物。ラムネのもとになった。

ラムネのビンの中に入っていて、せんのかわりになるものは？

❶ ゴム　❷ コイン　❸ 木の玉　❹ ビー玉

クイズの答え：④　最初はコルクを使っていたが、ビー玉が使われるようになった。

5月5日（宝暦13年）

小林一茶の誕生日
西暦1763年6月15日

このあたり
1603　1868
江戸時代

江戸時代に有名になった長野で生まれた俳句名人！

子どもや小さい動物をとり上げた、心やさしい俳句で知られる小林一茶。今の長野県の北部で農家の子として生まれました。

小林一茶は、松尾芭蕉、与謝蕪村とならんで「江戸三大俳人（俳句を作る人）」と呼ばれる俳句の名人。

のちに江戸三大俳人と呼ばれる小林一茶が誕生

長野県の農家に生まれたワシは、3歳のころに母を亡くしたんだ。8歳で新しい母親がやってきたけど仲よくできなかったので、15歳で江戸（今の東京都）に働きに出たんだ。20歳を過ぎたころから俳句の道を目指し、40歳を過ぎて有名に！　江戸三大俳人と呼ばれるまでになったのだ！

クイズ　「我と来て遊べや親のない○」という一茶の有名な俳句。○に入るのは？

❶ 雀　❷ 子犬　❸ 子猫　❹ 小僧

クイズの答え：①「親のない雀、こっちに来て私と遊ぼうよ」という意味の俳句。

5月6日（応永15年）

室町幕府第3代将軍・足利義満の命日

西暦1408年5月31日

このあたり
1336 1493
室町時代

室町時代のすご〜い将軍が49歳で亡くなった

室町時代で幕府の力をもっとも強いものにした将軍の足利義満は、とつぜんの病気で亡くなってしまいました。

第3代将軍の足利義満が亡くなってしまった

北朝と南朝の2つに分かれていた朝廷をひとつにしたり、中国との貿易でお金をかせいだり、ワシはすごいことをたくさん成しとげたのだぞ。36歳で将軍の座を息子の義持にゆずってからも政治を行う大きな力を持ち続けておった。まだ大きなたくらみを持っていたが、49歳で急な病気で死んだのじゃ。残念！

室町幕府第3代将軍・足利義満

クイズ 将軍をやめたあと、何になった？

❶ 画家　❷ 僧侶　❸ 大工　❹ 料理人

クイズの答え：② 将軍をやめたあとに太政大臣になり、その後は僧侶になった。

5月7日 (慶長20年)

真田信繁(幸村)が討ち死にした日

西暦1615年6月3日

このあたり 1603 1868 江戸時代

日本一の兵と呼ばれた武将が大活躍したあとに亡くなった

真田幸村という名前でも知られる真田信繁は、大坂夏の陣で大活躍。しかし、その戦いで死んでしまいます。

大坂夏の陣で徳川家康のところまで攻め込んだ働きから、真田信繁(幸村)は日本一の兵と呼ばれた。

徳川家康を追いつめた真田信繁が戦死!

豊臣秀吉様が亡くなり、将軍の座をねらう徳川家康どのと豊臣家を支える石田三成どのが戦うことになったんだ。兄の信之は家康どのに、父とワシは三成どのについた。どちらが勝っても真田家が生き残るようにしたってワケ。大坂夏の陣では家康どのを追いつめたが、この戦いでワシは戦死してしまったのだ。

物語の中で活躍した真田信繁の家来たちの呼び名は?

① 真田十勇士　② 真田三勇士　③ 真田七勇士　④ 真田十二勇士

クイズの答え:① この10人の家来は実在しないが、さまざまな物語に登場した。

5月8日（天正15年）

島津義久が豊臣秀吉に降参した日
西暦1587年6月13日

このあたり 1573 1603
安土桃山時代

九州最強の島津義久が豊臣秀吉に負けた！

九州を統一しようとしていた薩摩（今の鹿児島県）の島津義久ですが、天下統一をねらっていた豊臣秀吉と戦って負けてしまいます。

島津義久が豊臣秀吉と戦って負けを認めた

豊臣秀吉は天下統一を目指していて、従わないのはついに関東の一部と九州の武将だけに！ 九州では薩摩の島津義久と豊後（今の大分県）の大友宗麟が争っていたけど、負けそうだと思った宗麟は秀吉に助けを求めたよ。島津軍は前に戦ったときは豊臣軍を倒せたけど、このときは秀吉の大軍には勝てなかったんだ。義久は出家（※）してから秀吉のもとに行き、負けを認めたんだ。

※出家とは、僧侶になること。もう武士として生きないことを表している。

クイズ　義久が自分の部屋にかざった絵に描かれていたのは？

❶ 猫　❷ 野菜　❸ 悪人　❹ 桜島

クイズの答え：③　悪人の顔を見て、かれらのような悪いことをしないように心がけた。

ここの
5月9日
（明治2年）

アイスクリームの日
西暦1869年6月18日
このあたり
1868 1912
明治時代

冷たくて甘くておいしい 日本初のアイスクリーム

江戸幕府のサムライたちがアメリカに渡って初めてアイスを食べました。
その中の一人が日本で初めてアイスを作りました。

横浜で初めて日本人がアイスクリームを作った

日本人で初めてアイスクリームを食べたのは、万延元年（1860年）に日米修好通商条約（※）のために咸臨丸という船でアメリカに渡った人たちだった。9年後のこの日、横浜で町田房蔵という人が「あいすくりん」という商品を作って売り始めたんだ。一説には、町田も咸臨丸に乗り、アメリカでアイス作りを学んだともいわれているよ。ともあれ、5月9日は「アイスクリームの日」になったんだ。

※日本とアメリカの間で結ばれた、国と国とのつきあい方についての決まりのこと。

クイズ 町田房蔵がアイス以外にアメリカで作り方を学んだのは？

❶ 輪ゴム　❷ ブーメラン　❸ 自転車　❹ ハンバーグ

クイズの答え：① ほかに、せっけんやマッチの作り方も学んだといわれている。

5月10日

（明治4年）

日本のお金が「円」になった日
西暦1871年6月27日

このあたり
1868 1912
明治時代

江戸時代から明治時代になってお金も円に変わった

私たちが今使っているお金の単位の「円」は、明治時代の初めのほうに使われるようになりました。

お金の単位として円が使われ始めた

今のお金の単位は「円」だけど、それ以前の単位は「両」などだったんだ。江戸時代が終わって明治時代になっても両は使われていたけど、この日に円に変わったよ。このころは円だけでなく、「銭」や「厘」という単位も使われていた。1円＝100銭＝1000厘という関係で、銭と厘は1円より小さい単位のお金だったけど、昭和28年（1953年）に法律が変わって銭と厘は使われなくなったんだ。

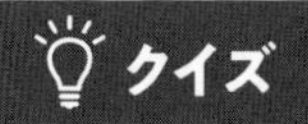
クイズ　明治時代の1円は、今だとどのくらいの価値？

❶ 1000円　❷ 50円　❸ 2万円　❹ 100円

クイズの答え：③　明治30年ごろの社会人の初任給が8～9円なので、当時の1円は今の2万円ぐらい。

5月11日

（和銅元年）

和同開珎がつくられた日

西暦708年6月3日

このあたり

593　710

飛鳥時代

せっかくつくったんだから日本初のお金、使ってよぉ〜！

今ではだれもが当たり前のように使っているお金。
その始まりは、およそ1300年前にまでさかのぼります。

お金が登場する前はどんなふうに買い物をしていた？

❶ 電子マネー

❷ カード払い

❸ 物々交換

日本で最初に使われたお金である和同開珎の発行日

この日、日本国内で初めて和同開珎という名前のお金が発行されたよ。それまで米や布がお金のかわりとして使われていたけれど、国は銀や銅でできた通貨を広めようとしたんだ。でも、流通したのは近畿地方の一部だけだったんだって。ちなみに、和同開珎よりも前に無文銀銭や富本銭と呼ばれるお金がつくられたけど、これらは国が発行したお金ではないという説があるよ。

和同開珎は621年に唐（今の中国）で発行されたお金、開元通宝をまねてつくられ、文字の書体も同じものを使っていました。

5月11日

クイズの答え：③　物品と物品を直接交換する物々交換という方法がとられていたと考えられる。

5月12日

(天明7年)

天明の打ちこわしが起きた日
西暦1787年6月27日

このあたり
1603 1868
江戸時代

お米が高くて買えないよ～！江戸や大坂でみんなブチギレ

全国的に米が不作で、値段が上がり、売ってくれない店も出てきました。食べ物がない町民は、米屋などの店を力ずくでおそったのです。

5月12日

3つのまちがいを探せ

ひもじい思いはもうたくさんだ！ 天明の打ちこわし

このころ、田沼意次という老中（※）の政治によって物価が上がっていたんだ。そこへ冷害や浅間山の大噴火、大洪水が重なり、米の値段がものすごく高くなった！ 食べ物がなくて死ぬ人が増え、江戸の町民は米や食料をあつかう店をおそい、商品をうばい始めた。この打ちこわしは、全国にも広がった。このあと、松平定信が老中になり、農民や町民を大切にする「寛政の改革」が行われて米不足はなくなったよ。

※将軍以外で幕府のなかでいちばん権力がある地位。

おまけ

町民はオノやクワなどいつも使っている道具を武器にして打ちこわしに参加しました。こわすのは主に建物で、人を傷つけることは少なかったと伝わっています。

まちがい探しの答え： ①屋根 ②左の人の頭のはち巻き ③桶の中身

5月13日 (応永8年)

足利義満が明に使節を送った日
西暦1401年6月24日

このあたり
1336 1493
室町時代

おつきあいを始めましょう！ 中国に使いを送った

室町幕府第3代将軍の足利義満は、大きくて力のある国である明と貿易を始め、大金を手に入れました。

将軍の足利義満が貿易のために明に使いの者を送った

室町時代、もっとも勢いがある時期の将軍だった足利義満。義満のやった仕事で有名なのが、明（今の中国）との貿易だよ。5月13日、義満は明に使いを送って国同士のつきあいを始め、貿易もスタート。義満は日本国王と名乗り、明もそれを認めたんだ。日本のトップを意味する国王と名乗ったことに対して、朝廷はおこったけど、大きな力を持っていた義満は気にせず、貿易でたくさんのお金をもうけたよ。

明への主な輸出品は？

❶ 日本刀　❷ 米　❸ 筆　❹ 桜

クイズの答え：① 日本刀以外では、硫黄、銅などを輸出した。

5月14日（明治11年）

大久保利通の命日
西暦1878年5月14日

このあたり
1868 1912
明治時代

ショック！ がんばったのにサムライたちにうらまれた！

明治という新しい時代をつくった人たちの中心にいた大久保利通は、そのことでうらまれて殺されてしまいました。

大久保は日本が西洋に追いつくように、経済と軍事力を強めようとした。これを富国強兵と呼ぶ。

大久保利通が元武士たちにおそわれて殺された

私は江戸幕府を倒して、明治という新しい時代をつくったんだ。だが、時代についていけなかった士族（※）たちからはうらまれた。幼なじみの西郷隆盛が起こした反乱（西南戦争）では、私が政府軍を指揮して戦って勝利！ でも、翌年に政府に不満を持つ士族6人におそわれて殺されてしまったのだ。

※武士の家がらのこと。

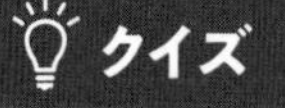

クイズ 大久保利通の頭の秘密とは？

❶ たんこぶがあった　❷ ハゲていた　❸ 人の2倍の大きさだった　❹ やわらかかった

クイズの答え：② 頭のてっぺんに大きなハゲがあり、いつも毛でかくしていた。

5月15日（昭和7年）

五・一五事件が起きた日
西暦1932年5月15日

このあたり
1926 1989
昭和時代

話せばわかると思ったけどいきなり撃たれた～！

総理大臣の犬養毅は憲法をもとにした政治などを目指していましたが、社会に不満を持つ軍人が起こした五・一五事件で殺されてしまいました。

海軍の軍人が総理大臣をおそう五・一五事件が起きた

話せばわかる。これは今も有名なワシ、犬養毅の言葉だ。この年、日本全体が貧乏になり、政府に不満を持つ海軍の青年たちは貧乏の原因は政治家にあると考えた。かれらはワシの家をおそったが、ワシは話し合おうとした。話せばわかってくれると思ったのだ。だが、ワシは撃たれて死んでしまった。

暗殺された犬養毅

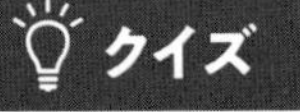
クイズ　その日、犬養毅はだれと会う予定だった？

❶ 俳優のチャップリン　❷ 柔道家の嘉納治五郎　❸ 作家の太宰治　❹ 女優の原節子

クイズの答え：① 有名なアメリカの喜劇俳優チャップリンと会う予定だった。

5月16日（寛文6年）

間部詮房の誕生日
西暦1666年6月18日

このあたり
1603 1868
江戸時代

芸能界出身の政治家が政治改革で大活躍！

江戸時代、それまでの政治の欠点を改めてもっとよくしようとしたのは、猿楽師だった間部詮房と学者の新井白石でした。

新井白石と間部は、外交にかかるお金を減らしたりして、幕府の財政を立て直そうとした。

江戸時代の政治を改革した間部詮房が生まれた日

もともとは猿楽師（※）だった私だが、甲府藩（今の山梨県）の藩主だった徳川家宣様の家来となった。家宣様が第6代将軍になると、新井白石どのと力を合わせて正徳の治という改革を行ったのだ。経済、外交、教育などをよいものにしようとしたが、家宣様が亡くなったことで改革も終わってしまった……。

間部と改革をした新井白石

※猿楽は、能や狂言のもとになった芸能。

クイズ 猿楽は、なぜ「猿」という字を使う？

❶ 猿を使ったから
❷ 猿のモノマネをしたから
❸ 猿田という人が始めたから
❹ 猿町という場所で始まったから

クイズの答え：② さまざまな説のなかに、猿のまねをする芸があったからという説がある。

5月17日 (明治23年)

府県制・郡制ができた日

西暦1890年5月17日

このあたり 1868 1912 明治時代

自分の地方のことは自分で決める! そんな制度ができた

明治時代になってさまざまな法律がつくられました。そのひとつに、地方の議会のことなどを決めた府県制・郡制もありました。

地方自治のもとになる府県制・郡制が決められた

現在の日本は都道府県が、それぞれ自分たちで自分たちのことを決めて政治を行っているよ。これを地方自治と呼ぶんだ。この地方自治のもととなったのが、この日にとり入れられた府県制・郡制という制度。これにより、府や県の議会でさまざまなことが決められたよ。ただし、選挙ではなく政府が知事を指名したり、議会の力も小さかったりしたので、きちんとした地方自治とはいえなかったんだ。

本当にあった市町村は?

❶ 東京市　❷ 東京村　❸ 東京町　❹ 大東京市

5月17日

クイズの答え:① 昭和18年(1943年)に東京市と東京府がなくなって、東京都ができた。

5月18日 (明治2年)

戊辰戦争が終わった日
西暦1869年6月27日

このあたり
1868 1912
明治時代

新政府軍 vs. 旧幕府軍！新しいものには勝てません！

江戸幕府の軍と明治政府の軍が戦った戊辰戦争は、北海道の函館での戦いに政府軍が勝ったことで終わりをむかえました。

五稜郭を明け渡して戊辰戦争が終わった

私は江戸幕府の海軍副総裁の榎本武揚だ。江戸幕府が明治政府に負けたあとも、私は軍艦を明け渡さず、艦隊をつれて北海道に向かった。函館の五稜郭という城に立てこもって戦ったものの、勝てなかった。われわれが負けを認めたことで、1年半も続いた戊辰戦争が終わったのだ。

海軍副総裁・榎本武揚

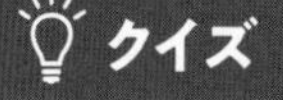
クイズ　五稜郭の特徴は？

❶ 星の形をしている　❷ 堀(掘った水路)がない

❸ 高いタワーがある

❹ 海の上にある

クイズの答え：① 上から見ると星の形をしている。

5月19日（永禄3年）

桶狭間の戦いが起きた日

西暦1560年6月12日

このあたり
1493 1573
戦国時代

信長はやっぱり強い！ 少人数で強敵の大軍に勝利！

有力な大名だった今川義元の大軍を、まだ若かった織田信長が、今川軍よりずっと少ない人数で打ち破りました。

「信長軍は義元軍を後ろから攻めた」とも、「正面から攻めた」ともいわれていて、さまざまな説があります。

信長が力を見せつけた、桶狭間の戦い

ワシの天下取りの第一歩となったのが、桶狭間の戦いだ。相手は駿河（今の静岡県）の大名の今川義元。2万5000人という大軍で攻めてきた今川軍に対して、ワシの軍の人数は3000人。こちらが不利だったが、激しい雨が降る中、こっそり義元に近づいて急におそって、みごとに打ち勝ったのだ！

駿河の大名・今川義元

クイズ 今川義元のもとで育った武将は？

❶ 武田信玄　❷ 豊臣秀吉　❸ 徳川家康　❹ 上杉謙信

クイズの答え：③ 家康は幼いころ、逆らわないための人質として義元のところに送られた。

5月20日（明応5年）

日野富子の命日
西暦1496年6月30日

このあたり 1493 1573 戦国時代

幕府を動かした将軍のお母さんは ケチな悪い女だった!?

将軍の母であり、幕府の実力者だった日野富子。
人々が戦争で苦しむなか、お金を貸したりしてお金をもうけていました。

室町幕府を動かした日野富子が亡くなった日

私は室町幕府第8代将軍の足利義政様の妻、日野富子。愛する息子の義尚が将軍となると、私が幕府を動かすようになったのです。お金もうけの才能もあった私は大金持ちになったのよ♡　でも、そのせいで私は「ケチ」などと悪口を言われるようになっちゃった。現代でも「悪女」と呼ばれているのです……。

富子の息子・義尚

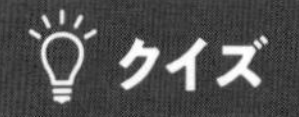

クイズ　「日本三大悪女」と呼ばれているのは、日野富子、北条政子、あとひとりは？

❶ 淀殿　❷ 卑弥呼　❸ 西太后　❹ 小野妹子

クイズの答え：① 豊臣秀吉の妻の淀殿のせいで、豊臣家がほろんだともいわれている。

5月21日（天正3年）

長篠の戦いが起きた日
西暦1575年6月29日

このあたり
1573　1603
安土桃山時代

最新の武器の鉄砲で織田信長が大勝利！

織田信長は長篠の戦いに勝って、天下をとる道を歩き続けました。その戦いでは鉄砲が重要な役割を果たしました。

鉄砲を活用して長篠の戦いで勝利した

西洋からもたらされた鉄砲に注目した織田信長。徳川家康との連合軍で武田勝頼と戦った長篠の戦いで鉄砲を活用したんだ。当時の鉄砲は火縄銃（※）なので、今のものとちがって連続では撃てない。そこで信長は鉄砲隊を3組に分けて、順番を入れかえながら連続で撃たせた。これを「3段撃ち」というんだ。この作戦で信長はみごとに勝った。でも、3段撃ちは本当はやってないという説も……。

※火をつけて、弾を発射する銃。

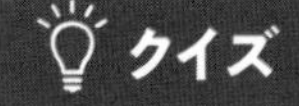

鉄砲は日本のどこに伝わった？

❶ 博多　❷ 出島　❸ 札幌　❹ 種子島

クイズの答え：④　ポルトガル人によって鹿児島県の種子島に伝えられた。

5月22日

(元弘3年／正慶2年)

鎌倉幕府がほろんだ日

西暦1333年7月4日

このあたり

1185 1333

鎌倉時代

家来に裏切られて鎌倉幕府がほろぼされた！

源 頼朝がつくり、北条氏が支配していた鎌倉幕府。やがて幕府に逆らう武士たちが現れ、かれらによって幕府はほろぼされました。

5月22日

約150年続いた鎌倉幕府がほろぼされた

源 頼朝によってつくられて約150年も続いた鎌倉幕府。でも、この日になくなっちゃった！ 長く北条氏が幕府を支配していたけど、北条氏に逆らう人たちが出てきて、幕府は不安定な状態になっていたんだ。もともとは鎌倉幕府側だった足利尊氏や新田義貞などの武士たちが、幕府を倒そうとした後醍醐天皇の考えに賛成して、幕府側の敵に。武士たちが勝って鎌倉幕府はほろびてしまった。

クイズ 後醍醐天皇の「醍醐」はどういう意味？

❶ インド　❷ 海と山　❸ チーズ　❹ 楽器

クイズの答え：③ 醍醐はチーズのような食べ物だったと考えられている。

5月23日 (明治5年)

明治天皇が巡幸に出発した日
西暦1872年6月28日

このあたり 1868 1912 明治時代

明治天皇が行く日本全国ツアー！

明治に入ると天皇は盛んに各地に出かけました。時代が変わったので、人々に天皇の存在を知らせるという目的もありました。

明治天皇が各地に行く巡幸が始まった

天皇が各地を見て回ることを巡幸というよ。ほとんど遠出しなかった江戸時代の天皇と違い、明治天皇は盛んに各地に出かけたんだ。なかでも1872年の近畿、中国、九州、1876年の東北、北海道、1878年の北陸、東海道、1880年の甲州、東山道、1881年の東北、北海道、1885年の山陽道への巡幸は「六大巡幸」と呼ばれている。この巡幸には天皇の存在を人々に広く知ってもらうという目的があったよ。

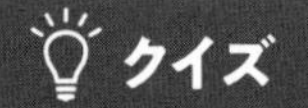

クイズ 巡幸に必ず同行した人は？

❶ カメラマン　❷ 歌手　❸ 大道芸人　❹ 野球選手

クイズの答え：① カメラマンが同行して、各地の風景や建物の写真をとった。

5月24日（寛永13年）

伊達政宗の命日
西暦1636年6月27日

このあたり
1603 1868
江戸時代

今でも東北で大人気のヒーロー！ 戦国を生きぬいた独眼竜政宗

東北の中心都市、宮城県の仙台駅前には有名な伊達政宗の銅像があります。戦国時代末期から江戸時代まで、激動の人生を生きぬいた人物です。

5月24日

伊達政宗の趣味はなに？

❶ 料理

❷ そうじ

❸ 洗たく

東北地方を代表する歴史上の人物、伊達政宗の命日

永禄10年（1567年）に生まれた政宗は、18歳で父のあとをつぎ、24歳ごろには現在の東北地方全体にあたる出羽国と陸奥国の戦国大名になった。幼いころ、病気で右目を失明したことから「独眼竜」というあだ名でも呼ばれたんだって。豊臣秀吉、徳川家康のもとで働き、江戸時代になると仙台藩の初代藩主となった。自分が治める土地を日本のなかでもすぐれた米の産地に開発し、豊かで文化的な生活を楽しんだそうだよ。

慶長18年（1613年）、政宗は家来の支倉常長たちをヨーロッパに行かせました。政宗の名前はヨーロッパでも知られるようになったそうです。

クイズの答え：① 政宗は「主人がみずから料理して盛る」のが最高のもてなしだと言っている。

5月25日

（延元元年／建武3年）

湊川の戦いが起きた日

西暦1336年7月4日

このあたり

1336 1493

室町時代

昨日までの仲間が敵に！
戦いに勝って室町幕府を開け！

後醍醐天皇の味方となった足利尊氏でしたが、やがて対立して、戦うことに。尊氏は勝って室町幕府を開きました。

足利尊氏が楠木正成らに勝ち、室町幕府をつくることに！

鎌倉幕府を倒したときは、後醍醐天皇の側についていたワシ。その後、後醍醐天皇はワシをおそれて、あつかいが悪くなった。だから何度も対立し、ワシが負けて九州に逃げたことも……。でも、湊川（今の兵庫県神戸市）で後醍醐天皇の軍である楠木正成との戦いに勝ち、ワシは室町幕府をつくったんだ。

尊氏に負けた楠木正成

クイズ 後醍醐天皇が亡くなったとき、尊氏はどうした？

❶ 宴会を開いた　❷ お寺をつくった　❸ 僧侶になった　❹ 旅に出た

クイズの答え：② 深く悲しんで、仏事を行い、天龍寺という寺を建てた。

5月26日 (治承4年)

源平合戦が始まった日
西暦1180年6月20日

このあたり
794 1185
平安時代

えらそうな平氏をやっつけろ！源氏が立ち上がった！

平安時代に源氏が平氏をほろぼした源平合戦。
5年間続いた、この有名な合戦はこの日に始まったのでした。

京都の宇治で源平合戦が始まった

平安時代に起きた源氏と平氏の戦いが源平合戦。このころ、平氏は朝廷の重要な仕事をひとりじめしていばっていたんだ。おこった以仁王（後白河天皇の皇子）は源氏に平氏を倒すように命令を出した。この日、以仁王は源頼政といっしょに京都の宇治で平氏と戦った。この戦いで以仁王は戦死してしまったけれど、源氏は戦い続け、1185年の壇ノ浦の戦いでついに源氏は平氏をほろぼしたんだ。

クイズ 当時の有名な言葉「平家にあらずんば○にあらず」。○に入るのは？

❶ 人　❷ 貴族　❸ 武士　❹ 僧侶

クイズの答え：① 「平氏でなければ、人ではない」という意味。平時忠の言葉といわれる。

5月27日

(天平15年)

墾田永年私財法が出された日

西暦743年6月23日

このあたり

710 794

奈良時代

新しく田んぼを作ったら その土地をあげまーす！

土地はすべて国のものでしたが、農民のやる気を引き出すため、土地を自分のものにできる法律がつくられました。

土地を自分のものにできる墾田永年私財法が出された

このころ、土地はすべて国のものだったけど、養老7年（723年）に自分、子ども、孫の3代の間は土地を持ってよいという三世一身法ができた。さらに743年には、新しく土地を切り開いて作った田んぼはずっと自分のものにしてよいという決まりの、墾田永年私財法ができたよ。農民は「がんばれば自分の土地が手に入る」と考えて、よく働くようになったんだ。田んぼが増えて、農民から税金がもらえるので、国としてもお得だった。

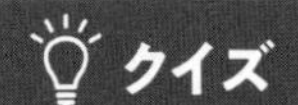

クイズ　飛鳥・奈良時代の税でおさめたものは？

❶ 野菜　❷ お酒　❸ 宝石　❹ 布

クイズの答え：④　1年に10日間、言われた仕事をするか、それをしないかわりに布をおさめた。

5月28日 （寛永11年）

長崎の出島をつくり始めた日
西暦1634年6月23日

このあたり
1603 1868
江戸時代

海を埋めて外国人が住む小さな人工の島をつくったよ

江戸時代、幕府は外国との交流を禁じていました。貿易を許された国の商人のための場所として人工的につくったのが、出島です。

5月28日

貿易の窓口となる出島をつくり始めた日

織田信長が活躍した時代からポルトガルと日本は貿易を行っていたけれど、ポルトガル人がキリスト教を広めることをきらった江戸幕府は、ポルトガルの商人をひとつの場所に集めたんだ。そのために海を埋め立ててつくった小島が「出島」。外国との交流を禁じて（これを鎖国という）、ポルトガル人が日本に来なくなると、出島は貿易を許されていたオランダ人の住む場所となったんだ。

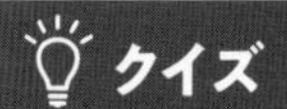

鎖国しているとき、オランダ以外に貿易を許されていた国は？

❶ 中国　❷ アメリカ　❸ フィリピン　❹ イギリス

クイズの答え：① 中国も長崎での貿易が許されていた。

5月29日 (昭和17年)

与謝野晶子の命日
西暦1942年5月29日

このあたり 1926 1989 昭和時代

恋も民主主義(※)もどっちも大事！

パワフルすぎる女性歌人！

明治から昭和に活躍した与謝野晶子。恋愛の短歌(「五・七・五・七・七」の31文字の詩)だけでなく、戦争反対、女性の権利などについての文章も書きました。

恋をテーマにした情熱的な短歌をよみながら、同時に民主主義を求める大正デモクラシーにも加わった。

情熱の歌人で民主主義も追い求めた与謝野晶子の命日

みなさんは私の「君死にたもうことなかれ」という詩を知っていますか？これは戦争に行った弟のために書いたもので、題名は「どうか、死なないでください」という意味。国の方針と逆で、戦争反対の詩を書いたため批判もされましたが、後悔はしていません。ほかに女性の権利のための文章も書いたんですよ。

※自分たちで自分たちのために政治を行うこと。

クイズ 与謝野晶子の家は何の商売をしていた？

① 本屋　② 銭湯　③ 花屋　④ 菓子屋

クイズの答え：④　ようかんで有名な和菓子屋の娘だった。

5月30日

（明治元年）

沖田総司の命日

西暦1868年7月19日

このあたり

1603 1868

江戸時代

超強いけど病弱な新選組の天才剣士！

幕末に活躍した新選組。そのなかでも剣の名手として知られた沖田総司は、病気にかかって若くして亡くなってしまいました。

新選組の剣の名人・沖田総司が病で亡くなった

幕末に京都で活躍したチームとして新選組があるよ。このころ、江戸幕府を倒そうとする倒幕派と呼ばれるいろいろなチームが盛んに活動していたんだ。江戸幕府側の新選組はそうした倒幕派をとりしまったりと、今の警察のような働きをしていた。新選組では剣の達人たちが活躍していたけど、沖田総司もその一人だった。しかし、病気のせいで戦うことができなくなり、この日に20代の若さで亡くなってしまったんだ。

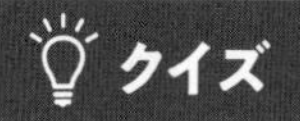

クイズ　新選組が育てていた動物は？

❶ ハト　❷ カラス　❸ 亀　❹ 豚

クイズの答え：④　医師からすすめられて、栄養をとるため豚を育てて食べた。

5月31日

（昭和8年）

塘沽協定が結ばれた日

西暦1933年5月31日

このあたり

1926 1989

昭和時代

爆破事件を自分で起こして罪を相手になすりつけた！

日本が持つ線路が爆破された事件がきっかけで、日本は満州をひとりじめしました。爆破は、実は日本側が行ったものでした。

のちの日中戦争につながっていく満州事変が終わった

昭和6年（1931年）に、満州（今の中国の東北部）で日本が持っていた鉄道の線路が爆破された！　関東軍（※）は中国軍のしわざと発表したけど、実は関東軍が行ったことなんだ。これを理由に関東軍は満州をひとりじめ。翌年には満州国という日本が支配する国をつくったけど、この日に日本と中国の間で「争うことをやめよう」という塘沽協定が結ばれて、この満州事変と呼ばれる事件が終わったんだ。

※日本陸軍に所属する部隊。中国で活動した。

クイズ 満州国で生まれた人物は？

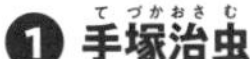

❶ 手塚治虫　❷ 藤子・F・不二雄

❸ 赤塚不二夫　❹ 石ノ森章太郎

クイズの答え：③『天才バカボン』などの漫画家・赤塚不二夫は満州出身。

6月1日 (天文16年)

武田信玄が甲州法度之次第を出した日
西暦1547年6月18日

このあたり
1493 1573
戦国時代

家来と農民は決まりを守れ！戦国武将が法律をつくった

今の山梨県の戦国武将、武田信玄。戦国時代最強ともいわれる信玄は、国をしっかりと治めるために法律をつくりました。

武田信玄が甲州法度之次第という法律を出した日

ワシが力をつけて支配する土地を広げる中、家来も増えたので、家来たちが守らないといけないきまりをつくった。それが甲州法度之次第だ。「ワシが与えた土地を売ってはいけない」「ケンカした場合はどちらにもバツをあたえる」「ほかの大名の家と勝手に結婚してはならない」といったことを決めた法律だ。

法律を出した武田信玄

※米などの作物を年ごとにさし出すこと。

クイズ 信玄はライバル・上杉謙信と合戦以外でも争った。その種目は？

❶ 水泳　❷ お酒の飲み比べ　❸ 短歌　❹ 相撲

クイズの答え：④　信玄と謙信の家来が相撲で戦い、謙信の家来が勝ったといわれている。

6月2日（天正10年）

本能寺の変が起きた日
西暦1582年6月21日

このあたり
1573　1603
安土桃山時代

放火ってマジか〜!?
信じていた家来に裏切られた！

天下統一を目指していた戦国大名の織田信長。
あと一歩というところで、家来の明智光秀が大事件を起こしました。

天下取りの道を閉ざされてしまった本能寺の変

次々に敵を倒して、ワシが天下をとることはほぼ決まっていた。残る強敵、中国地方の毛利輝元のところには、家来の明智光秀が攻め入っているから大丈夫！……と思って京都の本能寺で寝ていたら、光秀が引き返してきてワシをおそったのじゃ。油断していたワシは、あっという間にやられてしまったわ。

信長を裏切った明智光秀

クイズ　織田信長の趣味は？

❶ ピアノ　❷ 生け花　❸ 茶道　❹ ゲーム

6月2日

クイズの答え：③　お茶を趣味としていて茶道具をたくさん集めていた。

6月3日（嘉永6年）

ペリーの黒船が浦賀に来航した日

西暦1853年7月8日

このあたり
1603 1868
江戸時代

びっくり！ アメリカの大きな船がとつぜんやってきた！

江戸時代の日本は鎖国していて、外国とはつきあいませんでしたが、アメリカの船が来て、つきあいをするよう強く求めました。

アメリカの軍人・ペリーの艦隊が浦賀に来た日

江戸時代の日本は鎖国といって、一部の国をのぞいて外国とのつきあいや貿易をしていなかったんだ。アメリカは航海の途中に日本に寄って食料や燃料、水を補給したいので、鎖国をやめさせようと考えた。アメリカの軍人ペリーは4せきの大きな船で今の神奈川県の浦賀に来て、つきあいをするように求めたよ。とつぜん現れた船に日本は大さわぎになり、翌年、日本はアメリカと条約を結んで鎖国をやめたんだ。

クイズ　ペリーの船を日本人は何と呼んだ？

❶ オニの船　❷ くじら船　❸ メリケン船　❹ 黒船

クイズの答え：④　真っ黒な船だったので、黒船と呼んだ。

6月4日 (昭和3年)

虫歯予防デーが始まった日

西暦1928年6月4日

このあたり 1926 1989 昭和時代

6(む)と4(し)で6月4日がむし歯の日ってダジャレかよ~!

歯についての正しい知識を広めるために、
「虫歯予防デー」という名前で1928年にスタートしました。

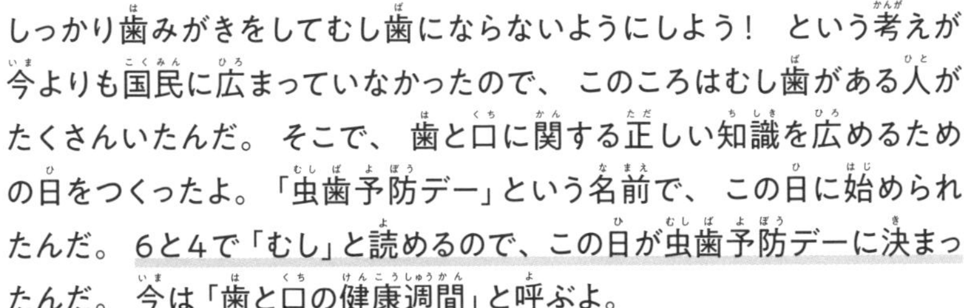

歯の健康のための記念日ができた

しっかり歯みがきをしてむし歯にならないようにしよう! という考えが今よりも国民に広まっていなかったので、このころはむし歯がある人がたくさんいたんだ。そこで、歯と口に関する正しい知識を広めるための日をつくったよ。「虫歯予防デー」という名前で、この日に始められたんだ。6と4で「むし」と読めるので、この日が虫歯予防デーに決まったんだ。今は「歯と口の健康週間」と呼ぶよ。

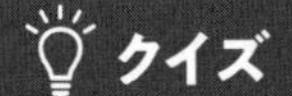

クイズ 歯ブラシがない時代、日本人は何で歯みがきをした?

❶ 筆　❷ 石　❸ 糸　❹ ようじ

クイズの答え:④ 江戸時代には「ふさようじ」という道具で歯をみがいた。

6月5日 (昭和17年)

ミッドウェー海戦が始まった日
西暦1942年6月5日

このあたり
1926 1989
昭和時代

アメリカ軍って強すぎ!?
日本海軍が大負けした!!

第二次世界大戦中の太平洋での日本とアメリカの戦い。それまで勝ち続けていた日本は、ミッドウェー海戦でボロボロに負けてしまいました。

重要な戦いである、ミッドウェー海戦が始まった日

第二次世界大戦中に、太平洋のミッドウェー島の近くで行われた日本とアメリカの戦いがミッドウェー海戦。日本はミッドウェー島のアメリカ軍基地をねらって、たくさんの船と兵を向かわせた。日本側はミッドウェー島の近くにアメリカの船はいないと考えていたけれど、実際は空母(※)などがいたんだ。日本は使っていた空母をすべて失い、大負け!その結果、その後もアメリカ軍が有利に戦いを進めたよ。

※航空機をたくさんのせた軍艦。

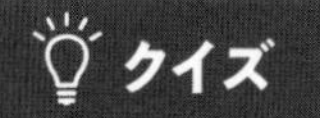

クイズ　このころの海軍の連合艦隊司令長官の名前は?

❶ 山本一二三　❷ 山本三十五　❸ 山本五十六　❹ 山本百万

クイズの答え:③「五十六」と書いて、「いそろく」と読んだ。

6月6日（弘安4年）

弘安の役が起きた日
西暦1281年6月23日

このあたり 1185 1333 鎌倉時代

世界最強のモンゴル帝国を日本の武士がやっつけた！

当時、世界最大の帝国だった元（今の中国）が、1274年と1281年に日本に攻めてきました。なんと勝ったのは、戦いに備えていた日本でした。

元が再び日本に攻めてくる、弘安の役が起きた

元は日本に「家来になれ」と言ってきたが、私は無視したのだ。すると1274年に九州へ元の軍がやってきた（文永の役）。どうにか追い返したが、また元はやってきた（弘安の役）。1回目よりも大きな軍だったが、今回の戦いに備えていたわれわれに神風（台風）も味方し、日本は勝ったんだ。

日本の指揮官・北条時宗

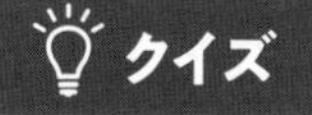
クイズ　元は日本の何をほしがっていた？

❶ 仏像　❷ 黄金　❸ 馬　❹ 書物

クイズの答え：② 外国では「日本は黄金がたくさんとれる国」と考えられていた。

6月7日（明応9年）

祇園祭が再開された日
西暦1500年7月3日

このあたり
1493　1573
戦国時代

めでたい！ 今も続くビッグな夏のお祭りが復活したぞ！

約11年も続いていた戦い「応仁・文明の乱」。このせいで中止になっていた祇園祭が、また行われるようになりました。

何年も中止されていた祇園祭が再開された日

夏に京都で行われる祇園祭は、平安時代の869年に始まった。このころ、全国で流行していた伝染病はたたりのせいだと人々は考えて、お祭りで病を遠ざけようとしたんだ。こうして祇園祭が始まったってわけ。でも、1467～1478年に応仁・文明の乱が起きると祇園祭は中止になっちゃった。その後、お祭りは復活し、商人たちの力もあって大きく立派になったよ。現在、祇園祭はユネスコ無形文化遺産にも選ばれているんだ。

伝染病をもたらしたと考えられた神様の名前は？

❶ 馬頭天王　❷ 牛頭天王　❸ 犬頭天王　❹ 魚頭天王

クイズの答え：② 牛の頭を持つ神である、牛頭天王のたたりと考えられていた。

6月8日
（昭和60年）

大鳴門橋が開通した日
西暦1985年6月8日

このあたり
1926 1989
昭和時代

瀬戸内海の上を通る大きな橋ができたよ！

四国と本州をつなぐ橋ができることが、この地域に住む人たちの夢でした。
その夢の第一歩である大鳴門橋が、この日に開通しました。

徳島と淡路島を結ぶ大鳴門橋が開通した日

四国の徳島県と兵庫県の淡路島の間にかかっている大鳴門橋は、1985年のこの日に開通したよ。うずを巻いて海水が流れるうず潮で有名な鳴門海峡の上を通る橋なんだ。1998年には兵庫県神戸市と淡路島を結ぶ明石海峡大橋も完成したので、関西から四国へと簡単に行けるようになったんだ。本州と四国を結ぶ橋には3つの通り道があるんだけど、そのうちのひとつとして大鳴門橋は活躍しているよ。

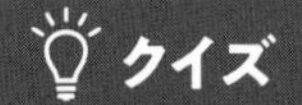

鳴門のうず潮の大きさは世界何位？

❶ 第10位　❷ 第5位　❸ 第1位　❹ 第3位

クイズの答え：③　春と秋に現れる直径20メートルのうずは、世界最大！

ここの
6月9日
(明和4年)

滝沢馬琴の誕生日
西暦1767年7月4日

このあたり
1603 1868
江戸時代

毎日同じスケジュールで生活？失明しても書き続けた超人作家

滝沢馬琴は日本で初めて、プロの作家として生活した人といわれます。とてもきちょうめんな性格で、日記が貴重な歴史の資料になっています。

クイズ

滝沢馬琴の代表作は？

❶ 雨月物語
❷ 南総里見八犬伝
❸ おくのほそ道

文学作品にかけた人生。滝沢馬琴の誕生日

滝沢馬琴は「曲亭馬琴」というペンネームでも知られている。嘉永元年(1848年)に亡くなるまでの約50年間、ずっと作家活動をしていた。そのうち28年をかけて、代表作の『南総里見八犬伝』を完成させたんだ。最後の3年間は目が見えなくなり、息子の妻に筆記を頼んだんだって。また、馬琴は毎日決まったスケジュールで生活していて、とてもくわしく書かれた日記は、当時のことを知る貴重な史料になっているよ。

おまけ

馬琴は原稿料だけで暮らすことのできた、日本で初めての作家だといわれています。亡くなる直前まで書き続けたのは生活のためだったかもしれません。

クイズの答え：② 主人公の「八」人の若者の名前には「犬」の字が入っています。

6月10日（寛永5年）

徳川光圀の誕生日
西暦1628年7月11日

このあたり
1603　1868
江戸時代

時代劇では日本中を旅した水戸黄門って本当にいたの？

「このもんどころが目に入らぬか！」のセリフで有名な時代劇の主人公、水戸黄門の本当の名は、徳川光圀だったのです。

おじいさんは徳川家康。徳川光圀の誕生日

光圀は水戸藩（今の茨城県）の藩主・徳川頼房の3男として生まれた。さまざまな事情で家をつぐことになり、父の死後、第2代藩主となった。とてもすぐれたとの様で、「水戸学」という学問の基礎をつくった。水戸徳川家は代々、江戸幕府の副将軍となる決まりで、中国ではその職（権中納言）を「黄門」と呼ぶことから、水戸黄門と呼ばれるようになったんだ。晩年は将軍にも意見をするガンコじいさんだったみたい。

おまけ

時代劇に登場する「助さん・格さん」も実在の人物がモデルです。2人は光圀の歴史調査旅行に協力していたことから、諸国旅の伝説が生まれたようです。

まちがい探しの答え：①右の人の着物　②水戸光圀の頭巾　③印籠のデザイン

6月11日（昭和17年）

関門鉄道トンネルが開通した日
西暦1942年6月11日

このあたり
1926　1989
昭和時代

超便利！本州と九州が世界初の海底トンネルでつながった！

世界初の海底トンネルで、九州と本州を海底で結ぶ関門鉄道トンネル。そこでの試運転が、この日に行われました。

関門鉄道トンネルで試運転が行われた日

本州の山口県と九州の福岡県は、海底を通る関門鉄道トンネルで結ばれているよ。トンネルができるまでは、山口と福岡の間の関門海峡を船で渡るしか交通手段はなかったけど、海水の流れが激しかったので、トンネルをつくってほしいと望む人がたくさんいたんだ。この日九州へと向かう下り線で、試運転ということで列車が初めて通ったよ。関門鉄道トンネルは、世界初の海底鉄道トンネルとなったんだ！

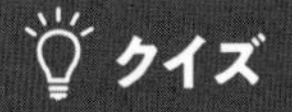
クイズ 関門海峡にはいくつトンネルがある？

❶ 1つ　❷ 2つ　❸ 3つ　❹ 4つ

クイズの答え：③ 鉄道用、新幹線用（1975年開通）、自動車用（1958年開通）で3つ。

6月12日（大化元年）

大化の改新が起きた日
西暦645年7月10日

このあたり
593　710
飛鳥時代

好き放題にやってる人を倒して政治が新しいものになった！

天皇家よりも強い力を持って、思いどおりの政治を行っていた蘇我氏が倒されて、天皇を中心とした新しい国がつくられました。

政治を変える大化の改新が起きた日

聖徳太子が亡くなったあと、蘇我氏が天皇家よりも強い力を持つようになったんだ。唐（今の中国）で学んだ人たちなどは、蘇我氏の勢いを止めて、日本の政治を新しいものにしたいと考えていた。その代表的な人物だった中大兄皇子と中臣鎌足は、政治の中心にいた蘇我入鹿を倒したよ。中大兄皇子は孝徳天皇を天皇の位に就かせて、自分は皇太子になり、政治を新しいものにした。これを大化の改新というよ。

大化の改新後、初めて元号がつけられた。その元号とは？

❶ 大化　❷ 平安　❸ 天応　❹ 文久

クイズの答え：① 中国を手本にして初めて「大化」という元号がつけられました。

6月13日（天正10年）

山崎の戦いが起きた日
西暦1582年7月2日

このあたり
1573　1603
安土桃山時代

信長様のかたき討ち！あっさり終わった光秀の天下！

本能寺の変で織田信長を裏切った明智光秀は、信長の家来だった豊臣秀吉に倒されます。これは秀吉の天下統一への第一歩でした。

山崎の戦いで明智光秀を倒した豊臣秀吉は、このあと天下統一の道を進んだ。

秀吉の天下統一への第一歩、山崎の戦いが起きた日

織田信長様が本能寺で明智光秀に裏切られた。信長様が殺されたことを2日後に知ったワシは、光秀をそのままにしておくつもりはなかった。6月13日に山崎（今の京都府乙訓郡大山崎町）でワシの軍と光秀の軍が戦った。負けた光秀は逃げ出したが、農民に殺されたようだ。裏切り者らしい最期だな。

クイズ 明智光秀の天下のことを何と呼んだ？

① 裏切り天下　② 短命将軍　③ 三日天下　④ 一時幕府

クイズの答え：③　本当は11日間だが、短い期間だったので三日天下と呼ばれた。

6月14日 (元亀2年)

毛利元就の命日
西暦1571年7月6日

このあたり
1493　1573
戦国時代

頭がよくて家族にやさしくて長生きをした戦国武将

戦国時代有数の大名にまで上りつめた毛利元就。当時としてはめずらしく75歳まで生きました。

中国地方最強の大名・毛利元就が亡くなった日

安芸（今の広島県）に生まれた戦国大名の毛利元就。小さな地域を支配している人物の息子だったけど、毛利家をつぐと力を発揮して、中国地方を支配するようになった。とても頭がよく、すぐれた作戦を立てたことで知られているよ。息子たちに「兄弟仲よくしなさい」という手紙を書くなど、家族思いの人としても有名だよ。そんな元就は75歳で病気で亡くなった。お酒も飲まず、健康に気をつかったおかげで、長生きしたんだ。

クイズ　毛利元就が子どもたちに語ったといわれているのは、何本の矢？

❶ 千本の矢　❷ 一本の矢　❸ 三本の矢　❹ 十本の矢

クイズの答え：③「まとまると折れない3本の矢のように力を合わせろ」と語ったといわれる。

6月15日（宝亀5年）

空海の誕生日
西暦774年7月27日

このあたり
710 794
奈良時代

仏教の秘密の教えを日本に広めたスゴい人

中国で仏教を学んで、日本で真言宗をつくった空海。
仏教のえらい人として今も尊敬されています。

密教を日本に広めた空海が生まれた日

真言宗という仏教の宗派（※）を開いた空海。弘法大師とも呼ばれた空海は、今の香川県に生まれた。子どものときから勉強が好きだったので役人になろうとしていたけど、やがて人々を救うために仏教の修行を始めるよ。804年に唐（今の中国）に渡って、仏教の秘密の教えである密教を勉強したんだ。密教をすごい早さで身につけた空海は、806年に日本に戻ると高野山に金剛峯寺を建て、教えを広めたよ。

※仏教についての考え方のちがいで分かれた集団のこと。

クイズ　空海についてのことわざ「弘法○を選ばず」、○は何？

❶ 刀　❷ 服　❸ 時　❹ 筆

クイズの答え：④　空海ほどの字の名人なら、どんな道具でも問題ないという意味。

6月16日 (承久3年)

六波羅探題がおかれた日
西暦1221年7月7日

このあたり
1185 1333
鎌倉時代

朝廷が二度と逆らわないように幕府は京に見張り役をおいた

反乱を起こした後鳥羽上皇に勝った鎌倉幕府は、朝廷が二度と反乱を起こさないように六波羅探題という見張り役をおきました。

警察・見張り役の六波羅探題が設置された

1221年に後鳥羽上皇が鎌倉幕府を倒そうとした戦い、承久の乱が起きた。この戦いに勝った幕府は、朝廷が二度と反乱を起こさないように、朝廷のある京に、今の警察・軍隊のような役割と、朝廷の見張り役の働きをする六波羅探題という役職をおいたよ。大事な役割がある仕事だったので、鎌倉幕府の中でも力のある人が京に行って六波羅探題になったんだって。

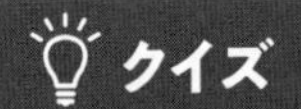

クイズ 承久の乱のあと、後鳥羽上皇はどこに追放された？

❶ 沖縄県　❷ 北海道　❸ 隠岐島　❹ 佐渡島

クイズの答え：③ 今の島根県の隠岐島に送られ、死ぬまでそこで暮らした。

6月17日（昭和46年）

沖縄返還協定にサインした日
西暦1971年6月17日

このあたり
1926　1989
昭和時代

やったー！ 沖縄がやっと日本に戻ってくるよ！

第二次世界大戦後、沖縄はアメリカが支配・管理していました。1971年に返還協定が結ばれ、1972年に沖縄は日本に復帰したのです。

沖縄が日本に戻ってくるための協定が結ばれた

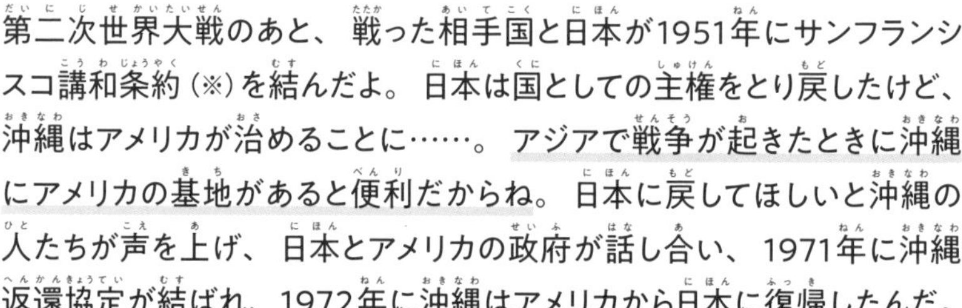

第二次世界大戦のあと、戦った相手国と日本が1951年にサンフランシスコ講和条約（※）を結んだよ。日本は国としての主権をとり戻したけど、沖縄はアメリカが治めることに……。アジアで戦争が起きたときに沖縄にアメリカの基地があると便利だからね。日本に戻してほしいと沖縄の人たちが声を上げ、日本とアメリカの政府が話し合い、1971年に沖縄返還協定が結ばれ、1972年に沖縄はアメリカから日本に復帰したんだ。

※平和をちかい、日本の土地はどこまでか、戦争をしたおわびのお金をいくらはらうかなどを決めて文に残すこと。

クイズ　沖縄の日本復帰を記念して1975年に行われたのは？

❶ 沖縄国体　❷ 沖縄映画祭　❸ 沖縄万博　❹ 沖縄海洋博

クイズの答え：④　沖縄国際海洋博覧会が約6カ月間にわたって開かれた。

6月18日 (明治41年)

海外移住の日
西暦1908年6月18日

このあたり
1868 1912
明治時代

日本からはるか1万7000キロ。新天地ブラジルに着いたぁ！

781人の日本人が、第1回の移民としてブラジルに到着した日。ブラジルでもこの日を「日本人移民の日」として記念しています。

クイズ

当時、日本からブラジルへの船旅はおよそ何日かかった？

❶ 約30日
❷ 約50日
❸ 約90日

「さあ行こう！　一家みんなで南米へ」海外移住の日

当時ブラジルではコーヒー農場などの労働力が不足していたため、日本人移民に来てもらいたかった。しかも長くいてもらいたかったので、家族で移り住むのを希望したんだ。日本とブラジルの間で約束をして、1000人を集めようとしたけど、家族の移民は少なかった。結局、男性600人、女性181人を、兄弟・姉妹や親せきということにして出発させたんだって。ブラジルまでは長い道のり。みんな船よいと暑さに苦しんだそうだよ。

おまけ

海外移住の日が、1966年に日本政府によって記念日とされた翌年、皇太子ご夫妻（現在の上皇・上皇后両陛下）がブラジルを訪問しました。

クイズの答え：② 移民を乗せた輸送船・笠戸丸は4月28日に神戸港を出発した。

6月19日 (安政5年)

日米修好通商条約を結んだ日
西暦1858年7月29日

このあたり
1603 1868
江戸時代

ずるい！ わがままな内容の条約をアメリカに結ばされちゃった！

鎖国をやめた日本は、貿易をしたいアメリカと条約を結びますが、その内容はアメリカにとって都合がよい、不平等なものでした。

アメリカとの間で日米修好通商条約を結んだ

1854年に鎖国をやめた江戸幕府は、1858年にはアメリカと日米修好通商条約を結んだ。貿易などについて決めた条約だけど、「外国人が日本で犯罪を犯しても日本の法律で裁判ができない」「外国の商品を輸入するとき、日本は自由に関税（※）をかけられない」といったことが決められ、日本にとって不平等な内容になってしまった。1858年に幕府はほぼ同じ内容の条約をイギリス、フランス、オランダ、ロシアとも結んだんだ。

※海外からの商品にかけられる税金。関税の分だけ値段が高くなるので同じ商品をあつかう日本の業者を守ることができる。

クイズ 日米修好通商条約を結んだアメリカ人ハリスの好物は？

❶ マグロ　❷ 紅茶　❸ おにぎり　❹ 牛乳

クイズの答え：④ 日本にいたときは牛乳をほしがったが、なかなか手に入らず苦労した。

応永の外寇が起きた日
西暦1419年7月12日

6月20日(応永26年)

このあたり 1336 1493
室町時代

外国で日本人海ぞくが大暴れ！海ぞく退治の軍がやってきた！

倭寇という日本人の海ぞくになやんだ朝鮮は、倭寇を退治するため長崎県の対馬に軍を送り、応永の外寇と呼ばれる戦いが始まりました。

倭寇は13〜16世紀に活動した。日本人の海ぞくだが、中国人やポルトガル人が加わることもあった。

朝鮮軍が対馬をおそう 応永の外寇が起きた

朝鮮は、中国や朝鮮で暴れ回っていた日本人の海ぞく、倭寇が対馬にいると考えて軍を送ってきた。対馬の大名だったワシ、宗貞盛は朝鮮軍と戦いながら、「この季節は台風が来るから危ないぞ」という警告も伝えて、戦いをやめて仲よくできるように働きかけたんだ。結局、7月3日に朝鮮に戻っていった。

クイズ 当時の朝鮮との貿易で、日本が朝鮮から輸入したのは？

❶ 朝鮮ニンジン　❷ 馬　❸ 豆腐　❹ 絵画

クイズの答え：① 薬としても使われる朝鮮ニンジンは主な輸入品のひとつだった。

6月21日（寛永12年）

参勤交代が制度化された日

西暦1635年8月3日

このあたり 1603 1868 江戸時代

1年ごとの大人数のお引っ越しで大名たちはメチャクチャ貧乏に

江戸幕府は大名が力をつけて幕府に逆らうことをおそれていたので、彼らの力を弱めるために、全国の大名たちに参勤交代を行わせました。

大名の力を弱くするために、参勤交代が制度化された

江戸幕府はこの日に、参勤交代という制度をつくったよ。これは、日本各地の大名が、1年間自分の国で暮らしたら、次の1年間は江戸に住み、大名の妻と子どもはずっと江戸で暮らすというもの。1年ごとの移動や江戸での1年の生活でお金がかかるので、大名は貧しくなり、幕府に歯向かう力がなくなったんだ。また、妻と子どもが江戸にいて人質のような状態になっていたことも、大名が幕府に逆らえない理由だった。

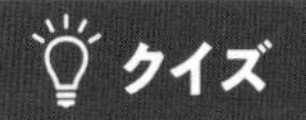

クイズ　大名行列を横切って進むことを許されたのは？

❶ 僧　❷ 産婆　❸ 先生　❹ 子ども

クイズの答え：② 赤ちゃんが生まれるのを助ける産婆は許された。

6月22日

(文久元年)

ボウリングの日

西暦1861年7月29日

このあたり

1603　1868

江戸時代

なんと江戸時代に初のボウリング場がオープン！

今も多くの人が楽しんでいるボウリングの歴史は古く、日本でも江戸時代に初のボウリング場が作られました。

長崎の出島に日本初のボウリング場が作られた

重いボールを転がしてピンを倒して遊ぶスポーツ、ボウリング。多くの人が楽しんでいるボウリングの歴史は古く、紀元前の古代エジプトのころからあったといわれているよ。日本にボウリングが伝わったのは江戸時代のこと。この日に、外国人が住んでいた長崎の出島に、日本で初めてのボウリング場が作られたんだ。プレーの間に食事もできて、楽しい社交場になっていたんだって。

クイズ 日本人で初めてボウリングをしたといわれている人は？

① 坂本龍馬　② 西郷隆盛　③ 伊藤博文　④ 沖田総司

クイズの答え：① 外国人とつきあいがあった龍馬がボウリングをしたという説がある。

6月23日 (寛政6年)

水野忠邦の誕生日
西暦1794年7月19日

このあたり
1603 1868
江戸時代

ぜいたくは絶対に禁止！そんな改革は大失敗…

乱れた世の中をよくしようと考えた水野忠邦は天保の改革を行いましたが、強引な内容が多く、たくさんの人が忠邦に反感を持ちました。

高価な料理、高価な着物、歌舞伎などが、天保の改革で禁じられ、とりしまられた。

天保の改革を行った水野忠邦が生まれた日

私はこの日に生まれたのです。幕府の財政が悪くなる中、全国で大飢饉（※）も起きたので、私は世の中をよくするため、1841年に天保の改革を始めた。だが、ぜいたくを禁止したり、幕府の力を強めるために大名の土地を幕府のものにしようとしたり……、みんなに大反対され失敗したのだ。

江戸幕府老中・水野忠邦

※農作物の不作により、人々が食べ物を食べられず苦しむこと。

クイズ　水野忠邦の出身地は？

❶ 鹿児島県　❷ 宮城県　❸ 静岡県　❹ 佐賀県

クイズの答え：④　唐津藩（今の佐賀県）の藩主の息子として生まれた。

6月24日（嘉吉元年）

嘉吉の乱が起きた日
西暦1441年7月12日

このあたり
1336　1493
室町時代

パーティーに呼ばれたのに待っていたのは暗殺！

将軍の足利義教を暗殺した赤松満祐。幕府は満祐を倒しますが、この事件後、将軍と幕府の力は弱いものとなってしまいました。

嘉吉の乱で将軍の足利義教が暗殺された

室町幕府の将軍・足利義教は、お気に入りだった家来の赤松貞村に、赤松義雅の土地をあげちゃった。幕府のために働いてきた義雅とその兄の赤松満祐は将軍をうらんだ。さらに、将軍が同じく幕府のために働いていた一色義貫たちを殺したことから、満祐は将軍をパーティーに招待したあとに暗殺した。幕府は軍を送って満祐を倒したけど、将軍と幕府の力は小さくなってしまった。この事件を嘉吉の乱というよ。

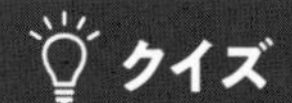
クイズ　赤松満祐を倒したのは？

❶ 山名宗全　❷ 赤松義雅　❸ 土岐持頼　❹ 足利義勝

クイズの答え：① 応仁・文明の乱で西軍のリーダーになった山名宗全が満祐を倒した。

6月25日（昭和25年）

朝鮮戦争が始まった日
西暦1950年6月25日

このあたり
1926 1989
昭和時代

元は同じ国だったのに！朝鮮戦争が始まった！

第二次世界大戦のあとに日本の支配から解放された朝鮮半島は、南北で2つの国に分かれ、この日に戦争を始めてしまいました。

北朝鮮と韓国との間で朝鮮戦争が始まった

第二次世界大戦後に朝鮮半島は、アメリカが応援する韓国と、ソ連（今のロシア）や中国が応援する北朝鮮という2つの国に分かれてしまった。この日、北朝鮮の軍が国境をこえて韓国に軍を進め、首都・ソウルまで攻めこんだんだ。アメリカは韓国を助け、中国は北朝鮮を助けて戦いは長く続いた。1953年7月27日に休戦協定が結ばれたけど、正式には戦争は終わっていない状態が今も続いているんだ。

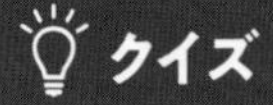

クイズ 朝鮮戦争が起きて、日本はどうなった？

① 景気がよくなった　② 景気が悪くなった　③ 日本も攻撃された　④ オリンピックの中止

クイズの答え：①　朝鮮戦争に参戦したアメリカ軍相手のビジネスが盛んになった。

木戸孝允の誕生日
西暦1833年8月11日

このあたり
1603 1868
江戸時代

6月26日 (天保4年)

勉強ができて剣の戦いも強い！逃げ足も速い長州のリーダー

幕末の動きの中心のひとつとなった長州藩(今の山口県)。その長州藩のリーダーであり、明治政府でも活躍したのが木戸孝允です。

明治維新のえらい人、木戸孝允が生まれた日

明治維新で活躍した木戸孝允は、長州藩に生まれた。孝允は吉田松陰のもとで兵学(※)を勉強したり、江戸で剣術の修行をしたりしたあとに、長州藩の尊皇攘夷(※)派のリーダーになった。1866年には薩摩(今の鹿児島県)の西郷隆盛と薩長同盟を結んで、翌年には江戸幕府を終わらせたよ。明治政府では重要人物の一人となり、政府の方針を示す五箇条の御誓文を出したりもしたんだ。

※軍事についての学問のこと。 ※天皇を尊敬し、外国の勢力を追い払うという考え。

クイズ 木戸孝允は「何の小五郎(※小五郎は孝允が使っていた昔の名前)」と呼ばれた？

❶ けんかの小五郎 ❷ 酒飲みの小五郎 ❸ 逃げの小五郎 ❹ いねむりの小五郎

クイズの答え：③ ピンチのときに何度もうまく逃げたので、こう呼ばれた。

6月27日（天正10年）

清洲会議が開かれた日
西暦1582年7月26日

このあたり
1573　1603
安土桃山時代

戦国武将は戦いだけじゃなくて話し合いもするんです！

織田信長が亡くなったあと、だれが織田家をつぐのかという話し合いが開かれました。これを清洲会議といいます。

清洲会議では、織田家の家来でいちばんえらい立場だった柴田勝家と秀吉が対立した。

織田信長のあとつぎを決める清洲会議が開かれた

織田信長様を裏切った明智光秀を倒したワシ、羽柴（豊臣）秀吉たちは、尾張国（今の愛知県）の清洲城に集まった。織田家をだれがつぐかを話し合い、ワシの意見が通って信長様の孫の三法師様が選ばれた。信長様の三男・信孝様についた柴田勝家とは仲が悪くなり、1583年に戦ってワシが勝っているんじゃよ。

三法師（織田秀信）

クイズ　三法師の清洲会議のときの年齢は？

❶ 18歳　❷ 15歳　❸ 6歳　❹ 3歳

クイズの答え：④　3歳。三法師は幼いときの名前。のちの織田秀信である。

6月28日（元亀元年）

姉川の戦いが起きた日
西暦1570年7月30日

このあたり
1493　1573
戦国時代

戦いの相手は、自分の妹の夫？ 戦国時代はきびしすぎる！

織田信長は徳川家康と組んで、近江（今の滋賀県）の姉川で、浅井長政、朝倉義景と戦いました。長政は信長の妹の夫でした。

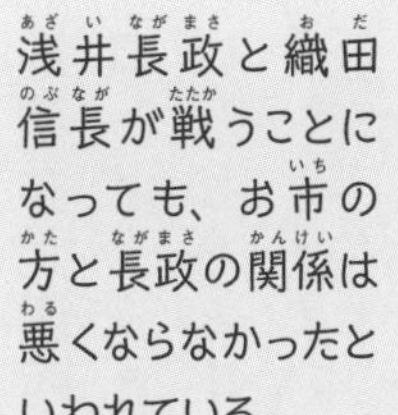

織田と徳川vs.浅井と朝倉！ 姉川の戦いが起きた

ワシ、織田信長が朝倉義景と戦っていたところ、義景と昔から仲よしだった浅井長政が義景の味方をしたんだ。長政はワシの妹のお市の方と結婚しているから、ワシと長政は義理の兄弟だというのにぃ～！ 姉川での長政・義景との戦いは、最初は向こうが有利だったが、徳川家康の助けもあってみごとにわれわれが勝利した。

信長を裏切った浅井長政

クイズ 織田信長の妹のお市の方はどういう女性だったといわれている？

❶ 剣の名人　❷ 将棋の名人　❸ 美女　❹ 人気作家

クイズの答え：③ 戦国時代で一番の美女だったといわれている。

6月29日（昭和41年）

ザ・ビートルズが来日した日
西暦1966年6月29日

このあたり
1926 1989
昭和時代

今も大人気の伝説のバンドが日本の武道館でコンサート！

今でも世界中の人たちに強く支持され続けているザ・ビートルズが、コンサートのために初めて日本にやってきました。

伝説のロックバンドが日本にやってきた！

イギリスの伝説的なロックバンドのザ・ビートルズが、コンサートのために日本にやってきた！　かれらが乗った飛行機は6月28日の夕方に着く予定だったけど、台風のせいで29日午前3時39分に着いたんだ。かれらは30日から7月2日までの3日間、日本武道館でコンサートを行い、3日に日本をはなれた。ザ・ビートルズとしての来日はこの1回だけだけど、各メンバーはその後コンサートや旅行で何度も来日しているよ。

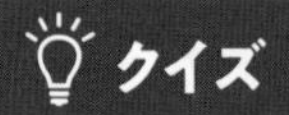

クイズ　メンバーのジョン・レノンの妻はどこの国で生まれた？

❶ インド　❷ 日本　❸ ケニア　❹ ドイツ

クイズの答え：②　芸術家のオノ・ヨーコと1969年に結婚した。

6月30日 (明治31年)

隈板内閣が始まった日
西暦1898年6月30日

このあたり
1868 1912
明治時代

隈板内閣ができたよ！ワ〜イワ〜イ、バンザ〜イ！

大隈重信が総理大臣、板垣退助が内務大臣をつとめた内閣を、隈板内閣と呼びました。この内閣は日本初の政党内閣でした。

大隈重信と板垣退助が組んだ内閣がスタートした

明治の有名な政治家である大隈重信と板垣退助たちでつくった内閣を、2人の名前から「隈板内閣」と呼んだよ。この日に結成されたこの内閣は、日本で初めての政党内閣で、憲政党という党の議員たちの内閣だった。政党内閣とは、議会で人数が多い政党の政治家を中心としてつくられる内閣のことだよ。国民が選挙で選んだ党の内閣なので、国民の意見をもとにした政治が行われるというよい点があるよ。

クイズ 大隈重信がつくった大学は？

❶ 慶應義塾大学　❷ 早稲田大学　❸ 京都大学　❹ 同志社大学

クイズの答え：② 1882年につくった東京専門学校が、のちに早稲田大学になった。

ざっくり日本史 中世編

平安時代の貴族たちは男でもお化粧をしていた！

天皇を中心とした飛鳥時代や奈良時代を経て、訪れたのが平安時代だよ。この時代、最初のころは天皇が力を持っていたんだけど、しだいに天皇のもとで働いていた貴族が力を持つようになってきたんだ。貴族といえば真っ白い顔が特徴的だけど、顔にぬる「おしろい」はとても高価なものだった。貴族たちは自分の力を示すために、お化粧をしていたんだって。しかも、女性だけでなく男性の貴族もお化粧をしていたというんだからビックリだよね。ちなみに、お風呂に入るのは週に1回くらいだったらしいよ。

7月1日（明治23年）

第1回総選挙が行われた日
西暦1890年7月1日

このあたり
1868 1912
明治時代

日本で初めての「投票」にはほとんどの人が行けなかった！

現在の衆議院にあたる帝国議会の総選挙が初めて行われ、300人の国会議員が選ばれました。

クイズ

当時、選挙権がある人は約何人いた？

❶ 45万人

❷ 145万人

❸ 450万人

投票するには高いハードルが！ 第1回の選挙の日

「国に15円以上の税金を納める満25歳以上の男性」というのが選挙権を持つための条件だった。15円は当時としては大金。つまり、投票できるのは「すごくリッチなオトナの男」だけ。しかも投票用紙には自分の氏名と住所を書き、ハンコもおすことになっていたんだって（※）。1回目の選挙に立候補した人の数は、300の議席数に対して約1200人！ 当時は農村部にお金持ちが多く、競争率が高くて当選するのが大変だった。

※今の選挙は、だれが投票したかわからないように、自分の名前、住所、ハンコはいらない。

おまけ

女性が選挙権を得たのは昭和21年（1946年）です。平成28年（2016年）からは年齢が20歳以上から18歳以上に引き下げられました。

クイズの答え：① 当時の日本の人口は約4000万人だったので、選挙権があったのは1％ちょっと。

7月2日（文久3年）

薩英戦争が起きた日
西暦1863年8月15日

このあたり
1603 1868
江戸時代

びっくり！ 鹿児島とイギリスが江戸時代に戦争をしていた！

幕末に薩摩藩の武士がイギリス人をきり殺した事件がきっかけで、薩摩藩とイギリスの戦い、薩英戦争が起きました。

薩摩藩が当時最強のイギリスと戦う薩英戦争が起きた

きっかけは薩摩藩（今の鹿児島県）の大名行列に近づいたイギリス人が、薩摩藩の武士にきられて1人が死亡した、生麦事件だった。イギリスは幕府と薩摩藩にばいしょう金（※）を求めますが、薩摩藩は無視したので、イギリスがおこって、薩英戦争が始まったんだ。薩摩藩は当時最強だったイギリス相手によく戦ったけど負け、大きな被害を受けた。外国の強さを知った薩摩藩は、海外から技術を学ぶようになったんだよ。

※損害を受けた人に支払うお金のこと。

クイズ 戦争後、イギリスと薩摩藩の関係はどうなった？

❶ 仲よくなった　❷ 絶交した　❸ また戦争した　❹ イギリスの植民地になった

クイズの答え：① おたがいのことを認めて友好関係が結ばれた。

7月3日

(推古天皇15年)

小野妹子が隋に出発した日
西暦607年8月1日

このあたり
593 710
飛鳥時代

中国の皇帝が聖徳太子からのお手紙におこっちゃった!?

聖徳太子は役人の小野妹子を使いとして隋(今の中国)に送りました。隋と対等なつきあいをしたいと考えていたようです。

中国の皇帝・煬帝はおこったが、戦争相手の高句麗(※)と日本が手を組まないよう、日本と友好関係を結んだ。

聖徳太子の使いの小野妹子が仲よくなるため中国に出発

役人の私は聖徳太子様に言われて隋に向かった。私たちのような使いの者を遣隋使というのだよ。太子様に渡された手紙には「太陽が昇る国の天子(王)から太陽が沈む国の天子(王)へ」と書いてあったので、隋の皇帝の煬帝は「天子は自分だけだ」とおこっちゃってこわかったよ。

※今の中国の東北部から朝鮮半島にかけてあった国のこと。

クイズ 小野妹子は中国に何回行った?

❶ 1回　❷ 2回　❸ 3回　❹ 4回

クイズの答え:② 妹子は隋に2回行った。その後も遣隋使は送られていた。

7月4日（寛永16年）

鎖国が完成した日
西暦1639年8月3日

このあたり
1603 1868
江戸時代

外国とはつきあいません！ 日本の鎖国が完成した

江戸幕府は外国とのつきあいをやめます。これを鎖国といって、少しずつしくみがつくられていき、1639年に完成しました。

江戸幕府の鎖国のしくみが完成した

江戸幕府は外国とつきあわなかった（オランダなどとは貿易をしていた）。これを鎖国というんだ。まず、1623年にイギリスとのつきあいがなくなったよ。幕府は翌年にスペインの船が日本に来ることを禁止し、1635年には日本人が海外に行くことと、海外にいる日本人が帰ってくることを禁止したんだ。1639年にはポルトガルの船も禁止になり、こうして鎖国のしくみができ上がったんだ。

クイズ　江戸幕府はなぜ鎖国することを選んだのか？

❶ 日本の金の流出を防ぐため　❷ 貿易を止めるため　❸ 外国の武器を日本に入れないため　❹ キリスト教を広めないため

クイズの答え：④　キリスト教の教えは幕府の身分制度を否定するものだった。

7月5日（天正18年）

豊臣秀吉が天下を統一した日
西暦1590年8月4日

このあたり
1573 1603
安土桃山時代

日本はすべてワシのもの！ 豊臣秀吉が天下を統一

日本をすべて自分のものにすることを目指していた豊臣秀吉は、関東の北条氏を倒して、天下統一を達成しました。

豊臣秀吉がついに天下を統一した

ワシは豊臣秀吉。織田信長様が亡くなったあと、天下統一を目指したワシは、さまざまなライバルの武将たちと戦った。四国と九州もワシのものにして、天下をほぼ手に入れた。最後に残ったのは小田原の北条氏だったが、1590年に「小田原攻め」を行い、この日に北条氏直が降参した。とうとう天下統一を成しとげたのだ。

豊臣秀吉に囲まれた北条氏直

北条氏が負けたあと、北条氏の土地はだれのものに？

❶ 豊臣秀吉　❷ 徳川家康　❸ 石田三成　❹ 真田信繁

クイズの答え：② 秀吉は北条氏のものだった土地を家康にあたえた。

7月6日 (永禄6年)

徳川家康が「家康」を名乗った日

西暦1563年7月23日

このあたり

1493 1573

戦国時代

ついに徳川家康という名前を名乗るようになった

徳川家康は人生の中で何度か名前を変えています。名前を変えることは戦国時代の武士にはよくあることでした。

「元康」から「家康」に改名した

三河国(今の愛知県)の大名の松平広忠の長男である徳川家康。小さいころに今川義元のもとに人質として送られ、1555年に義元のもとで元服(※)したよ。このときに、家康の名前は竹千代から松平元信に変わったんだ。さらに1558年ごろには元康と名を変えたけど、この日に家康と改名! 名前の「元」は義元からもらったものだったので、今川家との関係を切ったことを意味しているんだ。

※男子が大人になること。

徳川家康が徳川という名字を名乗るようになったのは何年?

❶ 1600年 ❷ 1590年 ❸ 1566年 ❹ 1563年

クイズの答え:③ 松平という名字を使っていたけれど、1566年に徳川に変えた。

盧溝橋事件が起きた日
西暦1937年7月7日

このあたり
1926 1989
昭和時代

だれかが銃を撃ったことで長く続く日中戦争が始まった

1937年から日本と中国は戦争を始めました。
長く続いた日中戦争のきっかけとなったのが、盧溝橋事件でした。

日中戦争のきっかけになる銃撃が起きた

この年から始まった日本と中国の日中戦争は長く続き、第二次世界大戦の一部となった。日中戦争のきっかけとなったのは盧溝橋事件。当時、日本は中国に進出しようとしていて、日本と中国の関係は悪くなっていた。そんなとき、北京の近くの盧溝橋という橋で日本軍が中国軍から撃たれた（だれが撃ったのかは、今もわかっていない）。日本軍はこれを中国のしたこととして仕返しをし、戦争へとつながっていったんだ。

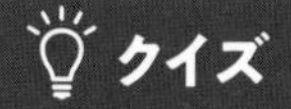

盧溝橋を渡ったことがある西洋の人物は？

❶ ペリー　❷ マルコ・ポーロ　❸ ザビエル　❹ マッカーサー

クイズの答え：② ヨーロッパでは盧溝橋は「マルコ・ポーロの橋」といわれている。

7月8日（天正16年）

豊臣秀吉が刀狩令を出した日
西暦1588年8月29日

このあたり
1573 1603
安土桃山時代

農民に刀なんかいらない！大仏様の材料に使うから！

豊臣秀吉の刀狩令は、農民やお坊さんから刀などの武器をすべてとり上げるという命令で、日本全国に向けて出されました。

天下統一を果たした証明？　豊臣秀吉の刀狩令

農民や寺の反乱を防ぐため、武器をとり上げることは、鎌倉時代や戦国時代にもあった。でも、それまでは地域を限定した命令だったんだ。でも、秀吉は日本全国に向けて命令した。これが刀狩令だよ。農地でとれる米の量を調べる太閤検地と刀狩令は同じ時期に行われ、秀吉が天下を統一したことをアピールするためだったのかもしれないね。集めた武器は京都で建設中の方広寺と大仏の材料になったんだって。

おまけ

方広寺の大仏は東大寺の大仏より大きく、文禄４年（1595年）に完成しましたが、その翌年に地震によってこわれてしまいました。

まちがい探しの答え：①　左の人の指の形　②右奥の人が右手に持つもの　③右手前の人が持つもの

7月9日 (大正11年)

森鷗外の命日
西暦1922年7月9日

このあたり 1912 1926 大正時代

医者としても作家としても大成功。才能ありすぎなスゴい人！

国語の教科書でとり上げられることも多い作家の森鷗外は、医者と作家の両方の道で成功した人物だったのです。

軍医になってから、ドイツに留学した。その経験を生かして『舞姫』などの小説を書いていたんだ。

医者としても出世した作家の森鷗外が亡くなった

私は医者の子として生まれ、大学では医学を学んで、卒業して軍医（※）になった。小説は軍医の仕事をしながら書いたのだよ。軍医として出世して、いちばんえらい立場にもなった。軍を辞めてからも博物館の館長などをして働き、60歳のときに病気で死んだのだ。

※軍に所属している医師のこと。

クイズ 森鷗外のせいで陸軍で広がった病気は？

① かっ気　② インフルエンザ　③ 水虫　④ 胃かいよう

クイズの答え：① 鷗外が治りょう法をまちがえたせいで、陸軍ではかっ気（ビタミン不足で起こる病気）で3万人が亡くなった。

7月10日

(文政4年)

日本地図が完成して幕府に提出された日

西暦1821年8月7日

このあたり

1603 1868

江戸時代

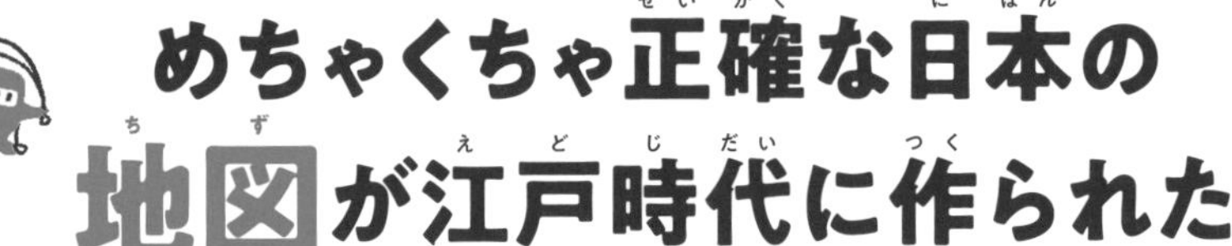

めちゃくちゃ正確な日本の地図が江戸時代に作られた

現在、みんなが目にしている日本地図を最初に作ったのが、江戸時代の伊能忠敬です。忠敬は実際に日本中を歩いて地図を作りました。

日本で初めて正確な日本地図ができた

私、伊能忠敬は商人でしたが、家を息子につがせたあとに、天文学を学びました。地図のための測量は、55歳から71歳までの間に全部で10回、北海道から九州まで日本中を実際に歩いて行いました。1818年に私は死にましたが、その3年後に弟子たちが地図を完成させて幕府に差し上げたのです。

伊能忠敬らが作った『大日本沿海輿地全図』

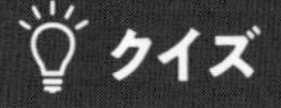

クイズ　伊能家の商人としての主な仕事は?

❶ 酒づくり　❷ 本屋　❸ 着物屋　❹ 果物屋

クイズの答え:① 酒づくりのほか、運送業、米の売買なども行っていた。

7月11日

(保元元年)

保元の乱が起きた日

西暦1156年7月29日

このあたり

794 1185

平安時代

天皇家の兄弟ゲンカで武士たちが大活躍！

後白河天皇と崇徳上皇が争った保元の乱。
天皇家の争いとしては初めて、武士の力を借りることになりました。

天皇家のなかでの争い、保元の乱が起きた

保元の乱は、後白河天皇と崇徳上皇の争いだった。2人は兄弟だけど、政治を行う権力をめぐって争っていた。ここに藤原忠通と藤原頼長という兄弟の争いも加わったんだ。崇徳・頼長と後白河・忠通はどちらも、平氏と源氏の力を借りた。武士の力を借りないと争いには勝てない時代になってしまったというわけ。人数が多かった後白河・忠通の軍がたった1日で勝ち、頼長は死に、崇徳上皇は島流しになったんだ。

クイズ　保元の乱の罪人に対して数百年ぶりに復活したバツは？

① 死刑　② ばっ金　③ ムチ打ち　④ 島流し

クイズの答え：①　死者のうらみでたたりが起きると考えられて死刑は行われていなかった。

7月12日

（大正14年）

NHKラジオが放送を開始した日

西暦1925年7月12日

このあたり

1912　1926

大正時代

ニュースもドラマもお笑いも全部楽しめるラジオが始まった

1925年に日本でラジオの放送が始まりました。
テレビが広まる前の時代は、ラジオが重要な役割を果たしていました。

日本においてラジオの放送が始まった

日本でのラジオ放送はこの年に始まったよ。3月22日に東京放送局（今のNHK）が開局して試験放送が始まり、その後7月12日に東京都港区の愛宕山に移った東京放送局で放送が始まったんだ。当時は1日約8時間の放送で、ニュースや天気予報、株式の情報などが放送されたよ。今は無料で聞けるけど、このころラジオを聞くためには、1カ月1円（今のお金で4400円ほどの価値）のお金が必要だったんだ。

クイズ　海外でラジオ放送が始まったのは何年？

❶ 1900年　❷ 1920年　❸ 1925年　❹ 1930年

クイズの答え：② 1920年11月2日にアメリカのKDKAという放送局が放送を開始した。

7月13日

（承久3年）

後鳥羽上皇が島流しにされた日

西暦1221年8月2日

このあたり

1185　1333

鎌倉時代

幕府と戦ってボロ負けした上皇は、遠くの島に行っちゃえ

鎌倉幕府を倒すために、幕府と戦って負けた後鳥羽上皇は、バツとして隠岐島に島流しにされてしまいました。

隠岐島は島根県の島。1332年には後醍醐天皇が隠岐島に島流しにされるなど、島流しのための島として知られた。

鎌倉幕府に負けた後鳥羽上皇が島流しに

鎌倉時代、武士が開いた幕府は強い力を持っていた。私はどうにかして朝廷の力をとり戻したいと考えていたのだ。第3代将軍の源実朝が暗殺されたとき、幕府を倒すチャンスだと考えて計画を実行した。だが、私の軍は幕府軍にボロ負け。隠岐島に島流しにされてしまったのだ。

島流しにされた後鳥羽上皇

クイズ 後鳥羽上皇のために始められたといわれる隠岐島の名物は？

❶ カヌー　❷ 相撲　❸ とう牛　❹ 和歌の大会

クイズの答え：③　とう牛は「牛突き」と呼ばれていた。

7月14日 (明治4年)

廃藩置県が行われた日
西暦1871年8月29日

このあたり
1868 1912
明治時代

藩なんてもう古い！新しい時代は県です！

明治になっても、江戸時代と同じく藩主が各地を治めていました。こうした状況を変えたのが、藩を県に置きかえる廃藩置県です。

藩が県に変わる廃藩置県が行われた

江戸時代には大名が治める藩があったんだ。明治時代になっても藩は残っていたけど、1871年に藩が県に置きかえられたんだ。これを廃藩置県というよ。各地で藩主が藩を治めている状況を変えて、政府の力を日本各地で強めるために廃藩置県が行われたんだ。藩を治めていた藩主たちは地位を失い、かわりに県のまとめ役を政府が各地によこしたんだ。

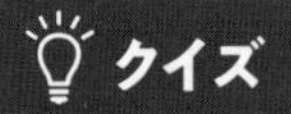

クイズ 廃藩置県が行われて、藩主たちはどこに住むことになった？

① 東京都　② 北海道　③ 京都府　④ 大阪府

クイズの答え：① 東京都に移住させられた。移住に反対する一揆も起きた。

7月15日（文禄4年）

豊臣秀次が切腹させられた日
西暦1595年8月20日

このあたり
1573 1603
安土桃山時代

かわいがってくれたはずの秀吉に切腹させられた！

豊臣秀吉のおいであり、養子にもなってかわいがられた秀次ですが、やがて秀吉からきらわれ、切腹させられてしまいます。

秀次が切腹した理由は、今もわかっていない。秀吉に裏切りを疑われて、自殺したという説もある。

秀吉のおいの秀次が切腹させられた

オレ、豊臣秀次は秀吉様の姉の息子、つまり秀吉様のおいだ。おじさんには鶴松という息子がいたが、子どものうちに死んだので、オレはおじさんの家の子になり、関白（※）までやらせてもらった。ところがおじさんに秀頼という息子ができると、オレはおじさんにきらわれて、切腹させられたのだ！

切腹させられた豊臣秀次

※天皇を助ける大事な役割。秀吉も関白を務めた。

クイズ 秀次の母親は？

① 茶々　② お市の方　③ 豪姫　④ 日秀尼

クイズの答え：④ 秀吉の姉で、秀次の母。ほかに秀勝、秀保という子もいた。

7月16日（明治18年）

日本初の駅弁が発売された日
西暦1885年7月16日

このあたり
1868　1912
明治時代

初めての駅弁、たったこれだけ？正しい呼び名は「駅売り弁当」

いろいろな説がありますが、日本の駅弁は鉄道の開発が進み、長きょりの旅行がされるようになってから、各地に誕生したといわれています。

初めての駅弁の中身は、たくあんと何？

❶ いなりずし2個

❷ おにぎり2個

❸ あんぱん2個

今は2000種類以上もある駅弁が初めて販売された日

この日に大宮から宇都宮の路線が開業し、新しくできた宇都宮駅も使われるようになったんだ。宇都宮駅の近くにあった「白木屋」という旅館がおにぎり2個とたくあんを竹の皮で包んだものを駅の中で売り、これが日本初の駅弁として、長く知られていた。味はシンプルなごま塩おにぎりだったよ。ただし現在はほかにもいろいろな説があって、確かなことはわかっていないんだよ。

明治39年（1906年）に国に買いとられるまで、上野から青森を結ぶ鉄道は「日本鉄道」という民間の会社によって建設、運営されていました。

クイズの答え：② 竹の皮で包んだおにぎり2つとたくあんの弁当が5銭で売られた。

7月17日（元和元年）

禁中並公家諸法度が出された日
西暦1615年9月9日

このあたり
1603 1868
江戸時代

天皇は幕府に逆らえない！幕府がつくった法律を守りなさい！

江戸時代、力を失って、弱い立場になっていた天皇と朝廷は、幕府に、守らないといけないルールをつくられてしまいます。

江戸幕府から禁中並公家諸法度が出された

江戸幕府の第2代将軍の徳川秀忠は、大名が守らないといけない決まり武家諸法度をつくった。さらに、秀忠は天皇や公家（貴族）に対しても禁中並公家諸法度という決まりをつくった。そのなかには、「天皇は学問に打ち込むこと」というルールがあったよ。天皇のやるべきことを幕府が決めたんだ。天皇や朝廷にはもう政治を行う力はなく、幕府に逆らうことはできなくなっていたんだね。

クイズ 禁中並公家諸法度の「禁中」とはなんのこと？

❶ 貴族　❷ 天皇　❸ 朝廷　❹ 僧

クイズの答え：② もともとは天皇が住む皇居のことで、天皇のことも示している。

7月18日 (元亀4年)

室町幕府がほろんだ日
西暦1573年8月15日

このあたり
1493 1573
戦国時代

力を貸してくれた信長に逆らったら幕府がなくなった

織田信長の助けによって将軍になれた足利義昭ですが、信長と戦って負けてしまったので、室町幕府がほろびてしまいました。

信長は義昭のダメなところをいくつも書いた「十七カ条の意見書」を義昭に送った。

将軍の足利義昭が追放されて室町幕府がほろんでしまった

ワシ、信長の力で室町幕府の第15代将軍になれた足利義昭。「十七カ条の意見書」という手紙で、ワシが義昭のダメなところをツッコんだら、ブチギレてしまったんじゃ。武田信玄、浅井長政、朝倉義景と組んではむかってきたが、ボコボコにして京から追放してやった。こうして室町幕府はほろびたのだ!

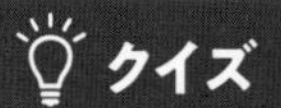

クイズ 足利義昭は手紙の中で織田信長をなんと呼んだ?

❶ 先生 ❷ 兄弟 ❸ 父 ❹ 友だち

クイズの答え:③ 仲がよかったころの手紙で信長のことを「御父」と書いていた。

7月19日

（元治元年）

禁門の変が起きた日
西暦1864年8月20日

このあたり
1603　1868
江戸時代

未来の将軍が大活躍！　それにブチギレた長州藩が攻めてきた

池田屋事件におこった長州藩（今の山口県）が京に兵を送ります。幕府、薩摩（今の鹿児島県）、会津（今の福島県）と長州は激しい戦いをくり広げました。

この3年後に徳川慶喜は江戸幕府の最後の将軍となった。慶喜は御所を守っていた軍を連れて戦った。

長州藩よかかってこい！

ビシィィッ!!

長州藩と江戸幕府が戦った禁門の変

新選組（※）が旅館の池田屋に乗り込んで、よくない計画を立てていた武士グループをきった。天皇を尊敬している長州藩はこれにおこって、京に兵を送り幕府と戦った。このとき私、徳川慶喜も刀をにぎって戦い、長州に勝利！　私は人生で3回、死を覚悟したことがあるが、その1回がこの禁門の変だった。

長州藩と戦った徳川慶喜

※将軍を尊敬する武士たちによる江戸幕府の警備隊のようなチーム。

クイズ　「禁門の変」の別の呼び名は？

❶ 御門の変　❷ 蛤御門の変　❸ 赤門の変　❹ 大門の変

クイズの答え：②「蛤御門」という門の周辺で激しい戦いが行われた。

7月20日（慶応2年）

江戸幕府第14代将軍・徳川家茂の命日
西暦1866年8月29日

このあたり
1603 1868
江戸時代

かわいいお嫁さんと結婚したのにボク、病気で早死にしちゃった！

江戸幕府と朝廷の関係を深めるために、天皇の妹と結婚した将軍の徳川家茂。戦のため長州に向かう旅の途中で急死してしまいました。

江戸幕府第14代将軍の家茂が亡くなった

第13代将軍の徳川家定に子どもがいなかったので、紀州（今の和歌山県）藩主の家茂が家定の養子となって第14代将軍になった。幕府は国をまとめるために朝廷との関係を深めようとしていて（これを「公武合体」という）、家茂は孝明天皇の妹の和宮と結婚したんだ。でも、家茂は長生きできなかった。幕府に逆らう長州藩（今の山口県）と戦うため西に向かっているときに病気になり、大坂城で死亡。まだ20歳だったよ。

クイズ 家茂は何歳で将軍になった？

❶ 18歳　❷ 14歳　❸ 13歳　❹ 8歳

クイズの答え：③　1846年7月17日生まれで、1858年10月25日に13歳で将軍になった。

7月21日（安政3年）

アメリカ総領事・ハリスが下田に着いた日
西暦1856年8月21日

このあたり
1603　1868
江戸時代

下田にやってきたハリスが幕府としつこ〜く話し合った

ペリーの黒船によって開港した下田に、アメリカのハリスがやってきました。ハリスは江戸幕府とねばり強く話し合いました。

日本を開国させたペリーとちがってハリスは軍人ではなく、自分の船で貿易などの商売をしていた。

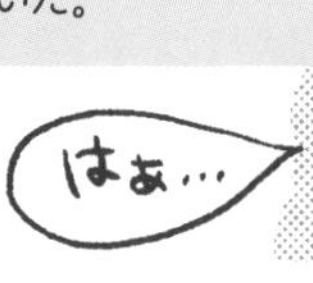

アメリカのハリスが下田にやってきた

私はアメリカの総領事（※）として神奈川県の下田に来ました。 江戸幕府は日本にとどまることを認めようとしませんでしたが、 私はお寺に住みながら、 日本にとどまることを主張。 そして、 ねばり強く話し合って、 幕府がイヤがっていた国同士のつきあい方のルール「日米修好通商条約」を結ぶことに成功！

タウンゼント・ハリス

※外交官の一種。

ハリスがおどろいた日本の習慣は？

❶ お花見　❷ お月見　❸ お風呂の混浴　❹ お見合い結婚

クイズの答え：③　当時の銭湯は男女いっしょに入るもので、ハリスはこれにおどろきました。

ザビエルが鹿児島に着いた日
西暦1549年8月15日

このあたり
1493 1573
戦国時代

7月22日 (天文18年)

キリスト教を広めるため ザビエルが日本にやってきた

宣教師のザビエルは1549年に鹿児島にやってきました。ザビエルによって日本に初めてキリスト教が伝えられたのでした。

ザビエルはマレーシアでアンジロウという日本人と出会い、その話を聞いて日本に向かうことを決意した。

ザビエルがキリスト教を広めに日本にやってきた

スペイン生まれの私は日本にキリスト教を伝えるため、この日に鹿児島に来ました。私は平戸(今の長崎県平戸市)を中心に活動して、京にも行きました。山口では500人以上がキリスト教徒になったのです。2年半ほど日本で過ごしてから、天文20年(1551年)11月に私は日本をはなれました。さようなら~!

7月22日

クイズ ザビエルがキリスト教を広めるために、最初に行った国は?

❶ インド　❷ 中国　❸ アメリカ　❹ オーストラリア

クイズの答え:① ポルトガル王から頼まれて、ポルトガル領だったインドのゴアという町に行った。

7月23日

（天明7年）

二宮尊徳（二宮金次郎）の誕生日

西暦1787年9月4日

このあたり

1603　1868

江戸時代

“歩きスマホ”じゃなくて“歩き読書”でほめられた!?

以前は銅像が多くの学校に置かれていたことで知られる二宮尊徳（金次郎）は、その知恵で多くの農村を救いました。

多くの農村を救った二宮尊徳が生まれた

二宮尊徳の銅像、キミの学校にはある？　たきぎを背負って歩きながら本を読んで勉強する、子ども時代の尊徳の銅像だよ。江戸時代に農家に生まれた尊徳は、小田原藩（今の神奈川県）の桜町の財政の立て直しを頼まれたことがきっかけで、関東や東北の多くの農村を救ったんだ。尊徳が亡くなったあとに、その考えをまとめた本を明治天皇が読んだことで、尊徳は広く知られるようになったんだよ。

二宮尊徳はお札になったことがある。いくらのお札？

❶ 1万円札　❷ 千円札　❸ 百円札　❹ 一円札

クイズの答え：④　昭和21年（1946年）に発行された一円札。

7月24日

(慶長2年)

豊臣秀吉にゾウがおくられた日

西暦1597年9月5日

このあたり

1573 1603

安土桃山時代

外国からの豊臣秀吉へのプレゼントは大きなゾウ!

外国との交流が盛んになると、さまざまなめずらしいものが日本にやってくるようになりました。そのなかには動物のゾウもいました。

フィリピンからゾウが秀吉にプレゼントされた

1543年にポルトガル人が種子島に来て以来、ポルトガルやスペインの船が貿易のために日本に来るようになったよ。当時はスペイン領だったフィリピンの使者が大坂城の豊臣秀吉のもとを訪れたときには、秀吉はゾウ1頭をプレゼントされたんだ。なお、秀吉より前の時代だと、1408年にインドネシアから若狭(今の福井県)に来た船に、将軍の足利義持へのプレゼントとして、ゾウが乗せられていたという記録も残っているよ。

クイズ 足利義持におくられたゾウは、その後どうなった?

① ペットになった ② 動物園に入れられた ③ 食べられた ④ 朝鮮におくられた

クイズの答え:④ 義持は朝鮮の国王の太宗にプレゼントとしてゾウをおくった。

7月25日 (昭和15年)

杉原千畝がユダヤ人を救った日
西暦1940年7月25日

このあたり
1926 1989
昭和時代

外務省の意見なんて知るか!
ユダヤ人たちを助けた日本人

外交官の杉原千畝は、外務省の考えに反対して、
ドイツのヒトラーから逃げようとするユダヤ人たちを助けました。

杉原千畝がヒトラーから逃げるユダヤ人を手助け

私が外交官としてリトアニアにいたころ、ユダヤ人はドイツのヒトラーから力でおさえつけられ、殺されそうになっていた。ドイツと同盟を結ぼうとしていた日本はヒトラーをおこらせたくないと考えていたが、私はユダヤ人たちに日本に入るためのビザを発行した。このビザで6000人のユダヤ人が逃げられたのだ。

ユダヤ人を救った杉原千畝

※入国許可証のようなもの。国によっては、入国するためにビザが必要となることがある。

クイズ ビザを出した杉原はどうなった?

❶ 外務省からほめられた ❷ クビになった ❸ ドイツで働いた ❹ イスラエルで働いた

クイズの答え:② 戦後、外務省からビザを出したことを責められて仕事を辞めることになった。

7月26日（文政8年）

東海道四谷怪談の初演の日
西暦1825年9月8日

このあたり
1603 1868
江戸時代

「うらめしや～」で、今も有名なゆうれいのお岩さんが登場

お岩さんという女性のゆうれいが出ることで、今も有名な『東海道四谷怪談』が、江戸時代に歌舞伎で初めて演じられました。

7月26日

お岩さんの四谷怪談が初めて演じられた

今も有名な『東海道四谷怪談』というお話が、この日に初めて歌舞伎で演じられたよ。作者は鶴屋南北で、江戸を代表する役者の3代目尾上菊五郎が出演したんだ。物語は、「お岩という女性が伊右衛門という男性と結婚するが、伊右衛門は悪人で、お岩はひどい死に方をする。ゆうれいとなったお岩は、伊右衛門に復しゅうする」というもの。実際の事件をもとにつくられた物語なんだって。

クイズ 作者の鶴屋南北は何代目？

❶ 3代目　❷ 4代目　❸ 6代目　❹ 10代目

クイズの答え：② 鶴屋南北の名前をついだ人としてはいちばん有名だった。

7月27日

(元和9年)

徳川家光が将軍になった日

西暦1623年8月23日

このあたり

1603　1868

江戸時代

江戸幕府が長く続くしくみをつくった第3代将軍

徳川家光が江戸幕府の第3代将軍になりました。江戸幕府の基本的なしくみをつくり上げ、江戸時代は長く続くものになりました。

幕府の政治のしくみ、大名や農民に対する支配体制、外国に対する鎖国などが家光の時代にできました。

徳川家光が江戸幕府の将軍になった

私が江戸幕府の第3代将軍になったのが今日。私は将軍として、参勤交代で大名に国と江戸を行き来させたり、農民が守らないといけないルール・慶安の御触書を出したり、外国とつきあわない鎖国を行ったり……いろいろがんばった！ 江戸幕府の基本をつくったから、265年も幕府は続いたのだ。

江戸幕府第3代将軍・徳川家光

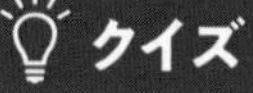

家光の幼いころの名前は？

❶ 竹千代　❷ 菊千代　❸ 松千代　❹ 国千代

7月27日

クイズの答え：① 徳川家康の小さいときの名前も竹千代だった。竹千代とつけられる将軍は多かった。

7月28日 （昭和40年）

江戸川乱歩の命日
西暦1965年7月28日

このあたり
1926 1989
昭和時代

名探偵が活躍する小説で日本中をワクワクさせた作家

日本のなかで早い時期にミステリー小説を書き始めた江戸川乱歩。その作品は今も多くの人に読まれています。

乱歩が生み出した、名探偵の明智小五郎や、大ドロボウの怪人二十面相は、今でも大人気！

ミステリー小説のえらい人、江戸川乱歩が亡くなった

今、多くの人が楽しんでいるミステリー小説やホラー小説を、日本に根づかせた作家が私だ。貿易会社、古本屋、新聞記者など、さまざまな仕事をしたあとに、29歳でデビューした。自分の作品を書くだけじゃなくて、江戸川乱歩賞という賞を作ったりして新人作家も育てたのだ。

小説家の江戸川乱歩

クイズ 江戸川乱歩というペンネームのもとになった作家は？

①コナン・ドイル ②モーリス・ルブラン ③エドガー・アラン・ポー ④アガサ・クリスティ

7月28日

クイズの答え：③ アメリカの小説家、エドガー・アラン・ポーをもとに江戸川乱歩という名前をつけた。

7月29日

（安永6年）

伊豆大島・安永の大噴火が起きた日
西暦1777年8月31日

このあたり
1603 1868
江戸時代

火山の三原山が江戸時代にドカーンと大噴火！

東京都の伊豆大島には三原山という火山があります。江戸時代には、激しく噴火して、島に住む人々が苦しみました。

伊豆大島の火山の三原山が大噴火した

伊豆大島にある三原山。三原山は火山で、江戸時代の安永6年（1777年）に大噴火したという記録が残っているよ。激しい爆発音や強い地震、島中に降った小石などに島民たちはおそれおののいた。噴火によって畑は焼け、魚もとれなくなってしまった。噴火は翌年にも起き、人々を苦しめたんだ。噴火がおさまったのは、1779年に入ってからのことだったんだよ。最近だと1986年に噴火したんだ。

クイズ 安永8年には別の火山が噴火している。その火山とは？

❶ 桜島　❷ 富士山　❸ 阿蘇山　❹ 雲仙岳

クイズの答え：① 鹿児島の桜島が噴火し、150人を超える人が死亡した。

7月30日（明治45年）

明治天皇が亡くなった日
西暦1912年7月30日

このあたり
1868 1912
明治時代

明治天皇が亡くなった日に新しい大正時代が始まった

新しい時代の天皇だった明治天皇は、この日に亡くなってしまいます。体調をくずしてから、わずか半月のことでした。

明治が終わり、大正が始まった

西洋の技術や文化などをとり入れて、日本の近代化が進められた明治時代。その新しい時代の天皇である明治天皇はこの日に亡くなった。7月10日ごろに体調が悪くなり、7月20日には重体であることが国民にも伝えられたんだ。皇居前ではたくさんの人が回復を祈ったけど、7月30日に心臓麻痺で亡くなってしまった。この日、皇太子が次の天皇になり、新しい元号は大正となったよ。

クイズ 明治天皇の出身地は？

① 京都府　② 東京都　③ 奈良県　④ 宮城県

クイズの答え：①　大正天皇以降の天皇は東京生まれだけど、明治天皇は京都生まれ。

7月31日（昭和11年）

幻の東京オリンピックが決定した日
西暦1936年7月31日

このあたり
1926 1989
昭和時代

予定変更になった東京オリンピックは2020年だけではない!?

2020年に予定されていた東京オリンピックは延期になりましたが、実は以前にも開かれなかった東京オリンピックがあるのです。

東京でのオリンピックが決定したが、中止になった

2020年の東京オリンピックは延期となってしまいました。以前には、1964年に東京でオリンピックが開かれているけど、実は開かれなかった幻の東京オリンピックがあるんだ。それが1940年に東京で開かれる予定だったオリンピック。1937年に日中戦争が始まると、戦争中の国がオリンピックを開いていいのかと、世界の多くの国々から批判されて、1938年に中止が決定したんだ。

1940年のオリンピックは東京のかわりにどこで開かれた？

① ベルリン　② ニューヨーク　③ ヘルシンキ　④ 開かれなかった

8月1日 (明治27年)

日清戦争が始まった日

西暦1894年8月1日

このあたり

1868 1912

明治時代

日本と清国、どっちもゆずれない 朝鮮半島をめぐる戦争

この日、日本は清国に対して正式に戦争開始を宣言する「宣戦布告」をしました。それから約9カ月の間、両国の間で戦争が行われました。

清国とは、現在のどこの国？

❶ ロシア

❷ 中国

❸ 韓国

朝鮮半島の支配権をめぐる、日清戦争が始まった日

ロシアが東アジアにまで力を広げてきたので、日本は自分の国の安全に危機感を持っていたんだ。そこで、朝鮮半島を支配して、ロシアの勢力が日本にまでくるのをさけようと考えた。しかし、当時は清国が朝鮮半島を支配下に置いていると主張していたので、日本は戦争によって清国を追い出そうと決めたんだ。明治28年（1895年）の4月、この戦争は日本の勝利に終わったよ。

戦争に勝ち、日本は清国からお金や土地を得ることができました。しかし、ロシア、ドイツ、フランスの「三国干渉」で、その一部は返すことになります。

クイズの答え：② 250年以上、中国とモンゴルを支配した最後の王朝。

8月2日（享保6年）

目安箱が設置された日
西暦1721年9月22日

このあたり
1603 1868
江戸時代

「こんなことに不満があります」と書いたら、将軍が読んでくれた！

江戸幕府の第8代将軍の徳川吉宗が行った改革のひとつが目安箱です。庶民が書いた不満やお願いごとを、将軍本人が読んだのでした。

町の人々の声を将軍に届けるための目安箱が置かれた

江戸幕府の第8代将軍・徳川吉宗は政治を立て直すために、享保の改革と呼ばれる改革を行った。そのなかの取り組みのひとつが、目安箱。評定所（※）の前に、目安箱という箱を置いたんだ。民衆が不満やお願いごとなどの意見を書いた紙を入れるための箱で、将軍本人がそのなかの紙を読むことになっていた。ただし、本人の名前と住所を書かねばならなかったので、内容によってはばっせられたよ。本音は書きづらかったかもね。

※裁判所のようなところ。

クイズ　吉宗以外にも目安箱を置いた人物は？

①織田信長　②豊臣秀吉　③北条氏康　④武田信玄

クイズの答え：③　目安箱を置いた人物は何人かいて、戦国大名の北条氏康もそのひとり。

8月3日

（大宝元年）

大宝律令が完成した日

西暦701年9月9日

このあたり

593 710

飛鳥時代

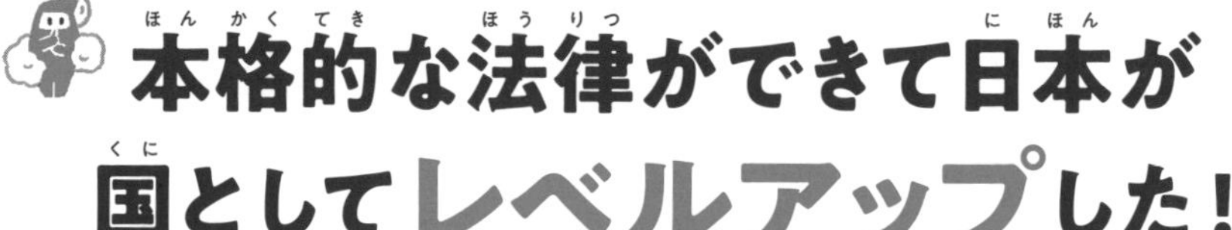

本格的な法律ができて日本が国としてレベルアップした！

しっかりとした国家にするために、日本で最初の本格的な法律である大宝律令がつくられました。この法律のお手本にしたのは中国でした。

初めての本格的な法律、大宝律令が完成

この日に、日本で初めての本格的な法律である大宝律令が完成したよ。唐（今の中国）をお手本にして、日本の状況に合わせてつくられた法律なんだ。律令の「律」は犯罪についての法律を意味し、「令」は政治に関する法律、人々の生活に関する法律、商売に関する法律の3つを意味してるんだ。681年に天武天皇の命令でつくられ始め、文武天皇の時代に完成しました。

クイズ　大宝律令で決まった「笞」とはなんのこと？

❶ 税金　❷ ほうび　❸ ムチ　❹ ろうや

クイズの答え：③　細い竹のムチ。軽い罪の犯罪者はムチでたたかれた。

8月4日 (文政13年)

吉田松陰が生まれた日
西暦1830年9月20日

このあたり
1603 1868
江戸時代

新しい時代をつくった若者たちを育て上げたスゴい先生がいた！

吉田松陰は、松下村塾という塾で、明治維新や明治時代に活躍した。若者たちに学問を教えて、たのもしい人材に育て上げました。

松陰は長州藩（今の山口県）にあった松下村塾で、伊藤博文、高杉晋作、山県有朋などに学問を教えた。

明治の人材を育てた吉田松陰が生まれた

私は小さいころから兵学という戦や兵を研究する学問を学んでいたが、1840年のアヘン戦争で清（今の中国）がイギリスに負けたことを知り、西洋の兵学を学ぶ必要があると思ったのだ。日本中をまわって勉強した私は、西洋に行こうとして失敗。その後、松下村塾で若者たちに学問を教えたのだ！

学問を教えた吉田松陰

クイズ　松陰が西洋に行こうとして選んだ方法は？

① 自作の船　② 馬　③ 黒船　④ 徒歩

8月5日 (元治元年)

四国連合艦隊が下関を攻撃した日
西暦1864年9月5日

このあたり
1603 1868
江戸時代

下関がアメリカなどの艦隊に ボコボコにされてしまった!

外国人を日本から追い払おうとしていた長州藩でしたが、アメリカ、イギリス、フランス、オランダから反撃されて大負けしてしまいました。

長州藩がアメリカなどの艦隊から攻撃された

過激な尊皇攘夷(※)の考えを持っていた長州藩(今の山口県)は、下関を通る外国船を次々と攻撃した。アメリカとフランスは反撃して長州藩は被害を受けたけど、それでも外国船への攻撃をやめなかった。ついにアメリカ、イギリス、フランス、オランダの4つの国の艦隊が下関を攻め、長州藩はボロ負けしてしまった。このことで長州藩は西洋の技術などを学ばないと西洋には勝てないということを理解したんだ。

※天皇を尊敬し、外国の勢力を追い払うという考え。

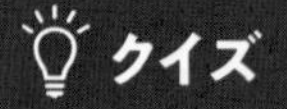

クイズ この事件のあとに長州藩が仲よくなった藩は?

❶ 薩摩藩　❷ 会津藩　❸ 水戸藩　❹ 尾張藩

クイズの答え:① 薩英戦争でイギリスに負けた薩摩(今の鹿児島県)は、長州と似た考えを持っていた。

8月6日 (昭和20年)

広島に原爆が投下された日
西暦1945年8月6日

このあたり
1926 1989
昭和時代

ノーモア・ヒロシマは人類の願い。世界で初めて使われた新型兵器

アメリカ軍によって、広島に原子爆弾が投下されたのは
午前8時15分。よく晴れた、月曜日の暑い朝でした。

クイズ

広島に落とされた原子爆弾をアメリカ軍はなんと呼んでいた？

1. リトルボーイ
2. リトルガール
3. アトミックボム

8月6日

広島に原爆投下。熱と爆風と放射能が人々を殺した

この日の広島の天気は快晴で、人々は出勤や通学を始めていた。アメリカ軍のB29爆撃機「エノラ・ゲイ」が原子爆弾を投下。上空で爆発し、30万度近い熱の火の玉になって落ち、わずか10秒の間に半径およそ4キロにいた人や建物を爆風がおそったんだ。そのあと、キノコ雲から放射能をふくんだ「黒い雨」が降り、多くの人々が被ばくした。広島ではこの年の終わりまでに14万人が死んでしまった。

おまけ

広島への原爆投下翌日（8月7日）に出された、大本営（日本軍の最高機関）の発表では「新型爆弾」という呼び名が使われていました。

クイズの答え：① アメリカ軍の中で使われていた呼び名（コードネーム）です。

8月7日 (平成18年)

兵庫県で恐竜の化石が見つかった日
西暦2006年8月7日

このあたり
1989 2019
平成時代

でっけ～！ 兵庫県で日本最大の恐竜「丹波竜」の化石を発見！

兵庫県丹波市で恐竜の化石が見つかりました。
調査の結果、新種の大型草食恐竜の化石であることがわかりました。

兵庫県丹波市で恐竜の化石が見つかった

2006年に兵庫県丹波市で、2人の地質愛好家の男性が化石を発見。2人からたのまれた博物館が化石を調べたところ、それが恐竜の化石であることがわかったんだ。2007年にさらに本格的な発掘が行われ、歯や背骨などの化石も見つかったよ。恐竜の正式な名前は「タンバティタニス・アミキティアエ」で、「丹波竜」という名前で親しまれているよ。丹波竜は新種の大型草食恐竜だと考えられているんだ。

クイズ 日本でいちばん多く恐竜の化石が見つかっている都道府県は？

① 長崎県 ② 福井県 ③ 北海道 ④ 奈良県

クイズの答え：② 日本で見つかった恐竜の化石の8割が、福井で見つかっている。

8月8日（昭和20年）

ソ連が日本に宣戦布告した日

西暦1945年8月8日

このあたり

1926 1989

昭和時代

戦わない約束をしていたのにソ連が日本を攻めてきた！

第二次世界大戦のとき、日本とソ連（今のロシア）はおたがいに戦わないことを決めていましたが、この日、ソ連は日本と戦うことを宣言しました。

戦わない約束をしていたソ連が日本を攻撃した

第二次世界大戦では、日本はドイツ、イタリアといっしょのグループ、もうひとつはソ連やイギリス、アメリカ、中国などのグループに分かれて戦っていた。でも日本はソ連とはおたがいに攻撃しないという条約を結んでいた。日本はソ連にたのんで相手グループと仲直りしたいと考えていたけど、この日にソ連は日本に宣戦布告（※）。日本が支配していた満州や朝鮮などを攻めたんだ。

※相手に対して「これから戦争を始めるぞ」と知らせること。

ソ連が日本への攻撃をやめた日は？

❶ 8月10日　❷ 8月12日　❸ 8月15日　❹ 9月5日

クイズの答え：④　昭和天皇が終戦を宣言した8月15日以降もソ連の攻撃は続いた。

ここの

8月9日

（昭和20年）

長崎に原爆が投下された日

西暦1945年8月9日

このあたり

1926　1989

昭和時代

直前に投下場所が変わった？ 長崎をおそった2発目の原爆

広島への原爆投下からわずか3日後、長崎にも原爆が投下されました。現在までに人類が実際の戦争に使用した、最後の核兵器です。

クイズ

長崎に落とされた原子爆弾をアメリカ軍はなんと呼んでいた？

❶ オールドマン

❷ ファットマン

❸ ヤングマン

二度と核兵器を使わない！　長崎に原爆が投下された日

アメリカ軍のB29爆撃機「ボックスカー」は、福岡県の小倉を目標にしていたけど、上空に雲がかかっていたので、直前に攻撃地点を第2目標だった長崎に変えたんだ。10時58分に投下された原爆は、4分後に地上で爆発。その様子は上空からカラーで撮影された。爆心地が山に囲まれていたので、爆風がさえぎられ、広島よりも死者は少なかったんだ。でも、実は広島型原爆の1.5倍の破かい力を持っていたんだ。

おまけ

人類史上2度目であり、、最後に使用されたのが長崎の原爆。「ヒロシマ、ナガサキ」の地名は、核兵器をなくそうと願う世界中の人々に知られています。

クイズの答え：② 「太った人」という意味。広島の原爆よりも大きく太い形をしていた。

8月10日

（貞永元年）

北条泰時が御成敗式目を出した日
西暦1232年8月27日

このあたり
1185 1333
鎌倉時代

武家が守らないといけない初めての法律がつくられた

鎌倉時代、土地についての争いが増えました。こうした争いをおさめるために、武家が守らないといけない法律・御成敗式目がつくられました。

土地を支配する権利や、守護と地頭の役職をおくことなどが、御成敗式目で決められた。全部で51条あり、貞永式目ともいう。

武士の家が守るルールが御成敗式目

鎌倉幕府の第2代執権（※）だった私、北条泰時は、御成敗式目という法律をつくった。御成敗式目には武士の家が守らないといけないことが書かれている。このころ、戦に勝った幕府は西日本に勢力を伸ばしていき、西日本各地で土地についてのもめごとがたくさん起きるようになった。そこで土地などについてのルールをつくったのだ。

武家の決まりをつくった北条泰時

※執権とは、将軍を助ける重要な役職のこと。将軍よりも力を持っていた。

クイズ 北条泰時が一時期、使っていた名前は？

❶ 義時　❷ 政時　❸ 正時　❹ 頼時

8月10日

クイズの答え：④　源頼朝から「頼」の字をもらって、頼時と名乗っていた。

8月11日（建武5年/延元3年）

足利尊氏が征夷大将軍になった日
西暦1338年9月24日

このあたり
1336 1493
室町時代

天皇との仲は悪くなったけど室町幕府の初代将軍になれた！

後醍醐天皇と組んで鎌倉幕府を倒した足利尊氏。
やがて、対立した後醍醐天皇との戦いに勝ち、室町幕府を開きます。

足利尊氏が室町幕府の初代将軍になった

約150年続いた鎌倉幕府を終わらせたのが足利尊氏だよ。源氏の家系の尊氏は、源氏から権力をうばった北条氏を倒したいと考えていた。1333年に後醍醐天皇が幕府に立ち向かったとき、尊氏は後醍醐天皇に味方して勝利。鎌倉幕府はほろんだけど、後醍醐天皇が武士たちにあたえたほうびは少なく、尊氏と後醍醐天皇はケンカになってしまった。尊氏は光厳上皇と手を結んで勝ち、1338年には将軍になったんだ。

クイズ 足利尊氏と対立した後醍醐天皇はその後、何をした？

① 自分の朝廷をつくった
② 尊氏にあやまった
③ 光厳上皇にあやまった
④ 出家した

クイズの答え：①「南朝」と呼ばれる朝廷を開いた。光厳上皇の朝廷は「北朝」。

8月12日 （寿永元年）

鎌倉幕府第2代将軍・源頼家の誕生日
西暦1182年9月11日

このあたり
794 1185
平安時代

鎌倉幕府の将軍になったけど全然思いどおりにできない！

源頼朝の長男の頼家は将軍になりますが、自分の思いどおりに政治を行うことは許されませんでした。

鎌倉幕府第2代将軍の源頼家が生まれた

私は、源頼朝と北条政子の長男として生まれた。父が亡くなったあと、鎌倉幕府第2代将軍となったが、政治の実権は北条氏のものになってしまった。1203年に育ての父の比企能員とともに北条氏を倒そうとしたが、失敗。私は伊豆修善寺に閉じ込められ、北条氏によって殺されてしまったのだ……。

鎌倉幕府第2代将軍・源頼家

クイズ 頼家の次の第3代将軍は？

❶ 源義経　❷ 源義門　❸ 源義朝　❹ 源実朝

クイズの答え：④ 頼家が追放されると、弟の実朝が将軍に。源氏の最後の将軍となった。

8月13日

(享保元年)

徳川吉宗が将軍になった日

西暦1716年9月28日

このあたり

1603 1868

江戸時代

江戸幕府の第8代将軍吉宗は、スパイを使って政治を行った

江戸幕府第8代将軍の徳川吉宗は、享保の改革などを行って幕府の政治を立て直したことで知られています。

徳川吉宗が作った御庭番は、現代のスパイのようなものだったと考えられている。隠密とも呼ばれた。

徳川吉宗が江戸幕府第8代将軍になった

第7代将軍・家継が6歳の幼さで亡くなってしまう。もちろん家継には子はいない。そこで紀州藩（今の和歌山県）の藩主だった私が第8代将軍となった。私は享保の改革で政治を立て直したが、情報を集めてくる仕事をする御庭番を使ったことでも有名なんだ。情報を集めさせて、政治に生かしたのだ。

江戸幕府第8代将軍・徳川吉宗

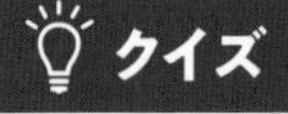

クイズ　徳川吉宗を主人公にした時代劇は？

❶ 水戸黄門　❷ 暴れん坊将軍　❸ 銭形平次　❹ 必殺仕事人

8月13日

クイズの答え：② 吉宗が江戸で起きる事件を解決するというストーリーの時代劇。

8月14日（明治9年）

札幌農学校ができた日
西暦1876年8月14日

このあたり
1868 1912
明治時代

外国人の先生が日本の若者に「大志をいだけ！」と教えたよ

今の北海道大学につながる札幌農学校が開かれました。
教頭は「少年よ、大志をいだけ」という言葉で有名なクラーク博士でした。

クラークが教頭だった札幌農学校が開校した

現在の北海道大学は、この日に札幌農学校という名前で開校した。明治の初めごろ、外国の知識や技術を学ぶため、政府は「おやとい外国人」と呼ばれる人々を高い給料でやとっていた。札幌農学校で教頭先生（今の副校長先生）を務めたクラークもおやとい外国人の一人だった。クラークは科学だけでなく、キリスト教についても教え、キリスト教指導者の内村鑑三、農業経済学者の新渡戸稲造などを育てて立派にした。

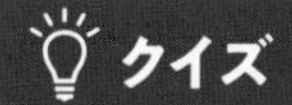
クイズ　クラークはどこの国の人？

❶ イギリス　❷ アメリカ　❸ フランス　❹ オランダ

クイズの答え：② アメリカ人。マサチューセッツ農科大学の学長だった。

8月15日（昭和20年）

第二次世界大戦が終わった日
西暦1945年8月15日

このあたり
1926　1989
昭和時代

長くてつらくて苦しい戦争がようやく終わった！

1939年9月1日から始まった第二次世界大戦。
この戦争は、日本が負けを受け入れたことで終わりました。

日本も戦った第二次世界大戦が終わった

第二次世界大戦で、1945年5月7日にドイツが降参したあと、負けそうになりながらもまだ戦っていたのは日本だけに。勝ちそうな国々は日本に降参するように伝えたけど、日本はこれを受け入れなかった。でも、8月6日に広島に、9日に長崎に原爆が落とされ、ソ連（今のロシア）が日本と戦い始めたことをきっかけに日本は負けを認めることを決めた。8月15日には昭和天皇の声でラジオを通して国民に終戦を伝えたんだ。

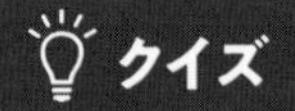
クイズ　8月15日の天皇の声によるラジオ放送を何という？

❶ 玉音放送　❷ 天声放送　❸ 終戦放送　❹ ポツダム放送

クイズの答え：① 玉音とは、天皇の声のこと。

8月16日 (永享10年)

永享の乱が起きた日
西暦1438年9月5日

このあたり
1336 1493
室町時代

なんでオレが将軍になれないの!?もう反乱を起こすしかない！

関東でトップの地位の足利持氏が、京都の室町幕府に対して不満を持ち、反乱を起こしましたが、持氏はあっさり負けてしまいました。

将軍になれなかった足利持氏が幕府に逆らった

京都にあった室町幕府は、関東を支配するために鎌倉に鎌倉府という役所をつくった。鎌倉府のトップである鎌倉公方の足利持氏は、将軍になれなかったことを不満に思い（足利義教がくじ引きで将軍に選ばれたこともおもしろく思っていなかった）、反乱を起こしたんだ。これが永享の乱。しかし、持氏側だった兵の多くが幕府についたので、持氏は負けてしまったんだ。持氏は幕府の軍に囲まれ、自殺してしまった。

最後に持氏がいた寺の名前は？

❶ 法隆寺　❷ 本能寺　❸ 浅草寺　❹ 永安寺

8月17日（治承4年）

源 頼朝が戦に向かった日
西暦1180年9月8日

794　1185　このあたり
平安時代

のちに鎌倉幕府をつくる源頼朝がついに戦へ！

父・源義朝が平清盛に負けてから約20年間、伊豆に流されていた源頼朝。その頼朝がついに平氏を倒すために立ち上がるときが来ました。

源 頼朝が平氏を倒すために戦うときが来た

私の父の源義朝が平清盛に負けてしまい（平治の乱）、私は伊豆に流されていた。約20年間、伊豆で過ごしていたが、ついに立ち上がるときが来た！　後白河法皇の皇子である以仁王様が「平氏を倒せ！」という命令を出したのだ。最初は負けたりもしたが、1185年ついに平氏をほろぼしたのだ。

平氏をほろぼした 源 頼朝

クイズ　島流しの20年間、頼朝は何をしていた？

① 絵を描いていた　② 剣の練習

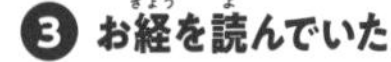

③ お経を読んでいた

④ 寝ていた

クイズの答え：③　亡くなってしまった源氏の一族のためにお経を読んでいたという。

8月17日

八月十八日の政変が起きた日
西暦1863年9月30日

8月18日（文久3年）

1603　1868　このあたり
江戸時代

お前らは危なすぎる！ 薩摩藩が長州藩を追放！

過激な尊王攘夷(※)派の長州藩(今の山口県)は朝廷に盛んに働きかけます。これを危ないと思った薩摩藩(今の鹿児島県)は、長州藩を朝廷から追い出しました。

長州藩を朝廷から追い出した八月十八日の政変

このころ、長州藩や公家（貴族）などの過激な尊王攘夷派の活動が激しくなると、孝明天皇が軍を連れて外国人や外国船を日本から追い払うために戦うという計画を立てたんだ。彼らの動きに危機感を持った薩摩藩は行動を起こした。薩摩藩は会津藩（今の福島県）などに協力してもらい、8月18日に兵を動かして、長州藩や公家たちを朝廷から追い出したんだ。これがこの日に起きた八月十八日の政変だよ。

※天皇を尊敬し、外国の勢力を追い払うという考え。

クイズ　このときの薩摩藩と会津藩の同盟を何と呼ぶか？

① 会薩同盟

② 薩会同盟

③ 薩会組

④ 鹿津会

8月18日

クイズの答え：② 1866年に薩摩と長州が結んだ同盟のほうは薩長同盟と呼ばれた。

8月19日 (天保3年)

ねずみ小僧が死刑になった日
西暦1832年9月13日

このあたり
1603 1868
江戸時代

有名な江戸の大どろぼうがついにつかまってしまった

映画やドラマの主人公にもなっている、江戸時代のどろぼうのねずみ小僧。ついにつかまり、死刑になってしまいました。

有名などろぼう、ねずみ小僧が死刑になった

江戸の町をさわがせた、大どろぼうのねずみ小僧もついにつかまって、死刑になっちまった。オレは死んだあとに歌舞伎や映画、ドラマの主人公になったらしいな。金持ちからぬすんだ金を、金がなくて困っている貧しい人たちに配ったいいどろぼうってことになってるそうだけど、オレ、そんなことしたっけ？

大どろぼうのねずみ小僧

クイズ　ねずみ小僧と呼ばれた理由は？

❶ 外見　❷ 動き　❸ におい　❹ 好きな食べ物

クイズの答え：② ねずみのように動きがすばやかったので、ねずみ小僧と呼ばれた。

8月20日 （仁治2年）

藤原定家の命日
西暦1241年9月26日

このあたり 1185 1333 鎌倉時代

今もみんなが知ってる百人一首を選んだ、和歌のすごい人

上皇の命令で短歌の歌集を作ったり、今も残る『小倉百人一首』を選んだりした藤原定家。彼自身もすぐれた歌人でした。

百人一首を選んだ藤原定家が亡くなった

公家（貴族）の藤原定家が、この日に亡くなった。定家はすぐれた短歌をよむ歌人で、後鳥羽上皇の命令で『新古今和歌集』という歌集も作ったよ。『新古今和歌集』は、さまざまな歌人の短歌を集めたもの。定家をふくめて６人で歌を選んでいて、定家自身の歌も収録されているよ。また、百人一首にはいくつかの種類があって、いちばん有名な『小倉百人一首』も定家が歌を選んで作ったものなんだ。

クイズ　『小倉百人一首』の「小倉」とは何のこと？

❶ 小さな倉　❷ 小倉山　❸ 小倉町　❹ 小倉氏

クイズの答え：② 京都の小倉山という山にある小倉山荘という別荘で定家は歌を選んだ。

生麦事件が起きた日
西暦1862年9月14日

8月21日（文久2年）

このあたり
1603 1868
江戸時代

薩摩藩のサムライがおこって イギリス人をきっちゃった

日本が開国してから、多くの外国人が日本に来るようになりました。そんな時代に、武士が外国人を殺してしまう生麦事件が起きました。

薩摩藩の武士がイギリス人をきり殺した生麦事件

薩摩藩（今の鹿児島県）の島津久光が江戸から帰る途中、生麦村（今の神奈川県横浜市鶴見区）を通った。久光の行列は馬に乗ったイギリス人4人と出会ったんだ。4人は行列とすれちがおうとしたけど、それができずに引き返そうとして行列の中で動き回ってしまう。これにおこった薩摩の武士がきりかかり、1人が死に、2人が重いけがを負った。この生麦事件がきっかけとなり、薩摩はイギリスと戦争して負けてしまったんだ。

クイズ 生麦事件がきっかけで起きた薩摩とイギリスの戦争は？

❶ 日英戦争 ❷ 英日戦争 ❸ 英薩戦争 ❹ 薩英戦争

クイズの答え：④ 1863年7月2日～4日に薩摩藩で起こった。

新橋ー品川間に路面電車が走った日
西暦1903年8月22日

8月22日 (明治36年)

このあたり
1868 1912
明治時代

馬車から電車に変わったけど運賃の値上げはイヤだなぁ～

それまでは、馬車で運行していた路面鉄道でしたが、やっと電気で動く車両「電車」が使われるようになりました。

3つのまちがいを探せ

8月22日

住民の苦情を解決！ 新橋と品川の間に路面電車が開通

東京では、明治の初めから乗合馬車の運行が始まり、馬車鉄道で多くの市民が便利に移動できるようになった。そのころには、馬の数も2000頭に増えていたんだって。でもフンが道に落ちていたり、砂ぼこりがひどくて近所の住民は困っていた。そこで「東京馬車鉄道」という会社が「東京電車鉄道」と名前を変え、新橋と品川の間で路面電車を走らせ始めた。わずか1年ですべての路線が電車になって、馬車は使われなくなったよ。

おまけ

3年後、東京市内の電車賃が3銭から5銭に値上げされようとしたとき、一部の市民が反対して暴動が起きました。結局、運賃は4銭に値上げされました。

まちがい探しの答え： ①飛んでいるもの ②電車の後ろ ③手前の動物

8月23日（慶応4年）

白虎隊が自殺した日
西暦1868年10月8日

このあたり
1603 1868
江戸時代

会津藩の少年による白虎隊が悲しい最期をむかえた…

明治政府と旧江戸幕府の戦いの中で、幕府側だった会津藩（今の福島県）の白虎隊が悲しい最期をむかえます。16～17歳の少年たちの隊でした。

少年たちの白虎隊が自ら命を絶った

新政府軍と旧幕府軍が戦う戊辰戦争のときに、幕府側の会津藩は軍の組織をつくり直した。その中でつくられた白虎隊は16～17歳の男子の隊だった。白虎隊は戦わない予定だったけど、会津に新政府軍がせまると出陣の命令が出されたんだ。白虎隊が戦いに敗れて飯盛山に後退したところ、鶴ヶ城（若松城）のほうからけむりが上がった。城が攻め落とされたと思い込んで絶望した隊員たちは、自殺してしまったんだ。

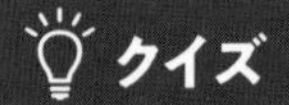

クイズ 会津藩はどこの国を参考に軍の組織をつくり直したのか？

① アメリカ　② イギリス　③ オランダ　④ フランス

クイズの答え：④　白虎隊の隊員たちもフランス式の訓練を受けていた。

8月24日 （文禄3年）

石川五右衛門がかまゆでにされた日

西暦1594年10月8日

このあたり 1573 1603

安土桃山時代

あっちっち！ 大どろぼうが大きいかまでゆでられた！

豊臣秀吉の時代に世間をさわがせた、大どろぼうの石川五右衛門が捕まって、かまゆでの刑で殺されてしまいました。

石川五右衛門は歌舞伎や映画などでも取り上げられているが、実在しなかったという説もある。

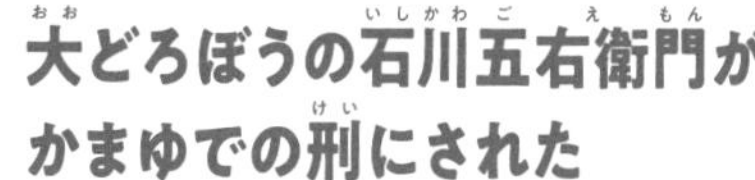

大どろぼうの石川五右衛門がかまゆでの刑にされた

大どろぼうだったオレもついに捕まって、京の三条河原でかまゆでの刑にされたが、そのときにオレは辞世の歌（※）をよんだんだ。「石川や浜の真砂は尽きるとも世に盗人の種は尽きまじ（海辺の砂がなくなることがあっても、世の中からどろぼうがいなくなることはない）」。どうだ、かっこいいだろう！

※死ぬ前によむ短歌のこと。

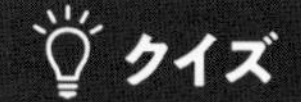

クイズ 石川五右衛門の名前がついたものは？

❶ かさ　❷ 風呂　❸ 刀　❹ げた

クイズの答え：② 下で火を燃やして温めるものを、五右衛門風呂と呼ぶ。

日本に初めて鉄砲が伝わった日
西暦1543年9月23日

このあたり
1493 1573
戦国時代

8月25日（天文12年）

島に流れ着いたポルトガル人は秘密兵器の鉄砲を持っていた！

戦国時代から日本でもたくさん使われるようになった鉄砲。ポルトガル人が種子島に持ってきたことで、日本で広まりました。

ヨーロッパから日本に鉄砲が伝わった

1543年8月25日に、種子島に1せきの船が流れ着いた。明（今の中国）の船で、そこにはポルトガル人が乗っていたんだ。ポルトガル人は日本と商売をしたいと考えていて、島の主の種子島時尭はポルトガル人が持っていた鉄砲を買ったんだ。このようにして鉄砲が伝わったことを「鉄砲伝来」というよ。このときから、各地の戦国大名たちに鉄砲が広まったんだ。鉄砲は「種子島」と名づけられたんだって。

クイズ 種子島は日本のどこにある？

❶ 鹿児島県　❷ 沖縄県　❸ 島根県　❹ 新潟県

クイズの答え：① 現在は宇宙センターがあるところとしても有名。

8月26日

(保元元年)

源 為朝が伊豆大島に流された日

西暦1156年9月12日

このあたり

794 1185

平安時代

残念！ 作戦がわかってもらえず最強の武士でも負けてしまった

戦に強かった源為朝でしたが、保元の乱(※)では源氏が考えた作戦が受け入れてもらえず負けてしまい、島流しにされてしまいました。

為朝は九州でも勢力を伸ばすほど戦に強かったが、保元の乱では、父・為義の作戦が受け入れられず負けてしまった。

最強の武士だったが負けてしまい伊豆大島に島流しにされた

源 為義（源 頼朝の祖父）の8男のオレ、為朝は暴れ者だったから、京を追い出されて九州に住むことになった。九州でも暴れまわっていたオレは、また京に呼び戻されたんだ。1156年の保元の乱では、父といっしょに崇徳上皇の側について戦ったが、負けてしまい、伊豆大島に流されることになってしまったんだ。

※天皇親子の権力争いがきっかけで起こった内乱。

 クイズ

為朝が得意だった武器は？

① やり　② 短刀　③ オノ　④ 弓

8月26日

クイズの答え：④ 弓の名人として有名だった。

8月27日 (天智天皇2年)

白村江の戦いが起きた日
西暦663年10月4日

このあたり
593 710
飛鳥時代

日本・百済vs.唐・新羅という タッグマッチが行われた！

唐（今の中国）が朝鮮半島に進出。朝鮮半島の百済は、交流があった日本に助けを求めます。日本は軍を送り、白村江の戦いが始まりました。

日本が大国・唐と戦った、白村江の戦い

当時の朝鮮半島には高句麗、百済、新羅という国があった。高句麗と百済と敵対する新羅は、朝鮮半島を攻めてきた唐に味方したんだ。百済の生き残りは、交流のある日本に助けを求めてきた。日本にとっては海外進出のチャンスだったので、日本・百済のチーム対唐・新羅のチームという白村江の戦い（白村江は朝鮮半島の南西部）が始まったよ。でも、唐・新羅が勝ち、百済はほろんでしまったんだ。

クイズ 高句麗はどうなった？

❶ 新羅に勝った　❷ 唐に勝った　❸ ほろんだ　❹ 日本と戦った

クイズの答え：③　668年に唐と新羅の連合軍に負けて、ほろんでしまった。

後白河法皇による東大寺の開眼供養の日
西暦1185年9月23日

8月28日

（文治元年）

このあたり
794 1185
平安時代

めでたい！ 戦で焼かれた大仏様がよみがえった！

今も有名な奈良の大仏は源氏と平氏の戦いで焼かれてしまいました。再びつくられた大仏には盛大な儀式で目が入れられました。

焼かれた大仏様がよみがえったので、目を入れた

仏像に筆で目をかいて、仏像にたましいを入れることを「開眼供養」というよ。752年に奈良の東大寺の大仏で行われたものが有名だよ。でも、源氏と平氏の戦いのなかで、1180年に平重衡（平清盛の息子）が奈良を攻めたときに東大寺などが焼かれてしまい、大仏も焼けてしまったんだ。源頼朝の協力で東大寺がよみがえり、5年後に後白河法皇によって再び盛大な大仏の開眼供養が行われたんだ。

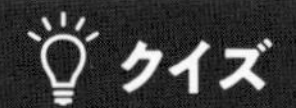

クイズ 奈良の大仏はその後も焼かれている。だれが焼いた？

❶ 豊臣秀吉　❷ 織田信長　❸ 徳川家康　❹ 松永久秀

クイズの答え：④　1567年に戦国大名の松永久秀が戦いの中で焼いた。

8月29日

(明治43年)

韓国併合が行われた日
西暦1910年8月29日

1868 1912 このあたり
明治時代

韓国併合が行われて朝鮮半島が日本の領土に！

この日に日本は韓国を自分の領土にしました。
日本による韓国の支配は、第二次世界大戦で日本が負けるまで続きました。

日本が朝鮮半島を自分の領土にした

朝鮮は長いこと中国の影響下にあったけど、日清戦争のあとはロシアに守ってもらうことを選んだよ。でも、日露戦争でロシアに勝った日本は、大韓帝国（※）に対する保護権を手に入れて、韓国を自分の保護国（※）としたんだ。その後、韓国は外交権や内政権を失い、この日の韓国併合によって日本の領土になってしまったんだ。日本による支配は、第二次世界大戦に日本が敗れるまで続いたよ。

※1897年に朝鮮から大韓帝国になった。大韓帝国は大韓国、韓国とも呼ばれた。
※ある国から守られている国。

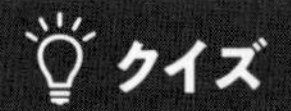

クイズ 1910年8月29日に出された条約は？

① 韓国併合ニ関スル条約　② 日韓合併条約　③ 日韓合同条約　④ 韓合邦に対する条約

クイズの答え：① 8月22日に調印されて、29日に出された。

8月30日 (昭和20年)

マッカーサーが厚木に到着した日
西暦1945年8月30日

このあたり
1926 1989
昭和時代

日本の敗戦から2週間後 マッカーサーがやってきた！

戦争が終わり、日々の生活と将来に日本人が不安を感じていたとき、戦勝国軍のトップであるマッカーサー最高司令官が厚木基地に着きました。

クイズ

連合国軍最高司令官総司令部をアルファベットで表すと？

❶ NHK
❷ JAF
❸ GHQ

8月30日

パイプをくわえた司令官、マッカーサーが厚木に到着

トレードマークのパイプをくわえ、サングラスをかけた軍服姿のマッカーサー最高司令官が厚木飛行場に到着した映像はとても有名。タラップ(階段)の上で立ち止まり、周囲をぐるりと見まわす様子を「歌舞伎役者のようだった」と書いた新聞記者もいたよ。マッカーサーは昭和天皇とも会談した。2人が並んでとった写真で、後ろのポケットに手を入れて立つマッカーサーの姿は当時の日本人にはショックだったみたいだよ。

おまけ

マッカーサーが厚木に到着したときにかぶっていたトレードマークのぼうしはフィリピン軍のもので、アメリカ軍の規則では禁止されていました。

クイズの答え：③　General Head Quarters(連合国軍最高司令官総司令部)の略。正式な文書などではSCAPが使われた。

8月31日 (明治12年)

大正天皇の誕生日

西暦1879年8月31日

このあたり

1868 1912

明治時代

明治天皇の子として生まれた大正天皇は気さくな性格だった

明治天皇の子として大正天皇が生まれました。
大正天皇は、天皇になると重い病気に苦しみました。

14年間と、日本史のなかでいちばん短いのが大正時代

明治天皇の皇子として、大正天皇が生まれた。皇太子として日本各地を訪れ、気さくな性格だったので市民にも気軽に声をかけたというよ。1912年に明治天皇が亡くなると、新しい天皇になった。でも、幼いころから病弱だった大正天皇は病気で体調をくずすようになったんだ。1921年には裕仁親王（のちの昭和天皇）が摂政（※）となって、大正天皇は天皇の仕事を休むようになり、1926年に亡くなったんだ。

※天皇にかわって政治を行う役目の人のこと。

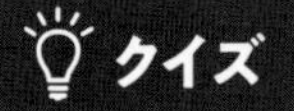

大正天皇が訪問した外国は？

① 韓国　② フランス　③ アメリカ　④ ロシア

クイズの答え：① 1907年に大韓帝国（今の韓国）を訪問している。

9月1日 (大正12年)

関東大震災が起きた日
西暦1923年9月1日

1912 1926 このあたり
大正時代

マグニチュードは7.9の大地震！おそろしいのは火事とデマ

関東大震災では地震よりも、火災による死者が多く出ました。地震発生が、お昼ごはんを作る時間帯だったことも原因のひとつです。

3つのまちがいを探せ

「防災の日」にも指定されている、関東大震災が発生した日

正午直前の11時58分、神奈川県北西部を震源とする大地震が発生した。昼食の準備で火を使う家庭や店が多かったので、東京や横浜では、倒れた建物から火災が広がった。台風で風も強かったそうだ。また、朝鮮人が井戸に毒を入れているというデマ（ウソの情報）が広がり、多くの朝鮮人が殺されるというおそろしい事件も起きた。まだラジオ放送がなく、正しい情報を得るのが難しかったのかもしれないね。

おまけ

関東大震災では10万人以上が死亡したとされています。ほとんどは東京と神奈川の人です。震災をきっかけに大阪や愛知に移住する人も多くいました。

9月1日

まちがい探しの答え：①煙の形　②左側の人の荷物　③右側の人の着物

9月2日（建仁3年）

比企の乱が起こった日
西暦1203年10月8日

このあたり
1185 1333
鎌倉時代

ライバルの比企氏を北条氏がほろぼしちゃった！

比企氏を倒した北条氏は、源実朝を裏であやつって
執権政治（※）のきっかけをつくりました。

北条氏が比企氏を倒して、執権政治を始めた

初代鎌倉幕府将軍の源頼朝が死んだあと、比企氏は第２代将軍・頼家を助けて、幕府の中で強い力を持っていたんだ。頼家の弟・実朝を将軍にして権力をにぎろうと考えていた北条時政は、比企能員を家に招いて殺し、比企氏をほろぼしてしまったんだよ。比企氏がいなくなったあと、北条氏は第３代将軍になった実朝を自分の思うように動かし、強い力を手に入れたんだ。

※執権は将軍を助ける重要な役職。その人が将軍にかわって政治をすること。

クイズ 鎌倉幕府があったのは、今の何県？

❶ 静岡県　❷ 奈良県　❸ 神奈川県　❹ 山梨県

クイズの答え：③　今の神奈川県鎌倉市雪ノ下にあった。

9月3日（寛政4年）

ラクスマンが根室にやってきた日
西暦1792年10月18日

このあたり
1603　1868
江戸時代

ざんね〜ん！　せっかくロシアからやってきたのに……

ロシア皇帝の命令で、根室にやってきたラクスマン。
日本にロシアとの貿易を求めましたが、幕府は受け入れませんでした。

ロシアの使いが江戸幕府に貿易を申し入れてきた！

私はラクスマン。ロシアの使節（※）だよ。あらしでロシアに流れ着いた大黒屋光太夫たちを日本に帰すため、国王の命令で根室にやってきたんだ。そのとき江戸幕府に「ロシアと貿易をしましょう」ってお願いしたら、老中・松平定信に「貿易はダメ」って言われちゃったんだよ。

アダム・ラクスマン

※国の代表として外国に行く人のこと。

クイズ　ラクスマンは何に乗って日本に来た？

① 飛行機　② 自動車　③ 馬　④ 船

クイズの答え：④　エカテリーナ号という船に乗って海を渡ってきた。

9月4日

（平成6年）

関西国際空港が開港した日

西暦1994年9月4日

このあたり

1989　2019

平成時代

世界で初めて海の上に空港ができたよ！

関西国際空港は、大阪湾の人工の島に作られた世界初の海上空港。
日本を代表する国際空港のひとつになっています。

西日本の玄関口・関西国際空港が開港した

この日、大阪湾の泉州沖、5キロメートルのところに関西国際空港が開港したんだ。この空港は、世界で初めて人工島に作られた本格的な海上空港だよ。関西には兵庫県伊丹市に大阪国際空港（伊丹空港）があるんだけど、そう音の問題などがあって、飛行機の本数を増やすことが難しかったんだ。関西国際空港は、まわりに家や施設がないから、1日24時間、いつでも飛行機の発着ができて便利なんだよ。

関西国際空港がある島は何と呼ばれている？

❶ 天空島　❷ 関空島　❸ 空港島　❹ 大阪島

クイズの答え：② 関西国際空港を縮めて「関空島」と呼ばれている。

9月5日（明治38年）

ポーツマス条約にサインした日
西暦1905年9月5日

このあたり
1868 1912
明治時代

やった〜！ 日露戦争でロシアに勝っちゃった!?

日本とロシアが戦った日露戦争は、ポーツマスで講和条約（※）が結ばれて終わりました。この条約で日本は、ロシアにいろいろな要求を認めさせました。

ポーツマス条約が結ばれ、日露戦争が終わった日

この日、日本からは小村寿太郎、ロシアからはウィッテたちが参加して、ポーツマスという場所で会議が行われ、明治37年（1904年）から始まった日露戦争の講和条約が結ばれたんだ。この日露講和条約のことをポーツマス条約と呼んでいるんだよ。ポーツマス条約では、日本はロシアから樺太（サハリン）の南半分や南満州鉄道などをゆずりうけた。その後、日本が大陸へ勢力を広げていったんだよ。

※戦争を終わらせるために国と国が結ぶ取り決めのこと。

クイズ ポーツマスは、どこの国の都市？

① アメリカ　② 日本　③ 中国　④ インド

9月5日

クイズの答え：① ポーツマスは、アメリカのニューハンプシャー州にある都市。

9月6日（寛永元年）

豊臣秀吉の妻・高台院（ねね）の命日
西暦1624年10月17日

このあたり 1603 1868
江戸時代

天下人の豊臣秀吉の妻 高台院が亡くなった日だよ

ねねは秀吉を名もない若者だったころから支えつづけてきた人物。
秀吉が亡くなってからは高台院と名乗りました。

徳川家康は、ねねのために京都東山に高台寺を建てた。多くの大名や文化人が、ねねを訪ねてきたという。

秀吉が亡くなってからは京都のお寺で静かに暮らしたの

私は豊臣秀吉の正室（※）・ねねよ。夫の秀吉が関白（※）になってからは「北政所」という名前を、秀吉が亡くなって仏教の道に入ってからは「高台院」という名前を朝廷からもらったの。大坂の陣で豊臣家がほろんでからも、徳川幕府とは仲よくしていて、大切にされていたのよ。

※正式な妻のこと。※天皇を助ける大事な役割。

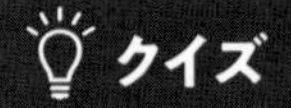

クイズ　大坂の陣で豊臣家と戦ったのは？

① 織田信長　② 明智光秀　③ フランシスコ・ザビエル　④ 徳川家康

クイズの答え：④　徳川家康を指揮官とした幕府軍が、豊臣秀頼と戦って豊臣家をほろぼした。

9月7日 (安政5年)

梅田雲浜が逮捕された日
西暦1858年10月13日

このあたり
1603 1868
江戸時代

あれれ？　ぼくが捕まって安政の大獄が始まったの!?

幕府のやり方に反対する人たちがばっせられた安政の大獄。
きっかけになったのは、梅田雲浜が捕まったことでした。

梅田雲浜が幕府に捕まり、安政の大獄が始まった

梅田雲浜は、小浜藩（今の福井県）出身の学者だよ。開国した江戸幕府のやり方に激しく反対して、尊皇攘夷（※）という考えを広めていたんだよ。このころ、将軍を助ける役目である大老の井伊直弼は、幕府に反対する人たちを捕まえて、きびしく責めたてたんだ。これが安政の大獄だよ。そのきっかけになったのが、この日の雲浜の逮捕だった。雲浜もきびしい取り調べを受け、翌年に病気で死んでしまったんだ。

※天皇を尊敬し、外国の勢力を日本から追い払うという考え。

クイズ　安政の大獄で死刑になったのは？

① 聖徳太子　② 松尾芭蕉　③ 武田信玄　④ 吉田松陰

クイズの答え：④　そのほかに、越前福井藩（今の福井県）の家来だった橋本佐内など、数名が処刑された。

9月8日 (明治元年)

元号が明治になった日
西暦1868年10月23日

このあたり
1868 1912
明治時代

新しい元号は…、はい！ コレ！ 平成、昭和、大正の前は？

この日、元号が明治と改められました。
同時に、一世一元の制という天皇の命令が出されました。

クイズ

明治という元号はどのような方法で決められた？

❶ 学者の投票

❷ 皇族の会議

❸ 天皇のくじ引き

9月8日

元号をコロコロ変えるのはもう古い！

天皇陛下は、その位に就くための儀式が終わった夜、自分でくじを引いたんだって。その結果、新しい元号は明治と決まった。「天下が〈明〉るい方向に向かって〈治〉まる」という意味だよ。同時に、天皇の在位中は元号を変えないという新しいルールを決めた。それまでは、めずらしい自然現象や災害が起きるたびに元号を変えるのが当たり前だったんだ。ちなみに明治という元号はこれまで10回も候補になっていたんだって。

おまけ

改元が発表されたのは古い暦の9月でしたが、この年は1月1日にさかのぼって明治元年とすることになりました。

クイズの答え：③ 改元前日の夜、学者が出した候補の中から、天皇がくじを引いて決めた。

ここの
9月9日

(明治4年)

正午を知らせる午砲が始まった日
西暦1871年10月22日

このあたり
1868 1912
明治時代

時計のかわりにお昼を知らせるドーン!

正午を知らせるために鳴りひびく、大砲の音。
人々には「ドン」と呼ばれて、親しまれていました。

お昼になると大砲の「ドン」という音が鳴るようになった

この日、明治政府が午砲の制という制度をつくった。午砲とは、正午を知らせるために打つ大砲のこと。全国各地に大砲を備えた「午砲台」を設置し、正午に空砲(弾をこめずに打つこと)を一発打つことにしたんだ。そのころ時計を持っているのは、お金持ちだけだったので、ふつうの人はお昼の時刻を知ることができなかった。ドーンという音から、午砲は「ドン」と呼ばれ、大正11年(1922年)まで続いたよ。

クイズ 江戸時代、人々は何の音で時刻を知っていた?

① お寺のかねの音　② ニワトリの鳴き声　③ ほら貝をふく音　④ 役人のかけ声

クイズの答え:① 時刻を知らせるために、朝・昼・晩とかねを鳴らしていた。

9月10日（嘉吉元年）

赤松満祐が自殺した日
西暦1441年9月25日

このあたり
1336　1493
室町時代

将軍が暗殺されちゃった！犯人の武将は戦いに敗れて自殺！

室町幕府の将軍・足利義教を暗殺した武将・赤松満祐。
自分の土地に逃げ帰ったけど、幕府軍に攻められ、自殺してしまいました。

9月10日

将軍・足利義教を殺した赤松満祐が刀で自殺した

室町幕府の第６代将軍・足利義教と対立していた赤松満祐は、合戦に勝ったお祝いと言って義教を家に招いて、暗殺してしまったんだ。この事件を嘉吉の乱というんだよ。幕府は義教の子の義勝を新しい将軍にして、武将の山名持豊を中心に幕府軍をつくって、満祐を攻めた。満祐は支配している播磨（今の兵庫県西部）に逃げたけれど、幕府軍に敗れて自分で命を絶ってしまったんだ。

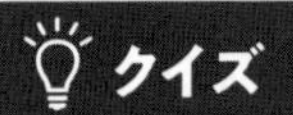

クイズ　足利義教は、将軍になる前は何をしていた？

❶ 農民　❷ 商人　❸ おぼうさん　❹ 能楽師

クイズの答え：③　義円という名前の天台宗のえらいおぼうさんだった。

9月11日

(明治33年)

公衆電話が初めて設置された日

西暦1900年9月11日

このあたり

1868 1912

明治時代

19世紀最後の年、東京に初めて公衆電話が設置されました。
携帯電話が当たり前になった今も、公衆電話は重要な役割を持っています。

最初は不人気…東京に初めて公衆電話が設置された日

東京で初めて町に電話機が設置された場所は、上野駅と新橋駅。当時は自動電話という呼び名で、公衆電話と呼ぶようになったのは大正の終わりのころ。最初は5分間で15銭（今だと約2000円）と通話料が高く、利用する人は少なかったけど、しだいにあちこちに置かれるようになり、使う人も増えたんだ。今は携帯電話があるので数は減ったけど、災害時には優先的につながるので、ある場所を知っておくと役に立つよ。

おまけ

昭和59年（1984年）ごろ、公衆電話の数がピークに達し、全国に約100万台がありました。現在は約15万台まで減っています。

まちがい探しの答え： ①公衆電話の中 ②手前の動物 ③左手に持つもの

9月12日 (大同5年)

藤原薬子が自殺した日
西暦810年10月13日

このあたり
794 1185
平安時代

薬子の変に失敗して、藤原薬子が毒を飲んだ!

平城上皇と嵯峨天皇の対立から始まった薬子の変。
平城上皇を天皇にしようとして失敗した藤原薬子は、命を絶ちました。

9月12日

平城上皇が天皇になる道を閉ざされ、藤原薬子が自殺

弟の嵯峨天皇に天皇の位をゆずって、平城京に居場所を移した平城上皇。そばで上皇のお世話をしていた藤原薬子たちは、もう一度平城上皇を天皇にして権力を持とうとしたんだ。平城上皇は、平城京に都を移して兵を集めようとしたけど、嵯峨天皇の兵が守りを固めていることを知って、天皇になることをあきらめたんだ。薬子は毒を飲んで自殺。平城上皇は平城京に戻り、かみをそって出家(※)したんだよ。

※これまでの生活を捨てて、仏教の修行をすること。

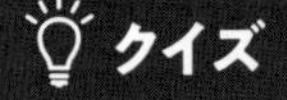
クイズ　平城京があった都道府県は?

① 奈良県　② 京都府　③ 東京都　④ 大阪府

クイズの答え:① 今の奈良県奈良市、大和郡山市に平城京があった。

9月13日

(天正15年)

豊臣秀吉が聚楽第に移った日

西暦1587年10月14日

このあたり

1573 1603

安土桃山時代

金ピカのチョ～豪華な屋敷を建てちゃった!

豊臣秀吉が京都に聚楽第という豪華な建物を建てて移り住みました。たった8年でこわしてしまったので「まぼろしの城」と呼ばれています。

秀吉が「まぼろしの城」と呼ばれる聚楽第に移った日

聚楽第は、関白(※)になった豊臣秀吉が政治をする場所と自宅として建てた建物なんだ。かわらにはすべて金ぱくがはられていて、とても豪華だったんだよ。秀吉が聚楽第に引っ越してきたのは、島津氏を倒して九州が安定したころ。秀吉自慢の建物だったんだけど、秀吉がおいの秀次に関白の地位をゆずったあとは、秀次のものになったんだ。その後、秀次が切腹すると、秀吉は聚楽第をこわしてしまったんだよ。

※天皇を助ける大事な役割。

クイズ 秀吉が建てた城はどれ?

① 江戸城 ② 安土城 ③ シンデレラ城 ④ 大坂城

クイズの答え:④ 今の大阪府大阪市にある大阪城は、昭和時代に新しく建て替えられた城。

9月14日 (明治33年)

津田梅子が津田塾を開いた日
西暦1900年9月14日

このあたり
1868 1912
明治時代

日本初の女子留学生・津田梅子が女子英学塾を開いた日

岩倉使節団の最年少のメンバーとして、アメリカに渡った津田梅子。帰国後は、日本の女性のための学校をつくることに力をつくしました。

女性の地位を高めるために学校を創設

私は津田梅子。明治時代初期、6歳のとき岩倉使節団としてアメリカに渡ったの。アメリカで教育を受けた私は、11年後に帰国したんだけど、そのころの日本の女性の地位が低いことにびっくり。そこで、「女子英学塾（現在の津田塾大学）」という学校を開いたのよ。

津田塾を開いた津田梅子

クイズ 岩倉使節団のリーダーだったのは？

① 岩倉具視　② 勝海舟　③ 坂本龍馬　④ 近藤勇

クイズの答え：① 政治家の岩倉具視がリーダーとなり、アメリカやヨーロッパを回った。

9月15日 (慶長5年)

関ケ原の戦いが起こった日
西暦1600年10月21日

このあたり
1573 1603
安土桃山時代

戦う前から勝敗はついていた？ すぐ終わった東西決戦だぁ！

豊臣秀吉の死からわずか2年後、徳川家康が天下を目指して動き始めます。豊臣家を守ろうとする武将たちとの最終決戦が関ケ原の戦いです。

クイズ

関ケ原の戦いは開戦から終戦までどのくらいかかった？

❶ 6日
❷ 6時間
❸ 6週間

秀吉亡きあとの天下人はだれだ！ 関ケ原の戦いが起こった日

豊臣秀吉が亡くなり、残された遺書には徳川家康をはじめとした5人の大名「五大老」にあてて、「息子の秀頼を支えてほしい」と書かれていた。しかし家康はこれを無視！ 石田三成を中心とした豊臣派を倒す準備を進めていたんだ。一方で、三成も家康が戦いで留守中に、味方を集め西軍として関ケ原に集まった。家康が戻り、東軍が朝8時に戦いを始めると、6時間足らずで西軍は敗れたんだって。

おまけ

西軍の総大将は三成ではなく、毛利輝元でしたが、すぐに降参してしまいます。三成は数日後、東軍に捕まり殺されてしまいました。

クイズの答え：② 戦いの様子はさまざまに伝わっているが、1日のうちに終わったようだ。

9月16日（明治10年）

モースが「大森貝塚」の発掘を始めた日
西暦1877年9月16日

このあたり
1868　1912
明治時代

わ〜い！ 貝塚を掘ったら土器や石器がザックザク！

アメリカの学者・モースは、電車の窓から大昔の貝塚を見つけ、日本で初めて貝塚の調査を行いました。

大森貝塚は「日本考古学発祥の地（日本の考古学が始まった場所）」と呼ばれ、遺跡庭園になっている。

るんるん♪
貝がいっぱい出てきたよ

アメリカの学者・モースが、日本で初めて貝塚を調査

私はアメリカの学者・モースだよ。今もある大森駅（東京都大田区）の近くで貝塚を見つけたんだ。これが「大森貝塚」だよ。この日、私は日本の学生たちと調査を始めたんだ。日本で初めての貝塚の学術調査（※）で、貝以外にも動物の骨や土器、石器などいろいろなものが見つかったんだよ。

エドワード・S・モース

※研究のために行われる調査。

クイズ 貝塚とは、大昔のどんなところ？

① サッカー場　② 学校　③ おふろ　④ ごみ捨て場

クイズの答え：④ 貝塚は、貝だけでなく石器や土器なども捨てられた大昔のごみ捨て場。

9月17日（平成14年）

日朝平壌宣言が発表された日
西暦2002年9月17日

このあたり
1989　2019
平成時代

初めて北朝鮮と首脳会談をして宣言を発表したよ

小泉首相と北朝鮮の金正日総書記が共同で日朝平壌宣言を発表。国交正常化交渉や拉致問題の解決などが盛りこまれました。

日本と北朝鮮が日朝平壌宣言を発表

この日、日本の小泉純一郎首相が北朝鮮の平壌を訪れ、金正日総書記と初めての日朝首脳会談を行った。そこで交わしたのが、日朝平壌宣言だよ。宣言では、日本と北朝鮮が外交関係を持つための話し合いをすること（日朝国交正常化交渉）や、日本が過去に植民地支配していたことの反省やおわびをすること、北朝鮮はふたたび日本人の拉致問題（※）が起こらないよう、適切な手続きをとることなどが発表されたんだ。

※北朝鮮のスパイなどによって日本人が連れ去られて、まだ解決していない事件。

クイズ 北朝鮮の正しい国名は？

① 朝鮮民主主義人民共和国　② 中華人民共和国　③ アメリカ合衆国　④ 大英帝国

クイズの答え：① 韓国と中国の間にある国で、首都は平壌。

9月18日 （正長元年）

正長の土一揆が起きた日
西暦1428年10月26日

このあたり 1336 1493 室町時代

借金がゼロになるまであばれちゃうぞ～！

正長の土一揆は、不作や病気に苦しんだ農民たちが起こした反乱。幕府は禁止令を出して、一揆をしずめようとしました。

京都や奈良で、農民たちが土一揆を起こした

土一揆は、農民や馬借（馬を使った運送業の人）などが起こした暴動のことだよ。この日、京都や奈良の農民たちが、徳政令（借りているお金を返さなくていいという法律）を求めて一揆を起こし、酒屋や土倉（※）、寺院などをおそったんだ。これが正長の土一揆だよ。この年は作物が不作だったり、悪い病気がはやったりして、農民たちはとても困っていたんだ。室町幕府は土一揆の禁止令を出して、ようやくしずめることができたんだよ。

※当時、高い利息でお金を貸していたお金持ちのこと。

クイズ　室町幕府を開いたのは？

① 源　頼朝　② 足利尊氏　③ 徳川家康　④ 織田信長

クイズの答え：② 足利幕府ともいって、初代将軍の足利尊氏から15代まで続いた。

9月19日

（元亨4年）

正中の変が起きた日
西暦1324年10月7日

このあたり
1185 1333
鎌倉時代

しまった〜！
幕府を倒す計画がバレちゃった！

天皇中心の政治をしようと考えていた後醍醐天皇。
鎌倉幕府を倒す仲間を集めますが、バレて失敗してしまいました。

後醍醐天皇の幕府を倒す計画が失敗した日

幕府の政治のやり方に不満を持っていた後醍醐天皇は、朝廷に力をとり戻そうと、貴族たちと幕府を倒す計画を立てていたんだ。天皇の側近だった日野資朝たちは、宴会を開くフリをして仲間を集めていたんだよ。ところが、計画が鎌倉幕府にバレちゃって、計画に加わった貴族たちはばっせられた。これが正中の変だよ。追及をのがれた後醍醐天皇は、また幕府を倒す作戦を立てるんだ。

クイズ 鎌倉時代、幕府で執権として力を持っていたのは？

❶ 源氏　❷ 平氏　❸ 藤原氏　❹ 北条氏

クイズの答え：④　将軍の補佐をする執権は、14代にわたって北条氏が務めていた。

9月20日（明治44年）

国産飛行船が東京の空を飛んだ日
西暦1911年9月20日

このあたり
1868 1912
明治時代

飛行船が東京の空を飛んだのを記念したのが空の日

9月20日は空の日。そのもとになったのは、山田猪三郎の国産飛行船が、東京の空を飛んだ日でした。

国産飛行船が東京の空を飛んだ日

私は山田猪三郎。ゴム製の救命具を作ったこともある私は、その技術を生かして飛行船の開発をすることにしたんだ。開発した飛行船は、1910年に初飛行に成功。翌年9月には、東京上空を1時間ほど飛行したんだ。これを記念してつくられた「航空の日」が、今の「空の日」のもとなんだよ。

山田猪三郎

クイズ 山田猪三郎が、飛行船の前にゴムで作っていたのは？

① 気球　② 飛行機　③ 自動車　④ ロケット

クイズの答え：① 山田猪三郎は、飛行船作りをする前に軍用の気球を作っていた。

9月21日 (文久3年)

武市瑞山(半平太)が投獄された日
西暦1863年11月2日

このあたり
1603　1868
江戸時代

土佐勤王党がみんなろうやに入れられちゃった!

仲間といっしょに、天皇中心の世の中をつくろうとしていた武市瑞山。土佐藩の藩主だった山内容堂の命令で、捕まってしまいました。

土佐勤王党のリーダー・武市瑞山が投獄された

武市瑞山(半平太)は、土佐藩(現在の高知県)の地位の低い武士を中心に土佐勤王党というグループを結成し、尊皇攘夷(※)の活動をしていたんだ。藩主の山内容堂は、幕府と朝廷がいっしょになって国を動かそうという公武合体派で、瑞山たちと対立していた。最初は勢いがあった土佐勤王党だけど、公武合体派の力が強くなってくると、瑞山は多くの仲間たちといっしょに、ろうやに入れられてしまったんだよ。

※天皇を尊敬し、外国の勢力を日本から追い払うという考え。

クイズ　土佐藩と呼ばれていた高知県があるのは?

❶ 九州地方　❷ 関東地方　❸ 四国地方　❹ 東北地方

クイズの答え:③　四国地方は本州の南西にある。瀬戸内海をはさんで本州と向かい合っている大きな島。

9月22日 (明治元年)

松平容保が新政府軍に降参した日
西暦1868年11月6日

このあたり
1868 1912
明治時代

まいった！新政府軍に降参だ～！

幕末、東北や北陸の藩とともに新政府軍と戦った松平容保。ついに降参して、会津若松城を開城しました。

明治新政府は、権力をふるって倒幕派をおさえつけていた容保を、朝敵（朝廷の敵）として激しく攻撃した。

もう新政府軍と戦うのはムリ！白旗をかかげて降参だ～

私は松平容保。会津藩（今の福島県）の藩主だよ。奥羽越列藩同盟（※）の中心となって、新政府軍と戦ったんだ。激しい新政府軍の攻撃に、仲間の米沢藩（今の山形県）や仙台藩（今の宮城県）は負けを認めてギブアップ。会津若松城に立てこもって戦っていた私も、降参したんだ。

※東北・北陸の31の藩が、新政府軍に対抗するために作った同盟。

クイズ 会津若松城のもうひとつの呼び名は？

❶ 江戸城　❷ 二条城　❸ 姫路城　❹ 鶴ヶ城

クイズの答え：④　鶴ヶ城という呼び名の城は全国にあるため、地元以外では会津若松城と呼ばれることが多い。

9月23日（宝暦10年）

葛飾北斎の誕生日
西暦1760年10月31日

このあたり
1603　1868
江戸時代

日本がほこる浮世絵画家！葛飾北斎が生まれた日だよ

江戸時代になると、町人文化が花開きました。
なかでも人気を集めたのは、庶民も気軽に楽しめる浮世絵でした。

江戸時代には喜多川歌麿、東洲斎写楽、歌川広重など有名な浮世絵画家がたくさん出て、大人気になった。

ワシは93回も引っ越しをしたんじゃ

「富嶽三十六景」などをえがいた葛飾北斎の誕生日

私は葛飾北斎。日本を代表する浮世絵画家だよ。浮世絵とは、木の板に絵をほって印刷する木版画のこと。浮世絵には役者や女性をえがいたものが多かったんだけど、私は「富嶽三十六景」など、風景をえがいて大評判になったんだ。私の絵は、西洋の画家にも影響をあたえたんだよ。

浮世絵師・葛飾北斎

クイズ　葛飾北斎が「富嶽三十六景」でえがいた山は？

❶ 富士山　❷ エベレスト山　❸ 阿蘇山　❹ 筑波山

9月23日

クイズの答え：①　60歳を過ぎたときに、「富嶽三十六景」で富士山をえがいた。

9月24日 (明治10年)

西郷隆盛の命日
西暦1877年9月24日

このあたり
1868 1912
明治時代

政府軍との戦いで西郷隆盛は自殺。西南戦争は終わりへ…

明治政府に不満を持つ士族(※)たちが起こした西南戦争。政府軍との戦いで、重傷を負った西郷隆盛は刀で自殺しました。

西南戦争に敗れて西郷隆盛が自殺した日

明治政府との考えのちがいから、故郷の鹿児島に帰って学校をつくった西郷隆盛。でも政府は、西郷隆盛が政府を倒そうとしているのではないか、と疑っていたんだ。政府に不満を持っていた士族たちは、西郷を中心にして政府と戦争を始めることにしたんだよ。これが西南戦争だ。政府軍におされて鹿児島に戻っていた西郷隆盛は、銃で撃たれて傷を負い、自分で命を絶った。こうして西南戦争は終わったんだ。

※武士の家がらのこと。

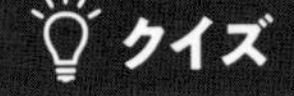
クイズ 上野公園にある西郷隆盛の銅像が連れている動物は？

① パンダ ② ネコ ③ ライオン ④ イヌ

クイズの答え：④ 西郷隆盛はイヌ好きで有名で、20ぴき近いイヌを飼っていたといわれる。

9月25日 (文政12年)

シーボルトが国外へ追放された日
西暦1829年10月22日

このあたり
1603 1868
江戸時代

日本地図を持ってるのがバレて、国外追放になっちゃった!

長崎で塾を開き、多くの日本人の弟子を育てたシーボルト。
帰国する直前に見つかり、国外追放になりました。

オランダ商館の医師として日本にやってきたシーボルト。長崎で学校と診療所をかねた鳴滝塾を開いた。

持っていた地図が見つかり、シーボルトが国外追放に

私はシーボルト。ドイツ人医師だよ。日本から帰国する直前、荷物の中に日本地図を入れていたのがバレちゃった。そのころの日本地図は、国外持ち出し禁止だったんだよ。私や役人、地図をゆずってくれた人など、十数人が捕まって取り調べを受けた。これが「シーボルト事件」だよ。

フィリップ・フランツ・バルタザール・フォン・シーボルト

クイズ 江戸時代、長崎で外国との貿易を行った人工の島は?

❶ 伊豆大島　❷ 佐渡島　❸ 淡路島　❹ 出島

クイズの答え:④ 出島は日本で初めてつくられた人工の島だった。

9月26日（永禄11年）

織田信長が足利義昭と京に入った日
西暦1568年10月16日

このあたり
1493 1573
戦国時代

ワシが足利義昭を将軍にしてやるぞ〜！

「将軍になりたい」という足利義昭を応援して京都を目指した織田信長。信長のおかげで義昭は、将軍になることができました。

信長は、9月7日に岐阜を出発し、六角氏などの敵を倒しながら、20日足らずで京都に入った。

義昭が京都に入って将軍になれたのもワシのおかげ！

足利幕府の第13代将軍・足利義輝の弟・足利義昭は戦国大名たちに「将軍になりたいから、私をひきたてながら、いっしょに京都に行ってほしい」と手紙を送っておったんじゃ。ワシ、信長は義昭のために戦をしようと、京都を目指すことにした。そして義昭といっしょに京都に入ったんじゃ。

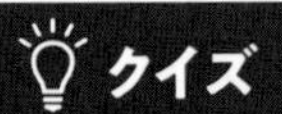

義昭に信長をしょうかいしたのは？

❶ 聖徳太子　❷ 明智光秀　❸ 平清盛　❹ 徳川慶喜

クイズの答え：② 足利義昭の家来だった明智光秀が、2人の間に入った。

9月27日 (昭和15年)

日独伊三国同盟が成立した日
西暦1940年9月27日

このあたり
1926 1989
昭和時代

ドイツ・イタリアといっしょにアメリカと戦うぞ！

中国と戦争をしてアメリカと対立していた日本。
ドイツ、イタリアと日独伊三国同盟を結んで対抗しました。

3カ国がおたがいに助け合うことを約束した

1937年に日中戦争が始まって、日本が中国に進出すると、中国を助けているアメリカとの関係が、急に悪くなっていったんだ。そこで日本は、ヨーロッパで戦争を有利に進めていたドイツ（独）、ムッソリーニが一党独裁政治（※）をしていたイタリア（伊）と日独伊三国同盟を結んで、おたがいに助け合うことを約束したんだ。こうして、アメリカやイギリス、ソ連（今のロシア）などに対抗しようとしたんだよ。

※権力が一人またはひとつの政党に集中して、ほかの党の活動が禁止されている状態。

クイズ そのころドイツでナチス党をひきいていたのは？

① ベートーベン　② ニュートン　③ コロンブス　④ ヒトラー

クイズの答え：④ ドイツの首相だったヒトラーは、ナチス党の指導者でもあった。

9月28日（延暦4年）

早良親王の命日
西暦785年11月4日

710 794 このあたり
奈良時代

私はやってない！無実をうったえ、おこりすぎて死んじゃった

早良親王は、藤原種継暗殺事件への関わりを疑われました。
おこった親王は、いかりのあまり亡くなってしまいました。

早良親王が無実をうったえ、死んでしまった

早良親王は、桓武天皇の弟で、皇太子だったんだ。そんなとき長岡京建設（※）の責任者だった藤原種継が矢で射られて殺されるという事件が起こった。犯人として捕まったのは、都を移すことに反対していた大伴氏だったんだけど、早良親王も疑われて淡路島に流されることになったんだよ。でも早良親王は無実をうったえ、ものを食べたり飲んだりするのをやめ、淡路島に向かう途中で死んでしまったんだ。

※平城京から都を移すために城を建てていた。

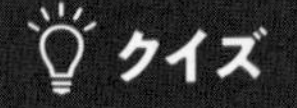
クイズ　桓武天皇が長岡京のあと、京都につくった都は？

①平安京　②北京　③東京　④藤原京

クイズの答え：①　早良親王の死後、作物がとれなくなったり病気がはやったりしたので都を移した。

9月29日 （昭和47年）

日中共同声明にサインした日
西暦1972年9月29日

このあたり
1926 1989
昭和時代

よろしく！ 田中角栄首相が中国と国交を結んだぞ

戦後長い間、日本と中国の関係はとても悪かった。でも、日本の田中角栄首相が中国へ行って、つきあいを始める約束をしました。

日中が共同声明にサイン、国交が結ばれた

1949年に建国された中華人民共和国は、日本と国交（国と国とのつきあい）がなかったんだ。そこで1972年のこの日、日本の田中角栄首相と中国の周恩来首相が北京（中国の首都）で日中共同声明にサインして、国交を結ぶことになったんだよ。日本と中国は、ずっと平和で仲よくすることを約束したんだ。それから1カ月後、友好のあかしとして、中国から日本にカンカンとランランという2頭のパンダがおくられたんだよ。

クイズ 中国からおくられたパンダ、カンカンとランランがいた動物園は？

❶ 旭山動物園　❷ 東武動物公園　❸ 江ノ島水族館　❹ 上野動物園

9月29日

クイズの答え：④ 上野動物園はパンダのほか、350種類以上の動物がいる日本一の来場者を記録する動物園。

9月30日（寛平6年）

遣唐使が廃止された日
西暦894年11月1日

このあたり
794 1185
平安時代

やめてよかった 遣唐使は危険がいっぱい！

平安時代、遣唐使は唐（今の中国）の文化を学んで日本に伝える大切な人たちでした。しかし危険も多かったので、菅原道真はやめることにしました。

奈良時代には多くの遣唐使が唐に行って法律や仏教を学んだが、平安時代になると回数が減っていた。

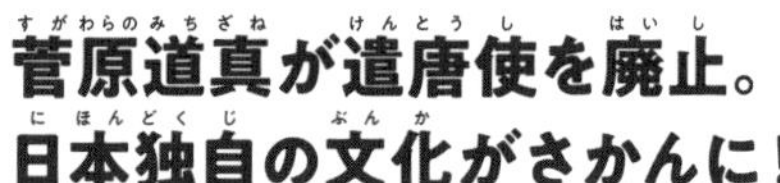

私は菅原道真。遣唐使に選ばれたんだ。遣唐使っていうのは、日本から唐に渡る人たちのことだよ。遣唐使は中国の進んだ文化を持ち帰ってきたけど、乗っていた船が沈んじゃったり、海ぞくにおそわれたりして危険な役目だったんだ。唐の力もおとろえていたし、廃止にしたんだ。

クイズ 菅原道真は何の神様と呼ばれている？

❶ 学問　❷ 商売　❸ 農業　❹ 漁業

クイズの答え：① 菅原道真は有名な学者であったことから、「学問の神様」として敬われるようになった。

ざっくり日本史 近世編

この時代に活躍したのは信長、秀吉、家康の3人！

武将ってたくさんいるから、全員覚えるのは大変だよね。でも、この時代の中心人物はたったの3人。織田信長、豊臣秀吉、徳川家康で、この3人を三英傑といったりするよ。まず、戦国時代に真っ先に力をつけたのが織田信長なんだ。だけど、天下統一の一歩手前で家来の明智光秀に裏切られて死んでしまうんだ（173ページ参照）。そして、次に力をつけたのが豊臣秀吉。秀吉は信長の家来で、念願の全国統一を果たすんだ。ただ、秀吉が亡くなったあと、信長の友だちだった徳川家康がぜ〜んぶ自分のものにして、江戸時代が始まるんだよ。

10月1日

(天文24年)

厳島の戦いが起きた日
西暦1555年10月16日

このあたり
1493 1573
戦国時代

広島の厳島神社で大軍をやっつけたぞ！

との様の大内義隆を陶晴賢に殺されてしまった毛利元就は、かたきを討つため、陶軍を厳島におびき出しました。

毛利元就が厳島の戦いで陶晴賢を破った

との様の大内義隆を殺されてしまった毛利元就。かたきを討とうと思った元就だけど、毛利軍の兵士はたったの4000人。それに対して敵の陶軍は2万人もいたんだよ。そこで元就は、平らな場所が少なくて、大人数の軍が身動きがとれなくなる小さな島、厳島に陶軍をおびき出そうと考えた。元就の作戦は大成功。不意をつかれた陶軍は大混乱してしまい、陶晴賢は刀で自殺してしまったんだ。

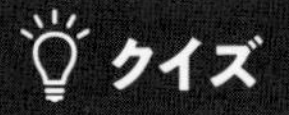

クイズ 厳島にある厳島神社は、1996年に何に登録された？

❶ 人間国宝　❷ 特別天然記念物　❸ 世界遺産　❹ 名誉市民

クイズの答え：③ 1996年に世界遺産に登録。日本三景（日本で景色のよい3つの名所のこと）のひとつで、「安芸の宮島」とも呼ばれる。

10月2日

（安政2年）

安政の大地震が起きた日

西暦1855年11月11日

このあたり

1603　1868

江戸時代

うわ～！　大地震だ！ 江戸では7000人も亡くなったよ

江戸を中心とする関東地方を巨大地震がおそいました。建物がこわれたり火災が起きたり、7000人以上のぎせい者が出ました。

安政の江戸大地震が発生し、7000人以上の死者が出た

午後10時ごろ、江戸の町をとんでもなく大きな地震がおそったんだ。江戸を中心に今の埼玉、千葉、神奈川あたりで震度5以上。震源は東京湾で、地震の規模はマグニチュード7.0～7.2、震源の深さは40～50キロメートルの直下型地震だと考えられているんだよ。江戸は地震のゆれで建物がこわれたり火災が起きたりして、すっかりダメになってしまったんだ。死者は7000人以上とみられているよ。

クイズ　江戸時代「地震よけ」として絵にえがかれた動物は？

①ナマズ　②パンダ　③メダカ　④タヌキ

クイズの答え：①　ナマズは昔から地震を予知する魚といわれている。

10月3日

(朱鳥元年)

大津皇子が自殺させられた日
西暦686年10月25日

このあたり
593 710
飛鳥時代

朝廷を裏切ろうと計画していた？ 大津皇子が自殺させられた日

天武天皇の皇子として、多くの人に期待されていた大津皇子。天皇が亡くなったあと、反乱を起こそうとした罪で捕まってしまいました。

ボクは24歳で死んじゃったんだ…

天武天皇が亡くなると持統天皇が即位した。持統天皇は息子の草壁皇子を次の天皇にしようとしていた。

裏切りを計画した罪で自殺させられた大津皇子

ボクは大津皇子。天武天皇の息子だよ。父はボクを高く評価していたんだ。ところが天武天皇が亡くなると、ボクは反乱を計画した罪で捕まり、自殺させられてしまった。持統天皇が、自分の息子の草壁皇子を天皇にするため、ボクに罪をきせたともいわれているよ。

クイズ 天武天皇の兄は？

① 春日局　② 小野妹子　③ 安倍晴明　④ 天智天皇

クイズの答え：④　天武天皇の兄は天智天皇。兄弟だが、年の差はわかっていない。

10月4日
(明治5年)

富岡製糸場が生産を開始した日
西暦1872年11月4日

このあたり
1868 1912
明治時代

富岡製糸場がオープン！生糸を作ってかせぐぞ～

群馬県の富岡製糸場が機械を動かし始め、生糸の生産がスタート。多くの女性工員が働き、女性の社会進出のきっかけになりました。

多くの女性工員が働く富岡製糸場が生産を始めた

この日、群馬県の富岡製糸場が機械を動かし始めたんだ。明治時代、日本は外国に多くの生糸（かいこのまゆからとれる糸）を輸出していた。質のいい生糸をたくさん作って輸出するために、フランス人の技師を招いて、工場を作ることになったんだよ。富岡製糸場では、たくさんの女性が働いていたんだ。女性たちが富岡製糸場で技術者として働くようになったことが、女性が社会で活躍するきっかけになったんだよ。

クイズ 2014年に世界遺産に登録されたのは？

❶ 富岡製糸場 ❷ 東京タワー ❸ 東京ドーム ❹ 国立競技場

クイズの答え：① 日本で18カ所目の世界遺産になった。

10月5日（寛永7年）

藤堂高虎の命日
西暦1630年11月9日

このあたり
1603 1868
江戸時代

仕えたとの様は10人以上！最後は大名になった出世上手

藤堂高虎は、戦国時代に小さな地域を支配する家に生まれた人物ですが、仕えるとの様を何度も変え、大出世をしたことで知られています。

藤堂高虎は大男で知られていた。その身長は？

❶ 190センチメートル

❷ 170センチメートル

❸ 180センチメートル

藤堂高虎は、ホントは心のやさしいいい人だった

藤堂高虎が仕えたとの様は、浅井長政、豊臣秀吉、徳川家康・秀忠・家光の将軍3代などがよく知られていて、全部で10人以上いたんだ！歴史小説などでは裏切り者のように悪い書かれ方もされるけど、実際は苦労を重ねた心のやさしい人だったそうだよ。自分のもとを去る家来には「いつでも戻ってこい」と声をかけたり、「もし自分が死んでも、家来はあとを追って死んではいけない」ときびしく言い残したんだって。

大男で知られた藤堂高虎ですが、全身には戦いで受けた傷が数えきれないくらいにあり、死後、遺体を見た家来がおどろいたそうです。

クイズの答え：① 藤堂高虎は戦いの最前線で活躍できるめぐまれた体格だった。

10月6日

(昭和29年)

ODAにとり組むことを決めた日

西暦1954年10月6日

このあたり

1926 1989

昭和時代

お金や技術を提供して途上国(※)を発展させるぞ！

途上国を助けるために、世界の国々のように日本も協力することを決めました。

日本が「政府開発援助(ODA)」を始めることを決めた

ODAは、難しい言葉だけれど政府開発援助といって、政府が途上国発展のためにお金や技術を提供することなんだ。1954年のこの日、日本は途上国を助ける活動をするコロンボ・プランに加わることを決め、ODAを始めたんだ。そのため10月6日は国際協力の日になっているよ。日本が援助しているのは、おもにインド、ベトナム、イラク、バングラデシュ、ミャンマーなどアジアや、アフリカ、中東の国だよ。

※経済や開発が先進国ほど進んでいない国のこと。

クイズ 2004年、日本の支援によって、タイで初めて開通した乗り物は？

❶ 2階建てバス ❷ ロケット ❸ 地下鉄 ❹ 足こぎボート

クイズの答え：③ 交通渋滞の解消や、大気汚染などの環境問題の改善につながった。

10月7日 (天正13年)

禁裏茶会で千利休がお茶をいれた日
西暦1585年11月28日
このあたり
1573 1603
安土桃山時代

天皇にお茶をプレゼントして立派な名前をもらっちゃった！

関白(※)にしてもらったお礼をするため、京都御所で茶会を開いた秀吉。利休はこの茶会で、天下一の茶人であると認められました。

禁裏茶会でお茶をいれて、利休の名は世の中に広まった

関白になった豊臣秀吉は、そのお礼として禁裏で茶会を開いたんだ。禁裏っていうのは、天皇がいる京都御所のことだよ。秀吉は茶会で、正親町天皇に武家社会ではやっていたわび茶をプレゼントしたんだ。このとき千利休は、親王や公家（貴族）たちにもお茶をプレゼントし、正親町天皇から「利休居士号」という名前をあたえられたんだ。これで利休は、天下一の茶人として認められることになったんだよ。

※天皇を助ける大事な役割。

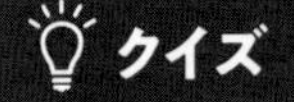
クイズ 千利休の実家はもともと何をしていた？

① 商人 ② 宮大工 ③ お茶の農家 ④ 武士

クイズの答え：① 利休の実家は堺（大阪府堺市）で魚屋をしていた。

10月8日 (昭和49年)

佐藤栄作のノーベル平和賞の受賞が決まった日

西暦1974年10月8日

このあたり 1926 1989 昭和時代

日本人で初めて ノーベル平和賞をもらっちゃった！

前首相だった佐藤栄作は非核三原則を表明したことが認められ
ノーベル平和賞を受賞することが決まりました。

佐藤栄作前首相にノーベル平和賞がおくられることが決まった

この日、佐藤栄作が日本人として初めてノーベル平和賞を受賞することが決まったんだよ。1967年の国会で「核兵器を持たず、作らず、持ちこませず」という非核三原則を発表したことが、評価されたんだ。この原則は憲法で平和主義（戦争をしない）を表す日本の国としての方針でもあるんだよ。佐藤栄作は、1964年11月から1972年7月まで、7年8カ月にわたって首相を務めたんだ。

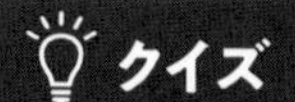

クイズ　佐藤栄作の次に総理大臣になったのは？

❶ 伊藤博文　❷ 犬養毅　❸ 勝海舟　❹ 田中角栄

クイズの答え：④　新潟県出身で、首相としてはめずらしく、大学を出ていなかった。

10月9日 (昭和21年)

男女共学が実施された日
西暦1946年10月9日
このあたり
1926 1989
昭和時代

戦争も終わったし、これからは女子も男子も仲よく勉強しよう！

戦争中に作られた「国民学校」の決まりをよりよく変え、男女が同じ学校、教室で学ぶことが法律で決められました。

男女を別にするのはもう古い！ 男女共学が実施される

戦争中の小学校は「国民学校」と呼ばれていた。戦争に負けた直後もまだその名前は残ったままだったけど、学校の内容や制度は大きく変える必要があった。日本では学校教育が始まった明治時代から、男女は別々の教室で勉強することになっていて、学ぶ教科や使う教科書もちがっていた。当時は、たとえば選挙権も男性だけに認められていた。男女平等を実現することは今後の民主主義社会（※）でとても重要だったんだよ。

※自分たちのことは自分たちで話し合って決められる自由で平等な社会のこと。

おまけ

男女共学が実施された約1カ月後の11月3日、日本国憲法が出されました。第14条はすべての国民が法の下に平等であることを定めています。

まちがい探しの答え：①先生の髪形 ②中央にある文房具 ③手前の子のノート

10月10日 (天正5年)

松永久秀が自殺した日
西暦1577年11月19日

このあたり
1573 1603
安土桃山時代

信長なんかに平蜘蛛を渡すもんか！

織田信長を裏切って信貴山城に立てこもった松永久秀。城がとり囲まれると、茶器「平蜘蛛」を割って自殺しました。

信長が京都に入ると、松永久秀は負けを認めていうことをきいたが、信長を裏切ってまた対立してしまった。

信長め！ 松永久秀が名茶器を割って自殺！

ワシは松永久秀。戦国時代のとっても強い武将だぞ。仕えていた織田信長を裏切って、信貴山城に立てこもったんじゃ。信長はワシが持っていたすばらしい茶わん「平蜘蛛」を渡したら許してやるって言ったんだけど、そうはいかん。ワシは大事な平蜘蛛をたたき割って、天守に火をつけ、自殺したんじゃ。

クイズ 松永久秀が焼いてしまった奈良のお寺は？

① 清水寺　② 増上寺　③ 東大寺　④ 延暦寺

クイズの答え：③ 鉄砲の火薬に火が移り、まちがって燃やしたといわれている。

10月11日（昭和22年）

山口判事が餓死した日
西暦1947年10月11日

このあたり
1926 1989
昭和時代

どんなにおなかが減ってもルール違反はダメ！

闇市（※）で食べ物を売り買いしている人たちを裁いていた山口判事。配給された食べ物だけしか食べず、栄養不足で餓死してしまいました。

山口判事が闇市の食料を食べずに餓死した

この日、東京地方裁判所の山口良忠判事が、栄養失調のために死んでしまったんだ。第二次世界大戦後、食べ物や日用品が不足して、多くの人は法律違反の闇市で買っていたんだよ。山口判事は、闇市で食べ物を売買している人たちを裁いていたから、「自分は法律違反はできない」と言って、配給される食べ物だけで生きようとしたんだ。それで栄養が不足して、死んでしまったんだよ。

※物が不足しているときに、違法に品物を売る店が集まっているところ。

クイズ　闇市で農家から流れてくる違法なお米をなんという？

❶ 闇米　❷ 闇営業　❸ 古米　❹ 無洗米

クイズの答え：① お米は政府によって管理されていたが、闇市と呼ばれる場所で不正な取引がされていた。

10月12日

(明治14年)

国会の開設が決まった日
西暦1881年10月12日

このあたり
1868　1912
明治時代

9年後の1890年に国会を開くのだ！

明治時代の初め、国会や憲法についての議論が高まり、明治天皇が国会を開くことを発表しました。

明治天皇が国会を開くと発表した

この日、1890年に国会（議会）を開くことを決めた文章を明治天皇が出したんだ。この時代は、政府の問題がいろいろとわかってきて、人々は国民中心の政治をする国会を開くことを求めていた。これを「自由民権運動（※）」というんだよ。この運動の高まりで、有力な政治家の伊藤博文は、明治天皇に10年以内に国会を開設するようにたのんだんだ。それを受けて明治天皇は、約束を守る文章を出したよ。

※自由を求めるために政治を変えようとする活動のこと。

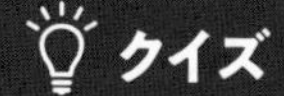

伊藤博文が日本で最初の何になった？

❶ 環境大臣　❷ 内閣総理大臣　❸ 東京都知事　❹ 動物園園長

クイズの答え：② 歴代でもっとも若い44歳2カ月で内閣総理大臣になった。

10月13日（文化元年）

世界初の全身麻酔手術が行われた日
西暦1804年11月14日

このあたり
1603 1868
江戸時代

やったあ！ 世界で初めて全身麻酔手術に成功だ！

手術のため、麻酔の研究をしていた江戸時代の医師・華岡青洲。
世界で初めて患者に全身麻酔をして、手術をしました。

華岡青洲が世界で初めて全身麻酔手術を行った

病気で苦しんでいる人々を救うために、医学の勉強をしていた華岡青洲は、昔の中国の医師が麻酔薬を使って手術をしたことを知ったんだ。「麻酔薬を使えば、痛くてできなかった手術もできるようになる」と考えた青洲は、自分も麻酔薬を作って手術をしようと研究を始めたんだよ。そしてこの年、青洲は世界で初めて乳がんの患者に全身麻酔を行い、手術でがんをとり出すことに成功したんだ。

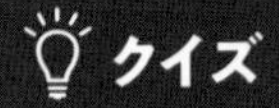
クイズ　華岡青洲の麻酔薬に使われていた植物は？

① チョウセンアサガオ　② スイカ　③ ブドウ　④ モモ

10月13日

クイズの答え：①　マンダラゲとも呼ばれ、日本麻酔科学会のシンボルマークにもなっている。

10月14日 (慶応3年)

江戸幕府が終わった日

西暦1867年11月9日

1603　1868　このあたり

江戸時代

つつしんで、お返しいたします。
幕府が終わり天皇中心の政治へ

江戸幕府の第15代将軍が政権を天皇に返すことを決め、鎌倉幕府以来、約700年続いた武家による政治が終わりました。

クイズ

江戸幕府最後の将軍はだれ？

❶ 徳川慶喜

❷ 徳川家慶

❸ 徳川家茂

江戸幕府265年の終わり、大政奉還が行われた日

薩摩藩や長州藩（※）、一部の公家などが江戸幕府を武力で倒そうと考えるなか、前の土佐（今の高知県）藩主である山内容堂が第15代将軍・徳川慶喜に、政権を天皇に返す「大政奉還」をすすめた。慶喜はこれを受け入れ、朝廷はさっそく「王政復古の大号令」を出して天皇中心の政治を始めることと、幕府をなくすことを宣言したんだ。こうして江戸幕府265年、鎌倉幕府からだと700年におよぶ武家の政治が終わったよ。

※薩摩藩は今の鹿児島県、長州藩は今の山口県のこと。

おまけ

将軍をやめた徳川慶喜は、カメラや自転車、音楽などの趣味を楽しむ生活を送りました。大正２年（1913年）に77歳で亡くなっています。

10月14日

クイズの答え：① 明治以降は静岡で余生を過ごし、人々からは「ケイキ様」と親しまれた。

10月15日 (天智天皇8年)

中臣鎌足が藤原の姓をあたえられた日
西暦669年11月13日

このあたり
593 710
飛鳥時代

天智天皇から「藤原」という名字をいただいたぞ！

天智天皇といっしょに大化の改新(※)を進めていた中臣鎌足。「藤原」という姓を授かって藤原鎌足という名前になりました。

中臣鎌足が「藤原」の姓を授けられた

私は、中大兄皇子（のちの天智天皇）たちといっしょに蘇我氏を倒して大化の改新を進めた中臣鎌足だよ。馬から落ちて死にかけていた私に、天智天皇が「藤原」という姓とかんむりと地位を授けてくれたんだ。翌日に私は死んでしまったんだけど、子孫は藤原氏として栄えていったんだよ。

藤原姓を名乗った中臣鎌足

※年号をとり入れたり、すべての土地は天皇のものにするなどの、政治改革のこと。

クイズ 中大兄皇子や中臣鎌足に倒されたのは？

❶ 蘇我パンダ　❷ 蘇我クジラ　❸ 蘇我入鹿　❹ 蘇我コアラ

クイズの答え：③　倒されたのは蘇我入鹿。後日、父の蝦夷も自殺し、蘇我家はほろんだ。

10月16日（昭和48年）

オイルショックが始まった日
西暦1973年10月16日

このあたり
1926　1989
昭和時代

トイレットペーパーがない！ みんなが買いだめパニックに

原油（石油）の輸出価格が大きく引き上げられることが決まり、
日本では、いろいろな製品が品不足になるという不安が広がりました。

原油価格の引き上げにより起こったオイルショック

「石油輸出国機構（OPEC）」が原油の輸出価格を70%も引き上げることを決めた。当時、日本はエネルギーをつくり出す原油を、8割近く海外から買っていたので、電力を節約するために、デパートの営業時間を短くしたり、テレビの深夜放送をやめたり、「省エネ運動」が始まったよ。そんななか、トイレットペーパーが品不足になるというウソのウワサが流れたんだ。人々は不安になり、お店から商品がなくなるほど買いだめに走ったんだよ。

おまけ

5年後の昭和53年（1978年）にも原油価格が上がり、第2次オイルショックといわれましたが、このときは国民も冷静に対応することができました。

まちがい探しの答え：①買い物かごの中　②左奥の人の髪形　③手前にある張り紙の文字

10月17日（昭和43年）

川端康成のノーベル文学賞の受賞が決まった日
西暦1968年10月17日

このあたり
1926 1989
昭和時代

日本人で初めてのノーベル文学賞受賞だよ！

『伊豆の踊子』『雪国』などの小説で有名な作家・川端康成。
日本の美しさをえがく作品が認められ、ノーベル文学賞を受賞しました。

祝！ 日本人初のノーベル文学賞受賞！

作家の川端康成が、日本人で初めてノーベル文学賞を受賞することが決まった日だよ。『伊豆の踊子』や『古都』『雪国』といった作品で知られる川端康成は、1961年から毎年ノーベル文学賞の候補になっていたんだ。そして、8回目の候補になった1968年に受賞が決まったんだよ。受賞の理由は、作品のすばらしさはもちろん、当時あまり知られていなかった日本の文学が高く評価されたからと考えられているよ。

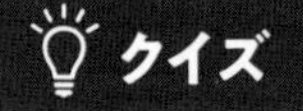

クイズ 川端康成の次にノーベル文学賞を受賞した日本人は？

①大江健三郎　②ボブ・ディラン　③佐藤栄作　④カズオ・イシグロ

クイズの答え：①　22歳のときに作家になり、ノーベル文学賞を受賞したのは59歳のときだった。

10月18日 (慶長7年)

小早川秀秋の命日
西暦1602年12月1日

このあたり
1573 1603
安土桃山時代

関ケ原では寝返って東軍に！でも、たった21歳で死んじゃった！

豊臣秀吉の養子になり、小さいころから大切に育てられた小早川秀秋。関ケ原の戦いでは秀吉を裏切り、その後若くして亡くなりました。

関ケ原の戦いの2年後、小早川秀秋が亡くなる

私の父は秀吉の正室（※）・北政所の兄弟、母は北政所のいとこだったことから秀吉の養子になり、北政所に育てられたんだよ。でも、秀吉の死後に起きた関ケ原の戦いでは、育ててくれた父である秀吉を裏切って徳川家康の味方をしたんだ。関ケ原の戦いの2年後、21歳で死んでしまったよ。

小早川秀秋

※正式な妻のこと。

クイズ 関ケ原の戦いで西軍の中心となっていたのは？

❶ 徳川秀忠　❷ フランシスコ・ザビエル　❸ 明智光秀　❹ 石田三成

クイズの答え：④　中心となったのは石田三成だが、総大将は毛利輝元。

10月19日

（昭和31年）

日ソ共同宣言にサインした日
西暦1956年10月19日

このあたり
1926 1989
昭和時代

日ソ共同宣言でソ連と国交(※)が回復したよ！

日本とソ連(今のロシア)の間には国どうしのつきあいをしない状態が続いていましたが、1956年に日ソ共同宣言が出され、ようやく国と国の関係が回復しました。

日ソ共同宣言にサインして、日本とソ連が仲直り！

第二次世界大戦のあと、日本とソ連の間では平和条約が結ばれていなかったので、国際法のうえでは戦争が続いている状態だったんだ。そこで日本の総理大臣・鳩山一郎がソ連の首相・ブルガーニンを訪問して、日本とソ連の戦争状態を終わらせること、国交を回復すること、北海道の北東にある島々のうち、歯舞群島と色丹島を日本に引き渡すことなどを決めて、日ソ共同宣言にサインしたんだよ。

※2つの国がおたがいの国を認め合い、つきあうこと。

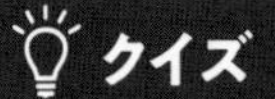

クイズ ソ連は、現在の何という国？

❶ アメリカ合衆国　❷ 中華人民共和国　❸ アラブ首長国連邦　❹ ロシア連邦

クイズの答え：④　1991年からロシア連邦になった。初代大統領はエリツィン。

10月20日 (文永11年)

文永の役が起きた日
西暦1274年11月19日

このあたり
1185 1333
鎌倉時代

あれれ、神風がふいて勝っていた元の軍隊が消えた？

元(今の中国)の軍団が数万人の兵士を乗せた船で日本におし寄せてきました。おされていた日本の軍は負けていたのですが、次の日、元軍は姿を消しました。

文永の役で神風がふき、有利だった元軍が撤退した

中国を支配していたモンゴル王朝、元のフビライ・ハンは、数万人の兵で日本をおそうことにした。この日、九州の博多湾に元の船が集まって、兵士が上陸を始めた。それを約4000人の日本の武士がむかえ討つ戦いが始まったんだ。これが文永の役だよ。苦戦した日本の武士たちだったけど、元軍が船に引き上げた日の夜、あらしがふきあれて多くの船が沈んで元軍は撤退。このあらしは「神風」といわれたよ。

クイズ モンゴル帝国・元の初代皇帝は？

① チンギス・ハン　② 秦の始皇帝　③ アウグストゥス　④ 足利尊氏

クイズの答え：① 人類史上最大規模の大帝国の基盤をつくった。

10月21日

(昭和18年)

学徒出陣の壮行会が行われた日

西暦1943年10月21日

このあたり

1926 1989

昭和時代

兵隊が足りない！ 学生も戦争に行くことに…

太平洋戦争で日本が負けそうに。
明治神宮外苑競技場で、学生たちを戦場に送る壮行会(※)が開かれました。

明治神宮外苑で、学徒出陣壮行会が開かれた

太平洋戦争末期、日本軍は戦死する人が増えて兵士が足りなくなっていったんだ。それまで大学や専門学校に通っている学生は、戦場に行かなくてもよかったんだけど、兵士の不足を埋めるために、学生を戦場に送ることにしたんだよ。この日、秋雨の降る東京の明治神宮外苑競技場に約7万人の学生を集めて、戦場に送り出す壮行会が開かれたんだ。軍隊に入った学生は、全国で13万人ともいわれているよ。

※遠くへ行く人を送り出すための会のこと。

クイズ　明治神宮外苑競技場があった場所につくられた建物は？

❶ 東京ドーム　❷ 日本武道館　❸ 甲子園球場　❹ 国立競技場

クイズの答え：④　1964年には、東京オリンピックの開催場所になった。

10月22日

（延暦13年）

桓武天皇が平安京に都を移した日

西暦794年11月18日

このあたり

794 1185

平安時代

新しい都に引っ越しだ！
桓武天皇が平安京に遷都

いろいろな事件が起こった長岡京をはなれて平安京へ。
都を移した理由のひとつは早良親王の怨霊でした。

怨霊
こわい…

桓武天皇は、10年前に平城京から移ったばかりの長岡京をはなれて、新しくつくった平安京に引っ越した。

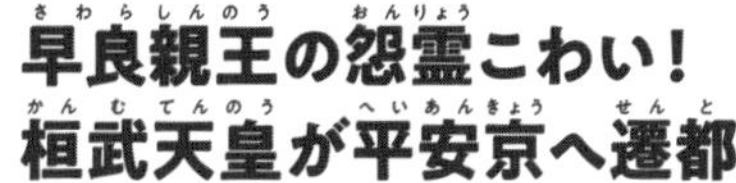

早良親王の怨霊こわい！桓武天皇が平安京へ遷都

遷都とは都を移すこと。この日は、私が平安京に都を移した日。前の長岡京では建設責任者だった藤原種継が暗殺されたり、弟の早良親王が激しいいかりを残して死ぬなど、いろいろな事件が起こった。私は早良親王の怨霊がこわくてたまらなかった。それが平安京に引っ越した理由のひとつだよ。

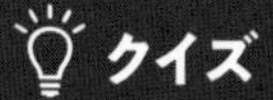

クイズ　平安京があったのはどこ？

① 大阪府　② 奈良県　③ 東京都　④ 京都府

クイズの答え：④　明治2年（1869年）まで、この地が日本の首都であった。

10月23日 （建治2年）

北条実時の命日
西暦1276年11月30日

このあたり
1185　1333
鎌倉時代

大好きな書物を集めて金沢文庫を作った北条実時

鎌倉時代の武将・北条実時は、幕府の仕事を引退してからいろいろな書物を集め、金沢文庫を作りました。

金沢文庫を作った北条実時が亡くなった日

北条実時は、鎌倉時代の武将だったんだけど、学問が大好きだった。幕府の仕事を引退してからは、金沢（今の横浜市金沢区）の別荘でたくさんの書物を集めたり、書き写したりしたんだ。これが日本最古の武家文庫といわれる「金沢文庫」だよ。書物は、政治、文学、歴史などいろいろなジャンルにわたっているんだ。金沢文庫を作った北条実時が亡くなったあとも、金沢文庫は受けつがれていったんだよ。

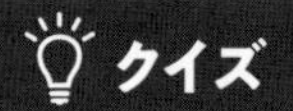

金沢文庫の「文庫」って何のこと？

❶ 消防署　❷ 警察署　❸ 図書館　❹ 市役所

クイズの答え：③　文書や図書を所蔵している書庫を指す場合もある。

10月24日

(明治19年)

ノルマントン号事件が起きた日

西暦1886年10月24日

このあたり

1868　1912

明治時代

船が沈没した！日本人がみんな死亡!?

横浜から神戸に向かっていたイギリスの貨物船・ノルマントン号が沈没。イギリス人は脱出しましたが、日本人は全員死亡しました。

ノルマントン号が沈没し、日本人が全員死亡した

1886年のこの日、横浜から神戸に向かっていたイギリスの貨物船・ノルマントン号が、和歌山県沖で沈没しちゃったんだ。そのときイギリス人乗組員はボートで脱出したんだけど、日本人船客は船にとり残されて、みんなおぼれて死んでしまったんだよ。裁判では船長たちは無罪になったけれど、外国との不平等条約に不満を持っていた日本の国民はおこった。そこで日本政府は、船長たちを殺人罪でうったえたんだよ。

クイズ　外国人が、今いる国の法律に従わなくてもよいという権利を何という？

❶ 治外法権　❷ 都道府県　❸ 選挙権　❹ 富国強兵

クイズの答え：① 外国人にとって有利なこの権利は、ノルマントン号事件をきっかけに見直された。

10月25日（寛永14年）

島原の乱が起きた日
西暦1637年12月11日

このあたり
1603 1868
江戸時代

総大将は天草四郎 江戸時代最大の一揆だぞ！

きびしいキリスト教のとりしまりに苦しんでいた人々が、
16歳の天草四郎を総大将にして島原の乱を起こしました。

農民が「島原の乱」を起こした

この日、長崎県にある島原半島南部の農民たちは、キリスト教徒へのきびしい仕打ちや年貢のとり立てにがまんできなくなって代官（※）を殺害し、一揆を起こしたんだ。これが「島原の乱」だよ。総大将になったのは16歳の少年・天草四郎。3万人ほどの反乱軍が原城に立てこもって、戦ったんだ。幕府は十数万人の援軍を島原に送り、総攻撃をかけて反乱軍を打ち破った。この島原の乱は、江戸時代で最大の一揆だといわれているよ。

※との様のかわりに地方の行政などを管理していた役人のこと。

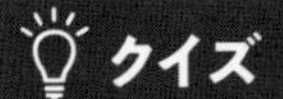

クイズ　「バテレン追放令」を出して宣教師を追放したのは？

❶ 豊臣秀吉　❷ 織田信長　❸ 千利休　❹ 明智光秀

クイズの答え：① 秀吉はキリスト教が広まり、キリスト教信者から反乱を起こされるのを恐れていたという。

10月26日 (明治42年)

伊藤博文が暗殺された日
西暦1909年10月26日

このあたり
1868　1912
明治時代

伊藤博文がハルビン駅で銃で撃たれて暗殺された！

韓国統監になってから韓国の植民地化を進めていた伊藤博文が韓国独立を目指す安重根に暗殺された。

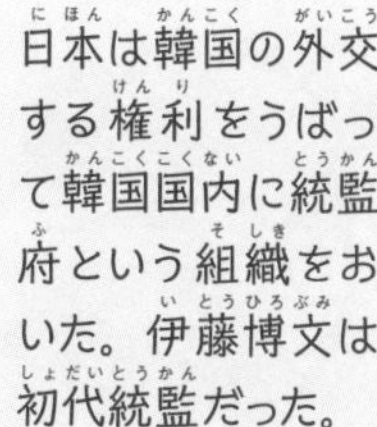

植民地化を進めた伊藤博文が暗殺

私は初代内閣総理大臣にもなった伊藤博文。ロシアと話し合いをするためハルビン駅に着いた私は、列車を降りてロシアの人たちと握手していたら、銃で撃たれて暗殺されてしまったんだ。犯人は独立を目指す韓国の安重根。私が韓国の植民地化を進めていたからねらわれたんだ。

暗殺された伊藤博文

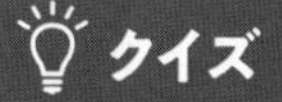
クイズ　伊藤博文の肖像画が使われていたのは何円札？

❶ 2千円札　❷ 5千円札　❸ 1万円札　❹ 千円札

クイズの答え：④　昭和38年（1963年）から昭和61年（1986年）まで発行されていた。

10月27日

（安政6年）

吉田松陰が処刑された日

西暦1859年11月21日

このあたり

1603 1868

江戸時代

安政の大獄で吉田松陰が処刑されちゃった！

事情聴取を受けるため江戸に連れていかれた吉田松陰。
そこで老中暗殺計画が明らかになって処刑されてしまった。

江戸で取り調べを受けた吉田松陰が処刑された

萩から江戸に連れていかれ、ろうやに入れられていた吉田松陰。尊皇攘夷（※）の高い志を持った人物である梅田雲浜が「吉田松陰と会った」と言っていたので、どんな話をしたのか幕府がとり調べるためだった。幕府に自分の意見を伝える絶好の機会だと考えた松陰は、幕府の老中・間部詮勝の暗殺計画をしゃべってしまった。びっくりした幕府は死罪を言いわたし、その日のうちに松陰を処刑してしまったんだ。

※天皇を尊敬し、外国の勢力を日本から追い出そうという考え。

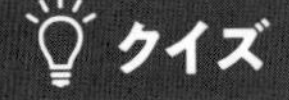

吉田松陰の故郷・萩は何県にある？

❶ 島根県　❷ 兵庫県　❸ 鳥取県　❹ 山口県

10月27日

クイズの答え：④ 山口県の北部、日本海に面した場所にある。

10月28日

(明治9年)

萩の乱が起きた日

西暦1876年10月28日

このあたり

1868 1912

明治時代

もうがまんできない！ 不平士族が起こした萩の乱

明治政府に不満を持つ士族(※)を集めて、反乱を起こそうとした前原一誠。でも計画がバレて、反乱はすぐにしずめられてしまいました。

元・武士だった家の人たちが萩の乱を起こした

明治になって生活が苦しくなった士族たちが、各地で反乱を起こしていた。1876年のこの日は、政治に不満を持つ士族が山口県の萩で「萩の乱」という反乱を起こしたんだ。前原一誠たちも、200人ほどの仲間を集め、県庁をおそう計画をしていた。でも、事前にバレて失敗。前原たち5人は船に乗って東京に向かったけど、途中で捕まってしまった。萩の乱も1週間くらいでしずめられてしまったんだ。

※武士の家がらのこと。

クイズ　萩の乱に関わりがあった、吉田松陰が指導していた塾は？

❶ 学習塾　❷ 慶應義塾　❸ 松下村塾　❹ 英語塾

クイズの答え：③　松陰のおじ、玉木文之進が開いた。

10月29日 (昭和20年)

日本初の宝くじが発売された日
西暦1945年10月29日

このあたり
1926 1989
昭和時代

初めての宝くじは1枚10円！ハズレくじ4枚でたばこ10本！

終戦から2カ月後に「第1回宝くじ」が発売されました。
ニセモノが出るほど人気だったそうです。

初めての宝くじ、
1等賞金はいくら？

❶ 5万円
❷ 10万円
❸ 100万円

カネよりモノの時代に、初めての宝くじが発売

終戦後の日本はお金の価値が下がり、あらゆる物の価格がどんどん上がってしまい、生活するのが大変だった。そのため、戦時中から引き続き、米、衣料、酒、たばこなどは量が配給で決められていたんだ。「第1回宝くじ」が人気になった理由は、ハズレくじ4枚でたばこ10本と引きかえができたことみたい。1等は賞金のほかに綿の布地40メートルもついていた。やっぱりカネよりモノの時代だったんだね。

昭和20年（1945年）、宝くじは3億円売れました。翌年から地方でも独自に宝くじを発売できることになり、戦争で傷ついた町の再建に使われました。

クイズの答え：② 食べ物などほとんどない、配給制の時代でも、10万円は夢のある金額だった。

10月30日

(明治23年)

教育勅語が出された日

西暦1890年10月30日

このあたり

1868　1912

明治時代

明治天皇が教育勅語を出した

明治天皇が教育の基本方針を示した教育勅語を発表。
その裏には、自由民権運動(※)をおさえる目的もありました。

教育勅語を明治天皇が発表した

教育勅語は、教育や道徳の基本的な考え方を示した明治天皇の言葉だよ。親孝行やきょうだい仲よくとか、昔からの心得などが書かれていて、日本が太平洋戦争に負けるまで、教育の中心になっていたんだ。この時代、日本各地でいろいろな事件が起きていた。政府はこれに危機感をもっていたから、天皇中心の教育を進めようとしたんだよ。

※自由を求めるために政治を変えようとする活動のこと。

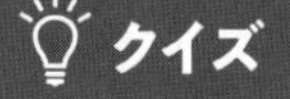

明治時代の初め、人々は国よりも何を大切だと思っていた？

❶ 太陽　❷ 藩　❸ 海　❹ 村

クイズの答え：② 明治時代の初めは、藩（今の県のようなもの）が自分の国であると思っている人々が大半だった。

10月31日

（明治17年）

秩父事件が起きた日
西暦1884年10月31日

このあたり
1868 1912
明治時代

埼玉県秩父で「困民党」が高利貸しや警察をおそった事件

税金や高い利子で借りた借金に苦しんだ秩父の農民が「困民党」を結成。高い利子でお金を貸す商人、警察、役所などをおそいました。

秩父の農民が秩父事件を起こした日

この時代、税金が高くなったり物価が急に上がったりして、借金を返せない人たちがたくさんいたんだ。そんな人たちは自由民権運動（※）をしていた自由党に入って仲間を増やしていったんだよ。1884年のこの日、「借金の返済の先延ばし」と「減税」をうったえて、秩父地方の約3000人の農民が、「困民党」と名乗って高い利子でお金を貸す商人や警察、役所をおそったんだ。政府は軍隊を出してしずめたんだよ。

※自由を求めるために政治を変えようとする活動のこと。

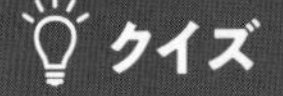

クイズ 秩父事件が起こった秩父地方があるのは？

❶ 茨城県　❷ 群馬県　❸ 栃木県　❹ 埼玉県

クイズの答え：④ 埼玉県の最西部にある地方。和同開珎（日本で最初に流通したお金）をつくるのに必要な銅の産出地でもあった。

山背大兄王が蘇我入鹿におそわれた日
西暦643年12月16日

このあたり
593 710
飛鳥時代

11月1日（皇極天皇2年）

聖徳太子の息子・山背大兄王が蘇我入鹿におそわれた！

聖徳太子の息子で、人々に信頼されていた山背大兄王。別の皇子を応援していた蘇我入鹿におそわれたあと、自殺しました。

蘇我入鹿は、自分が次の天皇の親せきになって力をふるうため、古人大兄皇子を応援していた。

山背大兄王は戦いをさけるために自殺した

私のお父さんは聖徳太子。次の天皇候補として人気があった私は、斑鳩宮（聖徳太子の宮殿）にいるとき蘇我入鹿の軍におそわれた。入鹿は、自分の思いのままになる古人大兄皇子を次の天皇にしようとしていたんだよ。争いを好まない私は、一族といっしょに法隆寺で自殺したんだ。

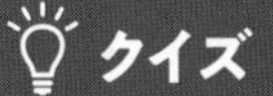

クイズ 法隆寺を建てたのはだれ？

❶ 聖徳太子　❷ 清少納言　❸ 聖武天皇　❹ 藤原道長

クイズの答え：① 聖徳太子が建てた法隆寺は、飛鳥時代に建てられた世界最古の木造建造物。

11月2日

(昭和6年)

東京科学博物館が開館した日

西暦1931年11月2日

このあたり

1926 1989

昭和時代

国立科学博物館のもとになった東京科学博物館がオープンしたよ！

東京科学博物館は、関東大震災で大きな被害を受けた上野公園にあった博物館。新しく建て直されて、この日に開館しました。

東京科学博物館が開館した日

国立科学博物館は、日本でもっとも歴史のある総合科学博物館なんだ。この博物館の役割は、調査や研究、標本資料を集めて保管し、展示や学習支援などを行うこと。多くの人に科学に親しんでもらうのが役目なんだ。関東大震災で大きな被害を受けた教育博物館が、上野公園に建て直されて東京科学博物館（現在の国立科学博物館）になったんだよ。この日、昭和天皇皇后両陛下をむかえて開館式が行われたよ。

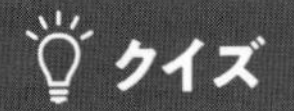

クイズ 国立科学博物館は、上から見ると何の形をしている？

❶ 円の形　❷ 飛行機の形　❸ 山の形　❹ 恐竜の形

クイズの答え：② この形は当時ではめずらしく、先端技術を使ってつくられた。

日本国憲法が出された日
西暦1946年11月3日

このあたり
1926 1989
昭和時代

11月3日（昭和21年）

主権は国民に！日本国憲法が発表された

第二次世界大戦が終わった翌年の11月3日、
日本を民主的な国にするために日本国憲法が出されました。

大日本帝国憲法にかわる日本国憲法が出された

第二次世界大戦後、日本を支配していたGHQ(※)は、日本を大勢の人の考えを大事にする国に変えていこうとしたんだ。そのためには、大日本帝国憲法にかわる新しい憲法をつくる必要があったんだ。日本国憲法の基本原則は、国民主権（国のことは国民が決める）、基本的人権の尊重（だれもが人間らしく生きることができる）、平和主義の3つ。平和主義では、争いごとを解決するために戦争をしないことや軍備を持たないこととしているよ。

※連合国軍最高司令官総司令部のことで、最高司令官はダグラス・マッカーサー。

クイズ　大日本帝国憲法で、国の主権を持っていたのは？

❶ 将軍　❷ 藩主　❸ 天皇　❹ 貴族

クイズの答え：③　大日本帝国憲法では、権力者のトップは天皇で、すべての権利を持っていた。

11月4日 (慶長元年)

服部半蔵の命日
西暦1596年12月23日

このあたり
1573 1603
安土桃山時代

ワシは服部半蔵！家康様のもとで働いた武将だぞ

父のあとをついで徳川家康に仕えた武将・服部半蔵。家康を助けて、徳川十六神将のひとりに選ばれました。

服部半蔵は「姉川の戦い」など数多くの戦で手柄を立て、徳川家康を助けることに力をつくした。

家康に仕えた武将・服部半蔵が亡くなった

ワシは服部半蔵。徳川で働いた武将じゃ。服部半蔵は代々受けつがれていく名前なので、何人もいるんじゃ。でも、なかでも有名なのがワシ、服部半蔵正成じゃ。父のあとをついで、徳川家康様に仕えることになり、戦で家康様を助けたんだ！徳川十六神将にも選ばれているぞ。

服部半蔵正成

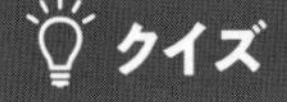

クイズ 服部半蔵は何のリーダーだと考えられていた？

① 忍者　② 力士　③ 学者　④ 浮世絵師

クイズの答え：① 伊賀国（今の三重県）のリーダーであり、忍者は初代・服部半蔵だけだった。

11月5日

（昭和47年）

上野動物園でパンダが公開された日
西暦1972年11月5日

このあたり
1926 1989
昭和時代

お客さんは1日20万人！上野にパンダがやってきた♪

日本と中国の交流回復のシンボルとしてパンダがやってきました。
パンダが来てからは、1日20万人もの人が上野動物園におしかけました。

上野動物園で、パンダが初めて公開された

この日、上野動物園で初めて、中国からおくられたパンダが公開されたんだ。田中角栄首相が中国を訪れて日本と中国の交流が回復したこの年、日本と中国がいい関係になったことのシンボルとしてパンダのカンカンとランランが、日本にやってきたんだ。パンダを見るために上野動物園には1日に20万人、土日には26万人もの人がおしかけたので、2頭を見られるのはほんの30秒くらいだったんだよ。

クイズ 2017年に上野動物園で生まれたパンダの名前は？

❶ リンリン　❷ トントン　❸ ガンガン　❹ シャンシャン

クイズの答え：④　性別はメスで、花開く明るいイメージからシャンシャン（香香）という名前がついた。

11月6日

(昭和20年)

GHQが財閥解体を指令した日

西暦1945年11月6日

このあたり

1926　1989

昭和時代

軍国主義に力を貸した財閥(※)は解体だ！

第二次世界大戦が終わるまで、日本経済を支えていた財閥。GHQは軍国主義に力を貸したとして、財閥を解体しました。

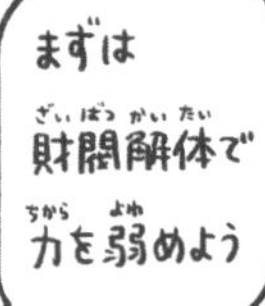

日本を統治していたGHQは、財閥を解体することで民主化を進めようとしていた。

四大財閥を解体するという政府案をGHQが認めた

私はダグラス・マッカーサー。GHQの最高司令官だよ。第二次世界大戦中、日本の財閥の力は国家権力にも届いて、軍国主義を支援していたんだ。だから、アメリカが日本を支配するための政策のひとつとして、三菱、三井、住友、安田などの財閥をバラバラにして力を弱める指令を出したんだよ。

※大きな資本でいろいろな事業をしているグループのこと。

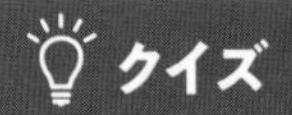

クイズ　1945年8月30日、マッカーサーが到着した飛行場は？

❶ 成田空港　❷ 関西国際空港　❸ 羽田空港　❹ 厚木飛行場

クイズの答え：④　治安や衛生面の理由で神奈川県にある厚木飛行場が選ばれた。

11月7日
(昭和19年)

ゾルゲと尾崎秀実が処刑された日
西暦1944年11月7日

このあたり
1926 1989
昭和時代

日本で活動していた国際スパイ!?
ゾルゲと尾崎秀実が処刑された

日本の情報をソ連(今のロシア)に流していたとして、捕まったゾルゲたち。
ゾルゲと尾崎秀実は罪が重いとされ、死刑になりました。

ゾルゲ事件のゾルゲと尾崎秀実が処刑された

1941年9月から1942年4月までの間に、日本の特別高等警察は、国際スパイグループの「ゾルゲ諜報団」のリーダー・ゾルゲや日本人ジャーナリスト・尾崎秀実、その仲間たちを次々に逮捕した。ゾルゲたちは、太平洋戦争中に日本の軍事情報をソ連に流したといわれていたんだ。ゾルゲと尾崎秀実は死刑判決を下され、ロシア革命記念日でもあるこの日に処刑されたんだ。

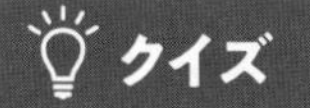

クイズ ゾルゲや尾崎秀実が収容された巣鴨拘置所は、今は何になっている?

❶ 東京ドーム ❷ 国立競技場 ❸ 東京スカイツリー ❹ サンシャインシティ

クイズの答え:④ 巣鴨拘置所は昭和46年に解体され、その跡地にサンシャインシティが開業した。

11月8日（寛永6年）

後水尾天皇が紫衣事件で退位した日
西暦1629年12月22日

このあたり
1603 1868
江戸時代

後水尾天皇が江戸幕府にキレて天皇をやめた！

幕府のルールを無視して、僧侶に紫の衣をあたえた後水尾天皇。その紫衣を幕府がとり上げたりしたことにいかり、天皇をやめました。

後水尾天皇が紫衣事件に不満を持ち、退位した

幕府は朝廷や貴族の動きをおさえるために、禁中並公家諸法度をつくっていた。その中に「天皇が徳の高い僧侶に紫衣をあたえるときは、幕府に相談するように」という決まりがあったんだ。後水尾天皇は幕府に相談しないで紫衣をあたえてしまったので、幕府は紫衣をとり上げたり、そのことに抗議した僧侶を流罪（※）にしたりしたんだ。それにおこった後水尾天皇は、幕府にだまって天皇の位からおりてしまったんだよ。

※罪をおかした人を遠くはなれた場所や島に送ること。

クイズ　江戸幕府が出した諸大名の動きをおさえるための法律をなんという？

❶ 十七条の憲法　❷ 武家諸法度　❸ 大日本帝国憲法　❹ 道路交通法

クイズの答え：② 江戸幕府を安定させるためにつくられた法律。考案者は徳川家康。

11月9日 (明治9年)

野口英世の誕生日

西暦1876年11月9日

このあたり 1868 1912 明治時代

千円札のおじさんは医学に人生をささげた人!

野口英世は、3度もノーベル賞候補になった世界的な医学者です。そのパワフルな研究スタイルから「人間発電機」とあだ名されました。

クイズ

野口英世が本格的に医学研究をした国はどこ?

❶ フランス

❷ イギリス

❸ アメリカ

伝染病の研究に命をささげた野口英世が生まれた日

現在の千円札の顔、野口英世は、1歳のころ左手をやけどして不自由な子ども時代を過ごした。医学を志したのは、17歳で手の手術を受けたのがきっかけだった。25歳でアメリカに行き、世界的に評価される研究成果を次々に発表。3度もノーベル賞候補になった。ねないで仕事をする野口に、みんなが「人間発電機」とあだ名をつけたんだって。最後は黄熱病の研究中にアフリカでその病気にかかり、亡くなってしまったんだよ。

おまけ

野口英世は発明王・エジソンのほか、大西洋単独無着陸飛行に初めて成功した、飛行家のリンドバーグとも友人だったそうです。

クイズの答え:③ 野口の研究の多くは、アメリカのロックフェラー医学研究所で行われました。

11月10日（明治23年）

日本初のエレベーターが設置された日

西暦1890年11月10日

このあたり

1868 1912

明治時代

これはびっくり！ 日本初の電動式エレベーターだ

この日、東京・浅草の凌雲閣に日本で初めての電動式エレベーターが設置されました。

日本で初めて電動式エレベーターが設置された

今日は日本で初めて、電気で動くエレベーターが設置された日だよ。設置されたのは、東京の浅草にあった凌雲閣。12階建ての建物だったんだ。凌雲閣の上は望遠鏡が備えつけられている展望台になっていて、まわりの景色を楽しむことができたんだよ。各階には、絵や写真の展示があったり、休けい所がつくられていたりしたんだ。日本エレベーター協会では、11月10日を「エレベーターの日」としているんだよ。

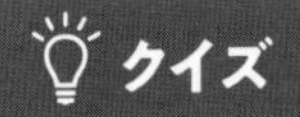

クイズ 凌雲閣は、別名何と呼ばれていた？

❶ 浅草寺　❷ 浅草雷門　❸ 浅草花やしき　❹ 浅草十二階

クイズの答え：④ 浅草十二階と呼ばれ、当時の日本でもっとも高い建造物だった。

11月11日 (昭和6年)

実業家・渋沢栄一の命日

西暦1931年11月11日

このあたり 1926 1989 昭和時代

銀行や会社をたくさんつくった渋沢栄一が亡くなった日

渋沢栄一は数多くの銀行や企業の設立に関わった実業家。社会貢献にも積極的にとり組みました。

日本資本主義の父・渋沢栄一の命日

ワシは渋沢栄一。「日本資本主義の父」といわれている実業家だぞ。外国を回って知識を身につけた。第一国立銀行(今のみずほ銀行)をはじめ、数多くの銀行や企業の設立に関わって、日本の経済の発展に努力したんじゃ。ワシの肖像画が、2024年に発行される新しい1万円札の図柄になるんじゃよ。

実業家の渋沢栄一

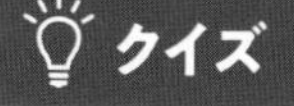
クイズ 渋沢栄一の故郷、埼玉県深谷市の特産品は?

① ねぎ　② せんべい　③ こんにゃく　④ お茶

クイズの答え:① 明治30年ごろに栽培が始まり、今では深谷市の特産品になった。

11月12日 (明治4年)

岩倉使節団が横浜を出発した日
西暦1871年12月23日

このあたり
1868 1912
明治時代

よ～し！外国に向かって岩倉使節団の出発だ！

この日、100人以上の大人数で横浜を出発した岩倉使節団。進んだ外国の制度や文化を視察する旅行は2年におよびました。

岩倉具視の使節団が、横浜を出発した

岩倉具視の使節団が、横浜を出港したよ。大久保利通、伊藤博文、山口尚芳、木戸孝允の4人の副使、随行員や留学生をふくめると、なんと人数は100人を超えていたんだ。目指したのは、アメリカとヨーロッパの国々。使節団の目的のひとつは、幕末に外国と結んだ不平等な条約を改正するために話し合いをすること。もうひとつは、外国の進んだ制度や産業、技術、文化などを学ぶことだったんだ。

クイズ 岩倉使節団は、何に乗って横浜を出発した？

❶ 飛行機　❷ 新幹線　❸ トラック　❹ 蒸気船

クイズの答え：④ 蒸気船・アメリカ号で横浜港を出発した。

11月13日 (天文10年)

尼子経久の命日

西暦1541年11月30日

このあたり 1493 1573 戦国時代

えへん！浪人から戦国大名に上りつめたぞ！

1度は浪人になりながら、戦国大名に上りつめた尼子経久。11カ国を支配して、尼子氏の全盛時代を築きました。

戦国大名・尼子経久が亡くなった日

ワシは尼子経久、戦国武将じゃ。ズルをして足利幕府を追い出されて浪人になったけど、主人の京極政経が出雲（今の島根県）で亡くなったあとは、その後継者として、近くの国に攻撃をしかけ、自分のものにしていったんじゃよ。最後は山陰や山陽の11カ国を支配する戦国大名になって、尼子氏の最盛期を築いたんだぞ。

11カ国を支配した尼子経久

クイズ

尼子経久は何と呼ばれていた？

❶ 美濃のマムシ　❷ 十一州の太守　❸ 槍の又左　❹ 越後の虎

クイズの答え：② 十一州の太守のほか、敵をうまくだまして領土を広げたことから「謀聖」、「謀将」と呼ばれた。

11月14日

（昭和22年）

本田實が新彗星を発見した日

西暦1947年11月14日

このあたり

1926 1989

昭和時代

日本人で初めて！ついに新彗星を見つけたぞ

倉敷天文台で天体観測をしていた本田實は、新彗星を発見しました。本田が最初に発見したこの彗星は「本田彗星」と名づけられました。

本田實が日本人として初めて彗星を発見した

この日、岡山県の倉敷天文台で天体観測をしていた本田實が、新しい彗星を発見したんだ。第二次世界大戦後、日本人が彗星を発見したのは初めてのこと。北半球で観測したのは本田だけだったので、この彗星は「本田彗星」と名づけられたんだよ。このニュースは、戦後の日本に明るい希望をあたえたんだ。ちなみに本田は、生涯に新彗星12個、新星11個を見つけたんだよ。

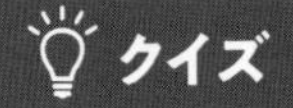

クイズ 長い尾を引く彗星は、何と呼ばれている？

❶ ほうき星　❷ ぞうきん星　❸ ちりとり星　❹ はたき星

クイズの答え：① 彗星にあるガスやちりが尾のようにのび、ほうきのように見えるため、この名がついた。

11月15日 (慶応3年)

坂本龍馬が暗殺された日
西暦1867年12月10日

このあたり
1603 1868
江戸時代

うわっ、やられた！ 誕生日に暗殺された坂本龍馬

幕府を倒すため、力をつくしていた坂本龍馬。
京都の近江屋で武士におそわれ、命を落としました。

龍馬は仲が悪かった薩摩（今の鹿児島県）と長州（今の山口県）が手を結んで、幕府を倒す薩長同盟の成立に協力した。

坂本龍馬が京都の近江屋で暗殺された

ワシは坂本龍馬。幕末の勤王（※）の高い志を持っているぜよ。この日、ワシは京都の近江屋の2階で、同じ土佐（今の高知県）出身の中岡慎太郎たちと話をしていたんじゃ。すると、数人の武士がワシを訪ねてきて、いきなり刀できりかかってきて殺されたんじゃ。この日はワシの誕生日だったのにのう。

暗殺された坂本龍馬

※天皇に忠義をつくすこと。

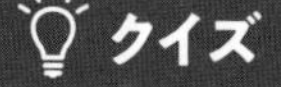
クイズ 龍馬がおそわれた近江屋は、何を売っている商店だった？

❶ 魚　❷ 野菜　❸ 武器　❹ しょうゆ

クイズの答え：④　近江屋はしょうゆ屋で、龍馬たちのかくれ家だった。

11月16日 (安政5年)

西郷隆盛が僧・月照と入水した日
西暦1858年12月20日

このあたり
1603 1868
江戸時代

2人で海に飛びこんだけど自分だけ助かっちゃった!?

天皇に忠実な僧・月照と海に飛びこんだ西郷隆盛。
2人とも救助されましたが、西郷だけが生き残ってしまいました。

西郷隆盛が僧・月照と自殺しようとして、救助された

この日の明け方、錦江湾（鹿児島湾）に浮かぶ1そうの舟から、西郷隆盛と僧の月照が海に身を投げた。2人は暗い海から引き上げられ、西郷はなんとか助かったけど、月照は亡くなってしまったんだ。薩摩に逃げてきた月照が命をねらわれていることを知った西郷は、同じ天皇を敬う考えを持つ者同士、いっしょに死のうとしたんだって。生き残った西郷は、藩の命令で奄美大島で暮らすことになった。

クイズ 西郷隆盛が奄美大島で暮らしていたときの妻の名前は？

❶ 愛加那　❷ 北条政子　❸ 北政所　❹ 紫式部

クイズの答え：① 西郷隆盛は3度結婚していて、「須加」と「いと」という妻もいた。

11月17日 （弘安8年）

霜月騒動が起きた日
西暦1285年12月14日

このあたり
1185 1333
鎌倉時代

いい政治をしてたのに平頼綱におそわれちゃった！

鎌倉幕府の身分の高い家来として政治を行っていた安達泰盛。対立していた平頼綱におそわれ、ほろぼされてしまいました。

平頼綱が安達泰盛をおそい、霜月騒動が起こった

鎌倉幕府の執権（※）・北条時宗が亡くなると、息子の北条貞時があとをついだ。同じころ、幕府の中で大きな力を持っていた安達泰盛が政治を行っていたんだ。その安達泰盛のやり方に不満を持っていたのが平頼綱という人だよ。この日、頼綱は泰盛におそいかかり、泰盛は反撃したけど、結局、一族は自殺したり、敵と戦って死んでしまったりしてほろんだんだ。これが霜月騒動だよ。

※将軍を助ける重要な役職のこと。将軍よりも力を持っていた。

クイズ

「霜月」とは、昔の言葉で何月のこと？

❶ 1月　❷ 4月　❸ 8月　❹ 11月

クイズの答え：④「霜が降りる月」という意味で、霜月と呼ばれた。

11月18日

(大正11年)

アインシュタインが来日した日
西暦1922年11月18日

このあたり
1912　1926
大正時代

もじゃもじゃの髪でおなじみ アインシュタインがやってきた！

相対性理論と、もじゃもじゃの髪の毛で有名なアインシュタイン。日本の出版社の招待で、初めて来日することになりました。

物理学者のアインシュタインは、ドイツ生まれのユダヤ人。1921年度のノーベル物理学賞を受賞している。

20世紀を代表する物理学者 アインシュタインが来日

私は、20世紀を代表する物理学者のアインシュタイン。相対性理論をはじめとして現代物理学の基礎を築いたんだよ。この日、日本の出版社に呼ばれて日本にやってきたんだ。日本に向かう船の上でノーベル物理学賞受賞が決まったこともあって、日本では大人気だったんだよ。

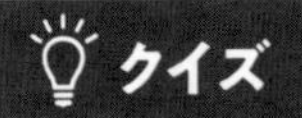

クイズ 第二次世界大戦中、アインシュタインが移住した国は？

① アメリカ　② フランス　③ イギリス　④ 中国

クイズの答え：① ドイツ生まれのアインシュタインは、イタリアやスイスなどにも住んでいたことがある。

毛利元就が月山富田城を攻略した日
西暦1566年12月30日

11月19日 (永禄9年)

このあたり
1493 1573
戦国時代

尼子氏の月山富田城を落として、中国地方はいただきだ！

中国地方を手に入れるため、攻撃が難しい月山富田城を攻めた毛利元就。兵や食料を補給するための道をふさがれ、尼子義久は、ついに降参しました。

毛利元就が尼子義久と戦い、月山富田城を落とす

9月、月山富田城を攻めた毛利元就は、城へ兵や食料を補給するための道をふさいで、城にこもっていた尼子軍を苦しめた。毛利軍が攻めると、長い戦いでくたびれた尼子軍の兵士が次々と降参し始めたんだ。そして11月19日、ついに尼子義久は「自分は切腹するから城兵の命は助けてほしい」と言って降参したんだ。元就は尼子軍の兵たちの命を助けた。この戦いで元就は、中国地方一の大名になったんだ。

月山富田城があったのはどこ？

❶ 島根県安来市 ❷ 栃木県日光市 ❸ 山梨県富士吉田市 ❹ 富山県富山市

クイズの答え：① 月山富田城は天然の山を利用していて、「天空の城」と呼ばれた。

11月20日 （治承3年）

平清盛が後白河法皇を幽閉した日
西暦1179年12月20日

このあたり
794 1185
平安時代

後白河法皇をとじこめて院政(※)をやめさせよう！

平清盛の孫でもある皇子が生まれ、平家の力が強くなると、後白河法皇のふるまいにおこった清盛が、法皇をとじこめてしまいました。

平清盛が後白河法皇をとじこめて、院政を停止した

高倉天皇に皇子（平清盛の孫）が生まれると、清盛の力はさらに強くなっていった。そんななか清盛の長男・重盛が亡くなると、後白河法皇は重盛の土地をとり上げてしまったんだよ。これで清盛と後白河法皇の対立が激しくなった。それまで清盛は後白河法皇を責めたことはなかったんだけど、ついにおこって、この日、後白河法皇を鳥羽殿に移したんだ。そして武士にきびしく見張らせ、院政をやめさせたんだよ。

※天皇にかわって上皇や法皇が権力をもって政治を行うこと。

クイズ 清盛の孫でもある高倉天皇の皇子は、何という天皇になった？

❶ 後醍醐天皇　❷ 聖武天皇　❸ 仁徳天皇　❹ 安徳天皇

クイズの答え：④　歴代の天皇の中でもっとも短命だった天皇として知られる。

11月21日（安永8年）

平賀源内が殺人罪で投獄された日
西暦1779年12月28日

このあたり 1603 1868
江戸時代

かんちがいで殺人!? 平賀源内がろうやに入れられた

ある朝、平賀源内が起きると、大切な計画書がなくなっていました。ぬすまれたとかんちがいした源内は、人を殺して投獄されました。

平賀源内が大工の棟梁を殺し、殺人罪で投獄

私は平賀源内。ある日お酒を飲んで目を覚ますと、大名にたのまれた屋敷の修理計画書がなくなっていたんだ。私は2人の大工の棟梁（親方）がぬすんだと思って刀で殺してしまったんだよ。でも、それはかんちがいで、計画書は別のところにしまってあったんだ。2人ともごめんね……。

江戸時代の発明家・平賀源内

クイズ 平賀源内が修理したエレキテルって何？

❶ コンピューター
❷ まさつで静電気を起こす装置
❸ 温度計
❹ 冷蔵庫

クイズの答え：② オランダ製の静電気を発生させる装置。源内はしくみもわからずに修理に成功した。

11月22日 (弘長3年)

北条時頼の命日
西暦1263年12月24日

このあたり
1185 1333
鎌倉時代

敵対する将軍を追い出して執権(※)の力を復活させるぞ

兄から鎌倉幕府の執権という職を受けついだ北条時頼。敵対する勢力を追い出し、強い執権政治を復活させました。

鎌倉幕府の5代執権・北条時頼が亡くなった

兄の４代執権・北条経時から、執権の座を受けついだ北条時頼。執権になると、北条氏に負けないように争っていた鎌倉幕府４代将軍の藤原頼経をやめさせた。かわりに、頼経の息子・頼嗣を将軍にしたよ。そして、反乱を起こそうとした頼経を、京都に送り返してしまったんだ。その後、頼嗣も鎌倉から追放！ 後嵯峨天皇の皇子・宗尊親王を６代将軍にむかえ、執権の力を復活させたのが北条時頼なんだよ。

※将軍を助ける重要な役職のこと。将軍よりも力を持っていた。

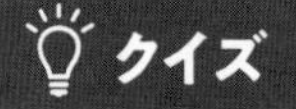

親王で鎌倉幕府の将軍に任命された人を何と呼んだ？

❶ 冬将軍　❷ 摂関将軍　❸ 紅将軍　❹ 親王将軍

クイズの答え：④ 宮将軍、または皇族将軍と呼ぶこともある。

11月23日（宝永4年）

宝永大噴火が起きた日
西暦1707年12月16日

このあたり
1603　1868
江戸時代

たいへんだ～！富士山が大噴火を起こしたぞ！

富士山が大爆発を起こし宝永大噴火と名づけられました。
この噴火でできた新しい火山は宝永山と呼ばれています。

富士山が大噴火し、宝永山ができた

この日の朝、富士山の山腹で宝永大噴火という噴火が起こった。火口から黒い煙が出て、高さ約15キロまで火山灰がふき上がり、関東地方に降り積もったんだよ。その日のうちに江戸でも火山灰が降って大きな被害が出たんだ。この噴火でできた火山は宝永山と呼ばれたよ。少し前の10月4日には宝永地震が起こって、関東から九州まで大ゆれだったんだ。災害が続いたんだね。

クイズ　宝永大噴火は、どれくらい続いた？

❶ 約1週間　❷ 約2週間　❸ 約3週間　❹ 約4週間

クイズの答え：② およそ2週間かけて噴火はじょじょにおさまった。

11月24日 (天正17年)

小田原・北条氏の討伐命令が出された日
西暦1589年12月31日

このあたり 1573 1603 安土桃山時代

小田原の北条氏を倒して全国統一じゃ！

たびたび豊臣秀吉の命令にそむき、言うことを聞かなかった北条氏。秀吉は、ついに北条氏を攻めるという命令を出しました。

豊臣秀吉が小田原の北条氏を討つよう命令する

この日は豊臣秀吉が、全国の大名に小田原の北条氏をやっつけるように命令した日だよ。前の年、秀吉は自分の屋敷の聚楽第に後陽成天皇を招いた。そのときに北条氏政・氏直親子も来るように言ったんだけれど、氏政は来なかったんだ。それからも北条氏はたびたび秀吉の命令にそむいたので、秀吉は北条氏政にあてて宣戦布告（※）の手紙を送り、全国の大名に「来年の春に北条氏を攻める」という発表をしたんだよ。

※相手に対して「これから戦争を始めるぞ」と知らせること。

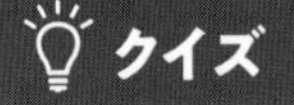
クイズ　秀吉に攻められ、北条氏政が立てこもった城は？

① 江戸城　② 八王子城　③ 大坂城　④ 小田原城

クイズの答え：④ 小田原城は北条氏の本拠地。氏政は3カ月ほど立てこもった。

11月25日

(明治9年)

『学問のすゝめ』最終巻が出版された日

西暦1876年11月25日

このあたり

1868 1912

明治時代

今の1万円札のおじさんは学問をすすめ、大学もつくった！

福沢諭吉は、特に海外で学んだことを人々に伝えようとしました。明治の日本が世界からとり残されないためには「学問」が必要でした。

クイズ

福沢諭吉が創立した大学は？

❶ 東京大学

❷ 早稲田大学

❸ 慶應義塾大学

全17編でついに完結！『学問のすゝめ』最終巻が出る

「天は人の上に人をつくらず、人の下に人をつくらず」という言葉を知ってるかな？ 福沢諭吉の代表作『学問のすゝめ』の最初に書かれているよ。福沢は、人間はみんな平等で、もしも上や下を決めるものがあるなら、それは「学問をしたかどうか」だけだ、と言っているんだ。若いころアメリカやヨーロッパに行った福沢は、そこで見聞きし学んだ、自由や平等、民主主義（※）を本や演説を通じて明治の人々に広めようとしたんだね。

※自分たちのことは自分たちで話し合って決められる自由で平等な立場のこと。

おまけ

福沢は江戸時代末期、今の大分県で下級武士の家に生まれました。長崎や大阪でオランダ語、英語を学び、通訳として海外に行くことができました。

11月25日

クイズの答え：③ 明治に改元される直前、慶応4年（1868年）に福沢諭吉が名づけた塾が前身。

11月26日 (応徳3年)

白河天皇が院政を始めた日
西暦1087年1月3日

このあたり
794 1185
平安時代

上皇になっても、院政を行って権力はワシのものだ！

白河天皇は、幼い親王に天皇の位をゆずり、院政を始めました。
ここから約100年にわたる院政の時代が始まりました。

白河天皇が上皇となって院政を始めた

この日、白河天皇は、8歳だった善仁親王（堀河天皇）に天皇の位をゆずり、自分は上皇となって院政を始めたよ。院とは上皇のことで、院が政治の実権をにぎっていることを院政というんだ。白河天皇は、堀河天皇、鳥羽天皇、崇徳天皇まで、43年間にわたって権力をにぎっている「治天の君」として院政を行ったよ。白河天皇のあとも鳥羽天皇、後白河上皇によって約100年間、院政の時代が続いたんだ。

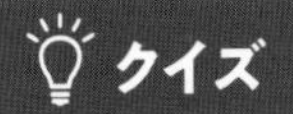
クイズ 院政の時代、武力で都を守るために勢力をのばしてきたのは？

① 武士　② 僧侶　③ 貴族　④ 忍者

クイズの答え：① 院政を続けるために多くの武士をやとうことで、武士が力をつけていった。

11月27日 (明治27年)

松下幸之助の誕生日
西暦1894年11月27日

このあたり
1868 1912
明治時代

パナソニックの創業者 松下幸之助の誕生日！

日本を代表する電機メーカー・パナソニックの生みの親、松下幸之助。
電球ソケットの大ヒットが、のちの会社の発展につながりました。

松下幸之助は、1989年に亡くなるまで、経営者としてだけでなく作家としても大きな功績を残した。

学校に通えなかったから、自分で勉強したんじゃ

暮らしを便利にした松下幸之助の誕生日

私はパナソニックの生みの親・松下幸之助。家庭の事情で9歳で小学校をやめて、大阪で働いていた私は、電気に興味を持ち、大阪電灯会社（今の関西電力）に見習い工として入社。それから松下電気器具製作所を立ち上げ、この会社が成長を続け、パナソニックに発展していったんだよ。

経営の神様・松下幸之助

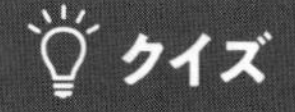

松下幸之助は、電気の力で動く何を見て電気に興味を持った？

❶ 路面電車　❷ ラジオ　❸ 冷蔵庫　❹ テレビ

クイズの答え：① 路面電車を見て新時代がやってくるのを予感し、電気に興味を持った。

11月28日

(明治16年)

鹿鳴館が開館した日
西暦1883年11月28日

このあたり 1868 1912 明治時代

これで外国に負けないぞ〜。鹿鳴館でおもてなしだ！

近代化して、外国と肩を並べたことを示そうとした日本。鹿鳴館をつくって外国人を招き、はなやかな舞踏会を開きました。

日本の近代化の象徴、鹿鳴館が開館した

日本が近代化したことをアピールして、外国との不平等条約を改正するためにこの日、東京・日比谷で鹿鳴館が開業したんだ。鹿鳴館では、外国のえらい人たちをもてなすために、西洋風の衣装を着た人たちが集まって、毎晩のようにはなやかな舞踏会が開かれていたんだ。建物のつくりや食事、出されるお酒なども全部、西洋風だったんだよ。でも、いろいろな批判が出て、鹿鳴館は、4年足らずしか続かなかったんだ。

クイズ 鹿鳴館で舞踏会や演奏会以外にも開かれていたのは？

① バザー　② ファッションショー　③ 相撲　④ カラオケ大会

クイズの答え：① 政治家の夫人たちがバザーを開き、評判となった。

11月29日 (明治23年)

大日本帝国憲法が使われ始めた日
西暦1890年11月29日

このあたり
1868 1912
明治時代

大日本帝国憲法は近代国家のしるし!

明治時代、西洋の国々と肩を並べる近代国家を目指していた日本。その証として、大日本帝国憲法が使われ始めました。

大日本帝国憲法が実際に使われ始めた日

新しい国づくりを目指していた明治政府が、近代国家の証として、この日に出したのが大日本帝国憲法。明治政府にとって最大の悩みは、江戸時代に諸外国と結んだ不平等な条約。日本が外国と同じように法律に従って政治が行われる国家であることを認めてもらうためにも、憲法は必要だったんだ。大日本帝国憲法は東アジアで初めての近代的な憲法として、その後50年ほど改正されることはなかったんだ。

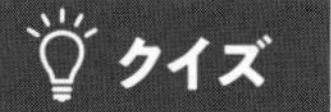

大日本帝国憲法は、ヨーロッパのどの国の憲法を参考にした?

❶ イギリス　❷ ドイツ　❸ フランス　❹ イタリア

クイズの答え:② ヨーロッパ各国の憲法を調べるなかで、ドイツの憲法に注目した。

11月30日

(明治25年)

日本初の伝染病研究所が設立された日

西暦1892年11月30日

このあたり

1868　1912

明治時代

日本で最初の伝染病研究所をつくったぞ！

破傷風の治療法を発見するなど、世界的な業績をあげた北里柴三郎。帰国後、福沢諭吉たちの助けで日本初の伝染病研究所を設立しました。

北里柴三郎は、令和6年（2024年）から新しくなる千円札のデザインに、肖像画が使われることが決まっている。

日本最初の伝染病研究所が設立された

私は北里柴三郎。東京医学校（※）で医学を学び、ドイツに留学すると、破傷風というおそろしい病気の予防と治療方法を見つけるなど、大きな業績をあげたんだ。だが、帰国した私を受け入れる機関がなかったので、福沢諭吉たちの助けもあって、伝染病研究所を設立したんだよ。

細菌学者の北里柴三郎

※現在の東京大学医学部。

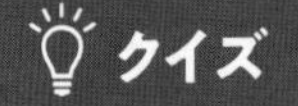

クイズ　北里柴三郎は、どの動物がペストという病気を運ぶと気づいた？

❶ ライオン　❷ クジラ　❸ ヒョウ　❹ ネズミ

クイズの答え：④　ネズミがペストを運ぶと気づき、天敵であるネコを飼うようにすすめた。

12月1日

（昭和5年）

お子様洋食が登場した日
西暦1930年12月1日

このあたり
1926　1989
昭和時代

お子様ランチ？　日本で初めて お子様洋食が登場したよ！

デパートの三越本店の食堂に初めて子ども用メニューが登場しました。この「御子様洋食」が、現在のお子様ランチの始まりでした。

初めて子ども向けのメニューが登場した

この日、東京の日本橋にある三越本店の食堂に、初めて子ども向けのメニュー「御子様洋食」が登場したんだ。今でいえばお子様ランチだよ。考え出したのは、食堂部主任の安藤太郎さん。絵皿に富士山の形をしたごはんをのせて旗を立て、そのまわりにコロッケやスパゲッティ、フルーツなど、子どもの好きなものを盛りつけたんだ。値段は30銭で、カレーライスの3倍もしたから、ぜいたくなメニューだったんだね。

クイズ　「御子様洋食」のごはんの上に立てられていたものは？

❶ スプーン　❷ フォーク　❸ 旗　❹ ソーセージ

クイズの答え：③　三越の「越」の文字が入った旗が立てられた。

12月2日（平成2年）

日本人が初めて宇宙へ旅立った日
西暦1990年12月2日

このあたり
1989 2019
平成時代

初めて宇宙へ行った日本人はテレビジャーナリストだった！

初めて宇宙に行った日本人はTBSの記者、秋山豊寛さんです。その様子は、テレビやラジオで連日放送されました。

3つのまちがいを探せ

第一声は意外にも？　日本人が初めて宇宙へ行った日

48歳の秋山記者は、ソ連（今のロシア）が打ち上げる「ソユーズ」という宇宙船に乗って出発した。打ち上げ成功直後の生放送で秋山記者が言った「これ本番ですか？」が、意外にも日本人が宇宙で発した第一声になっちゃった。その後、宇宙ステーション「ミール」に移り、日常生活や実験などがテレビ、ラジオで放送されたんだ。秋山記者が宇宙にいたのは9日間。その間に地球を144周したんだって。

おまけ

秋山記者はTBSを退職後、福島県で農業を始めました。東日本大震災と福島第一原子力発電所の事故を受け、群馬県に避難したそうです。

まちがい探しの答え：①奥に流れる彗星　②宇宙服の形　③地球の模様が忍者

12月3日（寛永14年）

天草四郎が原城跡に立てこもった日
西暦1638年1月17日

このあたり
1603　1868
江戸時代

島原と天草の一揆（※）が合流。原城跡に立てこもって戦うぞ

島原の乱で、総大将・天草四郎が原城跡に入りました。代官所や城をおそった一揆の人々も合流し、原城跡に立てこもりました。

島原の乱で天草四郎たちが原城跡に立てこもった

この日、島原の乱で天草四郎が原城跡に入ったんだ。一揆の人々は最初に代官所、次に各地の城をおそった。そして、島原と天草の一揆が合流して、原城跡に立てこもったんだよ。原城跡は前の持ち主だった有馬氏の本拠地で、もう使われていなかった。最後には一揆は3万人くらいになったんだよ。江戸幕府は、まわりの大名から兵を集めて戦ったんだけど、長期戦になって、多くの死傷者を出したんだ。

※大勢で政治への不満をうったえて、反抗すること。

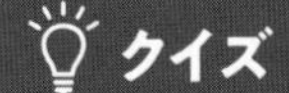
クイズ　キリスト教徒になった大名を何という？

①外様大名　②守護大名　③戦国大名　④キリシタン大名

クイズの答え：④　大友宗麟や有馬晴信などの戦国大名が、キリシタン大名として知られる。

12月4日

（享保7年）

小石川養生所が開設された日

西暦1723年1月10日

このあたり

1603　1868

江戸時代

お金がない人もだいじょうぶ！小石川養生所ができたよ

「貧しい人が病気を治す場所を作ってほしい」という意見を受け、江戸幕府は無料の医療施設「小石川養生所」を設置しました。

江戸に無料医療施設の小石川養生所が開設された

この日、江戸・小石川の薬草園に小石川養生所が開かれたよ。小石川養生所は、江戸幕府が設置した無料の医療施設だよ。第8代将軍・徳川吉宗は庶民の声を聞く必要があると考えて、いろいろな意見を投書できる目安箱を設置していたんだ。目安箱に、町医者の小川笙船が「貧しい人のために施薬院（病人を治療する施設）を作ってほしい」と投書したのがきっかけとなり、吉宗の指示で養生所が開かれたんだよ。

クイズ　徳川吉宗が進めた改革は？

❶ 享保の改革　❷ 大化の改新　❸ 産業革命　❹ 明治維新

クイズの答え：① 低い身分でも能力がある者には出世をさせたり、ぜいたくを禁止したりする改革をした。

12月5日（推古天皇11年）

聖徳太子が冠位十二階を決定した日
西暦603年1月11日
このあたり
593 710
飛鳥時代

聖徳太子が冠位十二階という新しい位を決めたよ！

聖徳太子は、新しく冠位十二階をつくりました。
位を色で表し、その人の能力により位をあたえました。

聖徳太子が冠位十二階を決定した

この日、聖徳太子が冠位十二階をつくり、12の位を色で示すことにしたんだ。12の位とは、高いほうから、大徳（こい紫）・小徳（うすい紫）・大仁（こい青）・小仁（うすい青）・大礼（こい赤）・小礼（うすい赤）・大信（こい黄）・小信（うすい黄）・大義（こい白）・小義（うすい白）・大智（こい黒）・小智（うすい黒）のこと。それまでは子孫が代々引きついで位が決められていたけど、聖徳太子はその人の能力によって位をあたえようとしたんだよ。

冠位十二階を授かった人は、何を頭にかぶった？

① 絹の冠　② ヘルメット　③ スカーフ　④ 野球帽

クイズの答え：① 12段階に色分けした絹でできた冠を頭にかぶった。

12月6日（持統天皇8年）

持統天皇が藤原京に都を移した日
西暦694年12月27日

このあたり
593 710
飛鳥時代

さあ、飛鳥浄御原宮から藤原京に引っ越しするわよ～！

天武天皇のあとをついだ持統天皇は、藤原京に都を移しました。藤原京は、唐（今の中国）の都にならった日本で最初の計画的な都市でした。

藤原京は、今の奈良県橿原市の、大和三山に囲まれた平らな土地につくられていた。

持統天皇が飛鳥浄御原宮から藤原京に都を移した

私は持統天皇。この日、夫の天武天皇がつくった飛鳥浄御原宮から、新しくつくった藤原京に都を移したの。藤原京は、唐の都にならってつくられた日本で初めての本格的な都なのよ。最近になって、都をつくるときに建築資材を運んだ、長さ60メートルの運河のあとが発見されたんですって。

クイズ 大和三山は、天香具山、畝傍山、もうひとつは？

❶ 耳成山　❷ 富士山　❸ 筑波山　❹ 阿蘇山

クイズの答え：① 大和三山の中でもっとも北に位置する。山の高さは139.6メートル。

12月7日 (慶応3年)

神戸港が開港した日
西暦1868年1月1日

このあたり 1868 1912 明治時代

最初は兵庫港だった？国際貿易港・神戸港が開港

外国船の停泊地として開かれた貿易港が神戸港。
最初は平清盛にちなんで兵庫港と呼ばれていました。

外国への玄関口、神戸港が開港した日

この日、兵庫港（今の神戸港）が外国船の停泊地として開港したよ。最初は兵庫港と呼ばれていたんだけど、明治5年（1872年）に神戸港と改称したんだ。兵庫港と呼ばれていたのは、港の一部に平清盛が平安時代に整備した大輪田泊があって、そこがのちに「兵庫津」と呼ばれたからなんだ。神戸港は外国船をとめる港としてどんどん発展して、今では横浜港と並ぶ国際貿易港になっているんだよ。

クイズ 平清盛は、中国の何という国と貿易をしていた？

❶ 明　❷ 唐　❸ 隋　❹ 宋

クイズの答え：④ 平清盛は宋から織物や絵画などを輸入し、金や銀などを輸出していた。

12月8日 (昭和16年)

太平洋戦争が始まった日
西暦1941年12月8日

このあたり
1926 1989
昭和時代

日本が真珠湾を奇襲攻撃！太平洋戦争が始まった！

日本が真珠湾のアメリカ艦隊をおそい、大きな損害をあたえました。アメリカは、日本を非難し、太平洋戦争が始まりました。

日本の真珠湾攻撃などにより、太平洋戦争が始まった

この日の朝早く、日本海軍の飛行機がハワイの真珠湾を予告なしに攻撃し、アメリカの艦隊に大きな被害をあたえたんだよ。日本はアメリカと戦争すると不利なため、アメリカの不意をついて攻撃し、被害をあたえて早めに戦争を終わらせようと考えていたんだ。出したつもりの日本の宣戦布告（※）が攻撃より少しあとに届いたため、アメリカは日本にだまし討ちされたと考えて非難し、ただちにアメリカも宣戦布告したんだ。

※相手に対して「これから戦争を始めるぞ」と知らせること。

真珠湾があるのは、ハワイの何島？

❶ ハワイ島　❷ オアフ島　❸ マウイ島　❹ カウアイ島

クイズの答え：② 真珠湾はオアフ島の南沿岸部にある。アメリカ海軍の基地があった。

ここの
12月9日
(慶応3年)

王政復古の大号令が出された日
西暦1868年1月3日

このあたり
1868 1912
明治時代

徳川家はいらない! 王制復古の大号令を発するぞ

王政復古の大号令は、天皇による政治を復活させるという宣言です。明治政府が徳川幕府の影響を受けないようにする目的がありました。

御所で王政復古の大号令が宣言された

この日、天皇の政治を復活させる王政復古の大号令が出されたんだよ。1867年、幕府は徳川家の力を保ったまま朝廷に政治の権力を返すという大政奉還を行ったけど、新政府の長州藩(今の山口県)や薩摩藩(今の鹿児島県)、岩倉具視たちの公家(貴族)は、幕府の力を残したくなかった。そこで徳川家の地位と土地をとり上げることを決め、幕府の関係者を御所から追い出して、王政復古の大号令を出したんだ。

12月9日

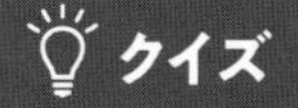

大政奉還をした徳川幕府の将軍は?

❶ 徳川家康　❷ 徳川綱吉　❸ 徳川吉宗　❹ 徳川慶喜

クイズの答え:④ 徳川慶喜は江戸幕府の最後の将軍。大政奉還によって将軍職を失った。

12月10日（昭和43年）

三億円事件が発生した日
西暦1968年12月10日

このあたり
1926 1989
昭和時代

ねらわれたのは冬のボーナス。いちばん有名な未解決事件

東京都府中市で起きた三億円事件は、迷宮入りとなった事件です。日本犯罪史上、最も有名な事件で、多くの作品の題材になっています。

クイズ

犯人はどんなかっこうをしていた？

❶ 消防士
❷ 警察官
❸ 自衛官

まさに劇場型完全犯罪！　三億円事件が起きた日

この日は冬のボーナスが多くの会社で支給される日で、事件でうばわれた現金輸送車にもそのための3億円が積まれていた。警察官のかっこうをした犯人は白いバイクで輸送車を追いこして停車させ、ダイナマイトがしかけられていると言って、銀行員を車から降ろした。犯人が車の下から煙を出し、「早く逃げろ!」とさけぶと、銀行員はおどろいて車からはなれ、そのスキに輸送車はぬすまれてしまったんだ。

おまけ

多くのモノが現場に残っていて、すぐに犯人につながると最初は考えられていました。11万人の容疑者リストが作られましたが解決できませんでした。

クイズの答え：② 現金輸送車は、白バイ警察官のかっこうをした犯人にとめられた。

12月11日 (文明17年)

山城国一揆が起きた日
西暦1486年1月16日

このあたり
1336 1493
室町時代

戦ばかりしている大名は出ていけ。山城国一揆が起こったぞ！

応仁の乱のあと、畠山氏のあとつぎ問題で戦が起こっていた山城国。南山城の一揆勢は畠山氏を追い出し、自分たちで村を治めました。

戦はもういや！　山城国のみんなが立ち上がり、一揆が起きた

山城国一揆は、室町時代に農民や地侍（※）が起こした代表的な一揆なんだ。応仁・文明の乱（※）のあと、山城国（今の京都府の南半分）では畠山政長と畠山義就のどちらが家をつぐかを争って戦いを続けていた。すると、この戦いで大きな迷惑を受けていた国人衆（その地域に住んでいる人たち）が一揆を起こし、畠山氏を追い出してしまった。南山城の村では「三十六人衆」という地元の侍が中心となって、自分たちで村を治めたんだよ。

※農民や名主から武士になった人たち。　※将軍のあとつぎをだれにするかで起きた内乱のこと。

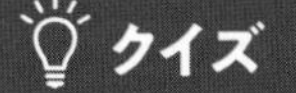
クイズ　山城国一揆で、村の自治は何年続いた？

① 1年　② 4年　③ 8年　④ 16年

12月11日

クイズの答え：③　8年間ほど農民たちによる自治が行われたが、仲間割れを起こして解体することになった。

12月12日 (天正12年)

小牧・長久手の戦いが終わった日
西暦1585年1月12日

このあたり
1573 1603
安土桃山時代

織田信雄が秀吉と仲直り? 家康も秀吉と戦うのをやめた!

織田信雄を立てて豊臣秀吉と戦っていた徳川家康。信雄が秀吉と仲直りの相談をして、小牧・長久手の戦いが終わりました。

小牧・長久手の戦いで家康と秀吉の仲直りが成立した

織田信長が死んだあと、天下人になった豊臣秀吉。でも、信長の次男・織田信雄はそんな秀吉が気に入らなくて、徳川家康をたよったんだ。家康は、信雄を助けるという名目で秀吉と戦をすることにしたんだよ。こうして起こったのが「小牧・長久手の戦い」だよ。ところが秀吉は信雄と仲直りの相談をして、戦いは終わってしまったんだ。戦いを有利に進めていた家康もこれではどうしようもないよね。秀吉と仲直りすることにしたんだよ。

12月12日

クイズ 小牧・長久手の戦いで、総大将になって出陣した秀吉のおいは?

❶ 豊臣秀長 ❷ 豊臣秀頼 ❸ 結城秀康 ❹ 豊臣秀次

クイズの答え:④ 天下人・秀吉のおいとして戦いに参加したが、徳川軍の奇襲攻撃で敗れてにげることになった。

12月13日

(昭和12年)

南京事件が起こった日
西暦1937年12月13日

このあたり
1926 1989
昭和時代

日本軍が南京に攻めこんで大ぎゃく殺事件が起こった？

日中戦争中、日本軍は中国の首都・南京を支配しました。
南京で日本軍は、多くの中国人を殺したといわれています。

日本軍が南京をうばい、南京事件が起こった

この日は、中国で日本軍による南京事件が起こった日だよ。南京事件とは、日中戦争のとき、中国の首都だった南京を日本軍のものにし、兵士でない人々をふくむ多くの中国人を殺したといわれる事件なんだ。当時、日本は短期間で中国に勝てると考えていたけど、中国軍の抵抗にあい、苦しい戦いを続けていたのが事件の原因といわれているよ。この事件によって日本は、国際社会から大きな非難を受けることになったんだ。

クイズ 1937年、日中戦争のきっかけになった事件は？

① 盧溝橋事件　② 五・一五事件　③ ロッキード事件　④ 三億円事件

クイズの答え：① 北京郊外の盧溝橋で日本軍と中国軍のどちらかが発砲。おたがいに戦うことになった。

12月14日 (元禄15年)

赤穂浪士が討ち入りした日
西暦1703年1月30日

このあたり
1603 1868
江戸時代

吉良上野介、討ちとったり！ 赤穂浪士が吉良邸に討ち入り

との様・浅野長矩のかたきを討つため、吉良邸に討ち入りした赤穂浪士。ついに、かたきである吉良上野介の首を落としました。

前年、浅野が江戸城内で吉良に小刀できりかかる事件が起こり、浅野はすぐに切腹させられている。

赤穂浪士が吉良上野介の屋敷に討ち入って殺害した

ワシは吉良上野介。浅野長矩が起こした事件で、ワシが罪に問われなかったことに不満を持った赤穂浪士がこの日、ワシの屋敷に討ち入りしてきたんじゃ。ワシはこんなときに備えて浪人たちをやとっていたんじゃが、炭小屋にかくれていたのを見つかって、首をきられてしまったんじゃ。

12月14日

クイズ 赤穂浪士のリーダーだったのは？

❶ 大岡越前守　❷ 大石内蔵助　❸ 大海人皇子　❹ 徳川綱吉

クイズの答え：② 自身をふくむ47人を率いて吉良邸に討ち入り、吉良上野介ら二十数名を殺した。

平将門が「新皇」を自称した日
西暦940年1月26日

12月15日（天慶2年）

このあたり
794　1185
平安時代

今日からワシ、平将門は「新皇」と名乗るぞ！

平安時代中期、関東の8カ国をおそった平将門。
上野国府を落とし、自分から「新皇」と名乗りました。

自分のことを「新皇」と名乗った将門は、朝廷から独立して関東各地を支配することを宣言した。

平将門が上野国府を落として「新皇」を自称した

ワシは平将門。父の支配する地域をめぐって親族と争いを続けていたんだけど、戦っているうちに、朝敵（朝廷の敵）にされてしまったんだ。それで坂東八州の地域を倒して手に入れることを決意したんだよ。上野国（今の群馬県）に兵を進めて国府（※）を自分のものにしたワシは「新皇（新しい天皇）」と名乗ったんだ。

新皇を名乗った平将門

※国ごとにおかれていた地方行政官の役所のこと。

クイズ　坂東とは、今の何地方のこと？

❶ 関東地方　❷ 関西地方　❸ 四国地方　❹ 九州地方

クイズの答え：① 関東地方の古い呼び名。相模国足柄（今の神奈川県南西部）の坂より東にある国のことを指した。

12月16日（昭和16年）	戦艦大和が完成した日 西暦1941年12月16日

このあたり　1926　1989　昭和時代

世界最大の戦艦 大和が完成したぞ！

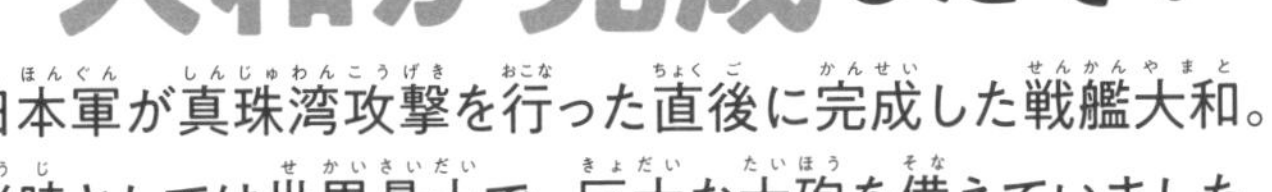

日本軍が真珠湾攻撃を行った直後に完成した戦艦大和。
当時としては世界最大で、巨大な大砲を備えていました。

史上最大の戦艦大和が完成した

1904年の日露戦争で、日本がロシアのバルチック艦隊に勝ったことで、日本は強い戦艦を持てば戦争に勝てると考えるようになったんだ。日本が真珠湾攻撃を行ってから8日後の12月16日、当時、世界最大の戦艦だった大和が完成したんだよ。大和は、全長263メートルという大きさで、46センチ砲という巨大な大砲を9門、備えていたんだ。大和は無敵の不沈艦（沈まない船）と呼ばれていたんだよ。

※艦隊の司令長官や司令官が乗って指揮をとる軍艦のこと。

クイズ　大和がつくられたのはどこ？

❶ 広島県呉市　❷ 愛知県名古屋市　❸ 神奈川県横須賀市　❹ 茨城県日立市

クイズの答え：①　かつて広島県の呉市に海軍直営の工場があり、大和をふくむ数々の戦艦がつくられた。

12月17日 (明治13年)

日本最後のかたき討ちが行われた日
西暦1880年12月17日

このあたり
1868 1912
明治時代

ええい、家族のかたき！これが日本で最後のかたき討ちだ！

父と母、幼い妹を何者かに殺されてしまった臼井六郎。
ついにかたきを見つけ、日本最後のかたき討ちを果たしました。

臼井六郎が両親・妹のかたきを討った

この日、臼井六郎という人が、日本で最後のかたき討ちをしたんだよ。幕末に秋月藩（今の福岡県）で働いていた武士の子として生まれた六郎は、父母と幼い妹を何者かに殺されてしまったんだ。六郎の父が、藩主に開国をすすめたという理由だった。おじさんのところに身を寄せながら犯人をさがしていた六郎は、ついに父を殺した一瀬を見つけたんだ。そして藩主の屋敷から戻ってくる一瀬をおそって、かたきを討ったんだよ。

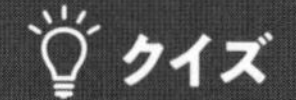

クイズ 明治6年（1873年）に出された、かたき討ちを禁止した法律は？

❶ 治安維持法　❷ 仇討禁止令　❸ 道路交通法　❹ 個人情報保護法

クイズの答え：② 江戸時代、かたき討ちは奉行所に届け出をすれば罪に問われなかった。明治になって禁止となった。

12月18日

(明治31年)

西郷隆盛像が上野公園に建てられた日

西暦1898年12月18日

このあたり 1868 1912 明治時代

えっ…、この銅像だれ？ 本人に全然似ていない…

東京都の上野公園に銅像が建てられているのを知っていますか？
日本の歴史には欠かせない人物の像なのです。

3つのまちがいを探せ

上野公園のシンボル・西郷隆盛像の除幕式が開催！

西南戦争（※）を起こし、明治政府にそむく反逆者とされていた西郷隆盛。でも、明治22年（1889年）の大日本帝国憲法発布で大赦（※）が行われると、明治維新の立役者として銅像建設の話が！ そして、ついにこの日に上野公園にて銅像の除幕式が行われたよ。幕が降ろされると、除幕式に参加していた西郷の妻・いとはおどろいた様子で、「主人はこんな人じゃない」とつぶやいたらしい。

※士族による日本国内で最後の内戦。
※国にとっておめでたいことがあったとき、罪が許されること。

おまけ

妻・いとのつぶやきには「顔が似ていない」という説と、当時、ふだん着とされていた「浴衣姿で出歩く人ではない」という説があるんだ。

まちがい探しの答え：①連れている犬　②差している刀　③台座の形

12月19日（慶長元年）

豊臣秀吉がキリスト教徒を処刑した日
西暦1597年2月5日

このあたり
1573 1603
安土桃山時代

キリスト教は禁止 秀吉が信者26人を処刑！

最初はキリスト教を広めることを許していた豊臣秀吉。
でも途中から禁止にし、26人のキリスト教徒を長崎ではりつけにしました。

豊臣秀吉が26人のキリスト教徒を処刑した

この日、豊臣秀吉の命令によって、日本人をふくむ26人のキリスト教徒が長崎ではりつけの刑になったんだよ。1549年に日本に伝わったキリスト教は、織田信長が広めることを許し、秀吉も最初は認めていた。でも、キリスト教が広まるにつれてお寺や神社がこわされたりしたんだ。さらにスペインやポルトガルがキリスト教を通じて日本を植民地にしようとしていると聞いて危機感をもち、きびしい態度に出たんだよ。

クイズ 秀吉と同じようにキリスト教を禁止した武将は？

❶ 織田信長　❷ 源 頼朝　❸ 足利尊氏　❹ 徳川家康

クイズの答え：④ 慶長19年（1614年）、徳川家康は息子の秀忠の名前でキリスト禁教令を出した。

12月20日

（大正3年）

東京駅が開業した日
西暦1914年12月20日

このあたり
1912 1926
大正時代

出発進行！東京駅が開業したよ！

首都にふさわしい中央停車場としてつくられた東京駅。
開業した日は大勢の人たちが、見物に訪れました。

赤レンガづくりの東京駅が開業した

鉄道が盛んになるにつれて、新橋駅にかわる首都にふさわしい中央停車場をつくろうということになったんだ。それが東京駅だよ。完成式が行われた12月18日の2日後、12月20日に東京駅が開業したんだ。その日の午前5時20分、横須賀行きの第一列車がホームを出発、見物の人たちがおしかけた。東京駅が開業したことで、それまで東海道本線の起点だった新橋駅は、汐留駅と名前をかえて貨物駅になったんだよ。

クイズ 東京駅をつくるのにかかったお金は？

❶ 100万円　❷ 200万円　❸ 300万円　❹ 400万円

クイズの答え：③　300万円。現在のお金にすると約500億円。

12月21日

（応永6年）

大内義弘が討ち死にした日

西暦1400年1月17日

このあたり

1336　1493

室町時代

足利義満と戦ったけど火攻めにあって討ち死に！

守護大名の力を弱めようとしていた足利幕府第３代将軍・足利義満。義満と対立していた大内義弘は、応永の乱を起こしました。

応永の乱で大内義弘が討ち死にした

この日は、室町時代の守護大名・大内義弘が討ち死にした日だよ。大内義弘は、足利幕府の第3代将軍・足利義満と対立して戦うことにしたんだ。これが応永の乱だよ。明（今の中国）との貿易で利益を得ていた大内氏の力を弱めようとしていた義満。幕府軍は、義弘がいた堺の城を火攻めにして、総攻撃を行ったんだ。義弘もこれが最後の戦いだと覚悟して、刀で敵にきりこんで、討ち死にしたんだよ。

クイズ　大内義弘が討ち死にした堺があるのは？

❶ 京都府　❷ 愛知県　❸ 兵庫県　❹ 大阪府

クイズの答え：④　堺は、今の大阪府堺市のこと。

12月22日

(明治18年)

初代内閣総理大臣が誕生した日
西暦1885年12月22日

このあたり
1868 1912
明治時代

どうして伊藤博文が選ばれた？ それは……英語ができたから！

初代の内閣総理大臣になった伊藤博文はドイツの首相・ビスマルクに会い、感動したそうです。日本初の内閣制度、憲法の制定はドイツをお手本にしています。

クイズ

伊藤博文は何回総理大臣をやった？

❶ 2回
❷ 3回
❸ 4回

近代政治の夜明け。 伊藤博文が初代内閣総理大臣に

実は初代の内閣総理大臣には、当時の太政大臣で、公家（貴族）出身の三条実美がなりそうだった。しかし、だれを総理大臣にするかという会議の中で、伊藤の友人である井上馨が「外国語の電報を読める人が総理になるべきだ」と主張し、これが決め手になった。伊藤は貧しい農民の出身だったけど、語学力ではだれもが認めていたんだね。このとき、伊藤は44歳。最も若い総理大臣就任の記録として、現在も続いているよ。

おまけ

伊藤博文は、昭和38年（1963年）から20年以上、千円札にえがかれた人物です。その後、千円札の顔は夏目漱石、野口英世と続きます。

クイズの答え：③ 初代、第5代、第7代、第10代の4度、伊藤は内閣総理大臣に就任している。

12月23日

（昭和33年）

東京タワーが完成した日
西暦1958年12月23日

このあたり
1926 1989
昭和時代

高さ333メートルの電波塔 東京タワーが完成したぞ！

この日、世界一の高さの電波塔・東京タワーが完成。
増えてきたテレビ局の電波をまとめて送信するためでした。

電波塔として東京タワーが完成した

東京・芝公園に東京タワーが完成して、完成式が行われたのがこの日で、「東京タワーの日」になっているよ。東京タワーは、増えてきたテレビ局の電波をひとつにまとめるためにつくられたんだ。高さは333メートルで、当時世界一だったパリのエッフェル塔の高さを超えたんだよ。東京タワーは、平成30年（2018年）9月30日に電波塔としての役割を終え、今は東京スカイツリーがその役割を引きついでいるよ。

クイズ 東京タワーの役割を引きついだ東京スカイツリーの高さは？

① 634メートル　② 644メートル　③ 654メートル　④ 666メートル

クイズの答え：① 高さは634メートルで、電波塔としては世界一。人気の観光スポットにもなっている。

12月24日（昭和63年）

日本初の消費税法案が通過した日
西暦1988年12月24日

このあたり
1926 1989
昭和時代

税率3％！
消費税の導入が決まったよ

竹下登内閣が消費税関連法案を国会で通過させました。
この法案で、日本で初めて消費税の導入が決まりました。

最初は3%から！　消費税法案が成立した

この日、消費税関連法案が国会を通過して、翌年の4月1日から、すべての商品やサービスの価格に対して、3%の消費税をかけることが決まったんだ。消費税というのは、何かを買ったり利用したりするときに税がかかるため、社会全体で幅広く税金を徴収できるという利点があるんだ。ちなみに税率は平成9年（1997年）に5%、平成26年（2014年）に8%、令和元年（2019年）には10%になったよ。

クイズ　消費税のように消費者がお店などを通じて間接的に納める税は？

❶ 相続税　❷ 住民税　❸ 所得税　❹ 間接税

クイズの答え：④　①～③は直接税、消費税は④の間接税。

12月25日 (慶応3年)

薩摩藩邸が焼き打ちされた日
西暦1868年1月19日

このあたり
1603 1868
江戸時代

幕府を倒そうとしていた薩摩藩江戸藩邸がおそわれた！

薩摩藩(今の鹿児島県)は、江戸藩邸に浪士(※)を集め、放火などの指示をしていました。江戸幕府は、浪士を討つために薩摩藩邸を焼き打ちしました。

江戸幕府が薩摩藩の屋敷を焼き打ちにした

この日、三田（今の東京都港区）の薩摩藩江戸藩邸が、庄内藩（今の山形県）などによって焼き打ちされたんだ。この事件の前、薩摩藩は幕府を倒すために、薩摩藩の屋敷に浪士たちを集め、江戸のあちこちで放火や略奪などの事件を起こすことを指示していたんだ。勘定奉行・小栗上野介たち幕府は、浪士たちを捕まえることを決め、庄内藩の兵士たち2000人を薩摩藩邸に向かわせて、焼き打ちをかけたんだよ。

※仕える主人がいない武士。

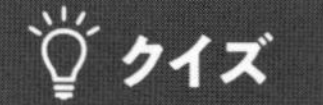

庄内藩のように江戸幕府を助ける人たちを何という？

❶ 佐幕派　❷ 尊皇派　❸ ハト派　❹ タカ派

12月25日

クイズの答え：① 江戸幕府を支持する人たちが佐幕派で、天皇を支持する人たちが尊皇派。

12月26日

(天文11年)

徳川家康の誕生日

西暦1543年1月31日

このあたり

1493 1573

戦国時代

子どものころから苦労の連続！

徳川家康の誕生日

15代続いた江戸幕府の初代将軍・徳川家康。
子どものころから長い苦労の末に、江戸幕府を開きました。

家康は、今川義元や織田信長、豊臣秀吉のもとでじっとがまんして、徳川の時代をつくり上げた。

江戸幕府を開いた徳川家康が生まれた日

ワシ、徳川家康は三河地方（今の愛知県）を支配する松平家のあとつぎとして岡崎城で生まれたんじゃ。松平家は今川家の家来。ワシは6歳のときに今川家に人質として送られた。今川義元が織田信長に倒されると、ワシはふるさとの三河に帰ったんじゃ。それから天下を統一するまで、長い苦労があったんじゃよ。

12月26日

クイズ 徳川家康を大将とする東軍と、石田三成を中心とする西軍が戦ったのは？

❶ 大坂の陣　❷ 三方ヶ原の戦い　❸ 関ケ原の戦い　❹ 川中島の合戦

クイズの答え：③「天下分け目の戦い」ともいわれる関ケ原の戦い。東軍の徳川家康が勝利した。

松平定信の誕生日
西暦1759年1月25日

このあたり
1603 1868
江戸時代

12月27日
(宝暦8年)

寛政の改革を進めた松平定信の誕生日！

将軍・徳川家斉の老中(※)として寛政の改革を進めた松平定信。定信は、田沼意次によって乱れた政治を引きしめようとしました。

松平定信は、幕府の財政を立て直すため質素・倹約(ぜいたくをせず、むだなお金を使わないこと)を命令した。

「ぜいたく禁止！」にした松平定信の生まれた日

私は江戸幕府の第11代将軍・徳川家斉のとき老中として寛政の改革を行ったんだ。前の老中・田沼意次のせいでゆるんでしまった政治を引きしめたり、天明の飢饉(※)でかたむいてしまった幕府の財政を立て直そうとしたりしたんだよ。ただ、改革はあまり効果を上げられなかったんだ。

老中・松平定信

※将軍以外で幕府のなかでいちばん権力がある地位。
※農作物の不作により、人々が食べ物を食べられず苦しむこと。

クイズ 松平定信のおじいさんは？

① 徳川吉宗　② 足利義昭　③ 織田信長　④ 石田三成

クイズの答え：① 徳川吉宗は江戸幕府第8代将軍。享保の改革を行った。

12月28日（治承4年）

平氏が南都を焼き打ちした日
西暦1181年1月15日

このあたり
794 1185
平安時代

奈良を攻撃した平家！奈良のお寺が火の海に！

平家に反対する奈良の仏教勢力に兵をさしむけた平清盛。放った火で東大寺や興福寺が焼け落ち、多くの被害が出ました。

平氏が南都を焼き打ちにした

平家の力がおとろえてくると、南都（今の奈良県）のお寺の勢力が、平家のやり方に反対するようになったんだ。興福寺などのお寺が政治に口を出すのをきらった平清盛は、息子の重衡を大将軍にして南都攻撃に出陣させたんだよ。南都のお寺との戦いを始めた重衡は、夜になると近くの民家に火をつけることを命令した。その火は、吹きあれる冬の季節風にあおられて燃え広がり、興福寺や東大寺など多くのお寺を焼きつくしたんだ。

クイズ　奈良の大仏で有名な東大寺を建てた天皇は？

❶ 桓武天皇　❷ 天武天皇　❸ 聖武天皇　❹ 神武天皇

クイズの答え：③　聖武天皇は仏教に救いを求め、東大寺だけでなく全国にお寺を建てた。

12月29日

（寛弘2年）

紫式部が女官になった日

西暦1006年1月31日

このあたり

794 1185

平安時代

『源氏物語』を書きながら中宮・彰子に仕えたのよ

平安時代に書かれた『源氏物語』の作者として有名な紫式部。夫を亡くしたあと、中宮・彰子の先生として宮中に上がりました。

紫式部は、中宮・彰子の父親だった藤原道長のたのみで、中宮の相談役兼教師として女官となった。

紫式部が中宮・彰子の女官になった

私は紫式部。『源氏物語』の作者よ。この日は、私が一条天皇の中宮・彰子のもとで働き始めた日なの。中宮に教養をつける先生として採用されたのよ。私は、中宮のお世話をしながら『源氏物語』を書いていったの。宮中にいたから、物語もいきいきと書くことができたのよ。

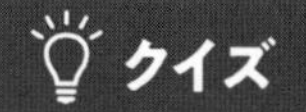

『源氏物語』の主人公は？

❶ 源　頼朝　❷ 源　義経　❸ 源　為朝　❹ 光源氏

クイズの答え：④　主人公は光源氏。貴族のできごとが54巻にわたって書かれている。

12月30日 (昭和2年)

日本初の地下鉄が開通した日
西暦1927年12月30日

このあたり
1926 1989
昭和時代

日本初の地下鉄が東京の上野－浅草を走ったよ！

この日、日本で初めて地下鉄が開通しました。
上野－浅草の間の短い距離でしたが、大人気でした。

日本初の地下鉄が、上野－浅草で開通した

日本初のお客さんを乗せるための地下鉄が開通したこの日は「地下鉄記念日」になっているよ。当時は、交通手段としてよく路面電車が利用されていた。でも、だんだん自動車が増えてきて、路面で電車を走らせることが難しくなっていたんだ。地下鉄が走ったのは上野－浅草の間の約2.2キロ。今の地下鉄銀座線の始まりだよ。開通した当日、たくさんのお客さんが地下鉄に乗ったんだ。

クイズ 東京の次に地下鉄ができたのは？

① 大阪　② 名古屋　③ 札幌　④ 横浜

クイズの答え：① 大阪に地下鉄ができたのは昭和8年（1933年）。梅田駅と心斎橋の区間が開通した。

12月31日 (昭和20年)

教科書から神話が消えた日
西暦1945年12月31日

このあたり
1926 1989
昭和時代

歴史の授業で日本神話を教えなくなった日

GHQは日本政府に対して、歴史などの教育を禁止しました。
それ以来、子どもたちに日本に伝わる神話を教えなくなりました。

GHQが歴史教育を禁止し教科書から神話が消えた

この日、GHQ(第二次世界大戦後、連合国軍が日本を支配している間に設置された組織)は、日本政府に対して歴史教育を禁止し、それまで使っていた教科書を回収するように指示したんだ。ここから、日本に伝わる神話を、学校では教えなくなったんだ。そのかわりに昭和21年(1946年)9月、旧石器時代から始まる新しい歴史の教科書が作られ、歴史教育が再開されたんだよ。

GHQの最高司令官だったのは?

① マッカートニー ② ケネディ ③ オバマ ④ マッカーサー

クイズの答え:④ マッカーサーはアメリカの軍人で、アメリカ国民から人気の高い人物だった。

ざっくり日本史 近代編

西洋人と同じ髪形にしなければならない法令が出された

室町時代の後期から、「兜をかぶったときに頭が蒸れなくてとってもいい!」という理由でちょんまげヘアが広まったんだ。最初は武士特有の髪形だったけど、江戸時代になると男性はみんなこの髪形になったんだ。ただ、このちょんまげヘアは、明治維新で日本を訪れたたくさんの外国人たちからは評判が悪く、「この髪形は恥ずかしいからもうやめよう!」って動きになっていくんだ。明治4年(1871年)には「断髪令」という法令が出され、その後10年ほどかけてちょんまげヘアはすたれていったんだ。

読破記念

小和田先生からのお言葉

『日本の歴史366　この日にあったこと！』
ぜんぶ読んだあなたはとても立派です。
日本という国は、長い時間をかけてここにあります。
たくさんの人々の喜びや悲しみ、苦労などを
あなたはこの本を通して学ぶことができました。
今起きていること、これから起きること……。
歴史を知ると、視野が広がります。
歴史を学んだあなたであれば、
今後の人生において
きっと素晴らしい選択をしていけることでしょう。

小和田哲男

索引としても使える！

日本史年表

旧石器時代から振り返ってみるよ

時代	西暦	主なできごと
旧石器時代	前20000	石器を道具とした生活が始まる
	前10000	土器を道具とした生活が始まる
縄文時代	前4000	稲作文化が始まる
	前3000	巨大な貝塚や環状集落がつくられる
弥生時代	前400	九州で水稲農耕が本格化
	57	倭の奴国王が今の中国の王様・光武帝から印綬を授けられる
	266	卑弥呼が親魏倭王の称号を今の中国の王様・魏帝からいただく
古墳時代	400頃	大和政権の統一が進む
	538頃	仏教が日本へ伝わる
	592	蘇我馬子が崇峻天皇を暗殺する
飛鳥時代	593	聖徳太子が皇太子となり政治に参加する
	599	『日本書紀』に日本最古の地震被害が記録される →p.137
	600	日本で最初の遣隋使が派遣される
	603	能力によって位をあたえるために聖徳太子が冠位十二階を出す →p.361
	604	聖徳太子が国の法律づくりの基本になる十七条の憲法を出す →p.113
	607	小野妹子が隋へ出発する →p.205
	622	聖徳太子が亡くなる →p.71
	628	推古天皇が亡くなる →p.85
	643	山背大兄王が蘇我入鹿におそわれる →p.327
	645	天皇を中心にした政治にするため、大化の改新が起きる →p.183
	646	身分に応じた墓の大きさにする薄葬令が出る →p.100
	663	日本が中国と戦う、白村江の戦いが起きる →p.260
	669	中臣鎌足が天智天皇から「藤原」姓を授かる →p.310
	673	天武天皇が即位する →p.76
	686	大津皇子が反乱を計画した疑いで自殺させられる →p.298
	694	持統天皇が藤原京に都を移す →p.362
	701	日本初の本格的な法律・大宝律令が完成する →p.236
	702	長さや重さをはかる度量衡が統一される →p.86
	708	初めてのお金・和同開珎が発行される →p.151
奈良時代	710	平城京に都を移す →p.88
	712	太安万侶が『古事記』を完成させる →p.46
	723	三代に土地の私有を認める三世一身法が出される →p.127
	743	自分の土地が手に入る墾田永年私財法が出される →p.167
	752	東大寺の大仏開眼供養が行われる →p.119
	754	仏教を広めるために鑑真が唐から来日する →p.34
	774	平安時代の新しい仏教のひとつ、真言宗を広めた空海が誕生 →p.186
	785	早良親王が無実をうったえて亡くなる →p.292
平安時代	794	奈良時代が終わり、平安京に都を移す →p.317
	802	蝦夷の族長・アテルイが坂上田村麻呂に降参する →p.125
	810	平城上皇を天皇にするのに失敗した藤原薬子が自殺(薬子の変) →p.276
	894	菅原道真が遣唐使の派遣を廃止することを決める →p.294
	901	菅原道真が大宰府に行かされることが決まる(昌泰の変) →p.43

時代	西暦	主なできごと
平安時代	940	平将門が上野国府に勝って「新皇」を名乗る →p.371
		平将門が、朝廷の軍と戦って負ける →p.63
	1000	藤原定子が皇后になり、藤原彰子が中宮になる →p.74
	1006	平安時代の作家、紫式部が中宮・彰子の女官になる →p.385
	1016	藤原道長が摂政となる →p.47
	1074	藤原頼通が亡くなる →p.51
	1087	白河天皇が天皇をやめて上皇となる（院政） →p.352
	1156	後白河法皇と崇徳上皇が争いをする（保元の乱） →p.213
		源為朝が伊豆大島へ島流しにされる →p.259
	1179	平清盛が後白河法皇をとじこめて院政をやめさせる →p.346
	1180	源氏と平氏による、源平合戦が始まる →p.166
		源頼朝が平氏を倒すために戦に向かう →p.250
	1181	平氏が南都を攻め、東大寺、興福寺などを焼き打ちにする →p.384
	1182	源頼家が生まれる →p.245
	1184	源平の合戦「一ノ谷の戦い」で、源義経が勝利する →p.56
	1185	平氏が負けて壇ノ浦でほろびる →p.102
		東大寺の大仏開眼供養が行われる →p.261
鎌倉時代		鎌倉幕府が開かれる
	1188	源頼朝が弟の源義経を討つように命令する →p.70
	1199	征夷大将軍・源頼朝が急に亡くなる →p.31
		北条政子が北条家を中心にした十三人の合議制を定める →p.122
	1203	北条氏が比企氏を倒し、執権政治が始まる（比企の乱） →p.266
	1219	源実朝が暗殺される →p.45
	1221	鎌倉幕府が朝廷を監視し、京都を守るために六波羅探題をおく →p.187
		承久の乱を起こした後鳥羽上皇を隠岐に島流しにする →p.215
	1232	北条泰時が御成敗式目五十一条を出す →p.243
	1238	鎌倉大仏が建てられる →p.101
	1241	小倉百人一首の和歌を選んだ藤原定家が亡くなる →p.253
	1252	鎌倉幕府第6代将軍になる宗尊親王が京都を出発する →p.97
	1263	北条時頼が亡くなる →p.348
	1274	文永の役で神風がふき、中国の元軍が撤退する →p.315
	1276	金沢文庫をつくったことで知られる北条実時が亡くなる →p.318
	1281	モンゴル軍が九州を攻めにくる、弘安の役が起こる →p.177
	1285	平頼綱が安達泰盛と一族をほろぼす霜月騒動が起こる →p.343
	1297	武士の借金をなしにする、永仁の徳政令が出される →p.84
	1324	後醍醐天皇が鎌倉幕府を倒そうとして失敗（正中の変） →P.283
	1331	後醍醐天皇が鎌倉幕府をほろぼす（元弘の乱） →p.139
	1333	約150年続いた鎌倉幕府がほろびる →p.162
室町時代	1336	足利尊氏が楠木正成・新田義貞軍に湊川で勝つ →p.165
		後醍醐天皇が京都から吉野へ脱出する
	1338	鎌倉幕府を倒した足利尊氏が征夷大将軍になる →p.244
	1397	足利義満が金閣寺を建てるために安全をいのる儀式が行われる →p.126

時代	西暦	主なできごと
室町時代	1400	室町幕府軍が堺城を攻撃する（応永の乱） →p.377
	1401	足利義満が中国の明へ使節を派遣する →p.153
	1408	南朝と北朝の2つの朝廷を統一した足利義満が亡くなる →p.146
	1419	朝鮮の兵が対馬をおそってくる（応永の外寇） →p.191
	1428	足利義教が、クジ引きで将軍になる →p.37
		正長の土一揆が起きる →p.282
	1436	室町幕府第8代将軍・足利義政が生まれる →p.20
	1438	足利持氏が室町幕府に逆らう（永享の乱） →p.249
	1441	赤松満祐が足利義教を暗殺する（嘉吉の乱） →p.195
		赤松満祐が山名持豊らに攻められて自殺する →p.274
	1457	太田道灌が江戸城を建てる →p.118
	1486	畠山政長・義就の軍勢にたいして山城の国人衆が一揆を起こす →p.367
戦国時代	1493	北条早雲が伊豆の堀越公方をほろぼす
	1496	日野富子が亡くなる →p.160
	1500	祇園祭が再開される →p.178
	1541	尼子経久が亡くなる →p.339
	1543	江戸幕府を開いた徳川家康が生まれる →p.382
		日本に鉄砲が伝わる →p.258
	1547	武田信玄が家来と農民に向けて甲州法度之次第を出す →p.172
	1549	フランシスコ・ザビエルが鹿児島に上陸する →p.224
	1555	厳島の戦いで毛利元就が陶晴賢を破る →p.296
	1556	斎藤道三が子・義龍と長良川で戦って死ぬ →p.130
戦国時代	1560	桶狭間の戦いで織田信長が今川義元に勝つ →p.159
	1563	松平元康（のちの徳川家康）が今川家と別れ、家康と名乗る →p.208
	1566	毛利元就が月山富田城を攻めて勝つ →p.345
	1567	上杉謙信が敵の武田信玄に塩を送る →p.29
	1568	織田信長が足利義昭を応援していっしょに京に行く →p.290
	1570	金ケ崎の戦いで浅井長政が織田信長を裏切る →p.135
		信長と家康が組んだ、姉川の戦いが起きる →p.199
	1571	毛利元就が亡くなる →p.185
	1573	織田信長が足利義昭を追放して、室町幕府が終わる →p.220
安土桃山時代	1575	長篠の戦いで、織田信長が鉄砲を使って勝つ →p.161
	1577	松永久秀は名茶器「平蜘蛛」をたたき割って自殺する →p.305
	1578	織田信長が近江国の相撲取り300人を安土城に集めて観戦する →p.78
	1579	徳川秀忠が生まれる →p.117
	1582	本能寺の変で織田信長が亡くなる →p.173
		山崎の戦いで豊臣秀吉が明智光秀を破り、天下統一を目指す →p.184
		織田信長の後継者を決めるために清洲会議が開かれる →p.198
	1583	柴田勝家が切腹する →p.134
	1585	小牧・長久手の戦いで家康と秀吉が仲直りする →p.368
		豊臣秀吉が禁裏茶会を開き、千利休がお茶をいれる →p.302
	1587	島津義久が豊臣秀吉に降参する →p.148
		豊臣秀吉が聚楽第に移る →p.277
	1588	豊臣秀吉による刀狩りが行われる →p.210

時代	西暦	主なできごと
安土桃山時代	1589	豊臣秀吉が小田原の北条氏を倒すよう命令する →p.350
	1590	豊臣秀吉の天下統一が完成する →p.207
	1591	戦国時代の茶人・千利休が亡くなる →p.77
	1592	豊臣秀吉が文禄の役のため名護屋に向けて出発する →p.104
	1594	石川五右衛門がかまゆでとなる →p.257
	1595	豊臣秀吉のおい、関白の豊臣秀次が切腹させられる →p.217
	1596	服部半蔵が亡くなる →p.330
	1597	豊臣秀吉が26人のキリスト教徒を処刑 →p.375
		千姫が生まれる →p.121
		豊臣秀吉にゾウがおくられる →p.226
	1600	徳川家康が天下を目指して関ケ原の戦いをする →p.279
	1602	小早川秀秋が亡くなる →p.313
江戸時代	1603	徳川家康が征夷大将軍となり江戸幕府が開かれる →p.61
	1609	琉球王国が薩摩に敗れる →p.115
	1612	宮本武蔵と佐々木小次郎が巌流島で決闘をする →p.123
	1615	徳川家康が大坂夏の陣に出陣する →p.114
		「日本一の兵」とよばれた真田信繁（幸村）が亡くなる →p.147
		徳川秀忠が二条城に公家を集めて禁中並公家諸法度を出す →p.219
	1623	徳川家光が第3代将軍になる →p.229
	1624	高台院（ねね）が亡くなる →p.270
	1628	徳川光圀が生まれる →p.181
	1629	後水尾天皇が紫衣事件に不満を持ち、退位する →p.334

時代	西暦	主なできごと
江戸時代	1630	藤堂高虎が亡くなる →p.300
	1634	江戸幕府が長崎に出島をつくる →p.168
	1635	参勤交代が制度化される →p.192
	1636	伊達政宗が亡くなる →p.164
	1637	キリスト教へのとりしまりにより島原の乱が起こる →p.320
	1638	天草四郎たちが原城跡に立てこもる →p.359
	1639	江戸幕府による鎖国が完成する →p.206
	1646	江戸幕府第5代将軍・徳川綱吉が生まれる →p.26
	1657	明暦の大火が起きて、江戸の町が焼ける →p.36
	1666	新井白石とともに正徳の治を行った間部詮房が生まれる →p.156
	1689	松尾芭蕉が『おくのほそ道』の旅に出発する →p.105
	1703	赤穂浪士が吉良邸に討ち入りする →p.370
	1707	富士山大噴火が起こる（宝永大噴火） →p.349
	1716	徳川吉宗が江戸幕府第8代将軍になる →p.246
	1721	目安箱が設置される →p.235
	1723	無料医療施設の小石川養生所が開設される →p.360
		徳川吉宗が人口調査を6年ごとと定める →p.108
	1759	寛政の改革を行った松平定信が生まれる →p.383
	1760	葛飾北斎が生まれる →p.287
	1763	小林一茶が生まれる →p.145

江戸時代は265年も続いたんだ

時代	西暦	主なできごと
江戸時代	1767	滝沢馬琴が生まれる →p.180
	1771	杉田玄白と前野良沢が江戸の小塚原で死体解剖を見学する →p.82
	1777	伊豆大島の三原山が大噴火する →p.231
	1779	平賀源内が殺人罪で投獄される →p.347
	1784	「漢委奴国王」の金印が見つかる →p.72
	1787	食料不足から、天明の打ちこわし事件が起こる →p.152
		二宮尊徳が生まれる →p.225
	1792	ロシアの使節・ラクスマンが根室に来て貿易をするように求める →p.267
	1794	水野忠邦が生まれる →p.194
	1804	世界初の全身麻酔手術が日本人の手で行われる →p.308
	1806	藤田東湖が生まれる →p.94
	1821	伊能忠敬の弟子たちが『大日本沿海輿地全図』を幕府に献上する →p.212
	1823	勝海舟が生まれる →p.48
	1825	異国船打払令が出される →p.67
		『東海道四谷怪談』が初めて演じられる →p.228
	1829	シーボルトが国外へ追放される →p.289
	1830	吉田松陰が生まれる →p.237
	1832	ねずみ小僧が処刑される →p.252
	1833	木戸孝允が生まれる →p.197
	1835	前島密が生まれる →p.25
	1837	食料不足から、役人が反乱を起こす(大塩平八郎の乱) →p.68
		将軍・徳川家斉が大御所になる →p.112
江戸時代	1851	ジョン万次郎が日本に帰国する →p.21
	1853	ペリーが浦賀に来航する →p.174
	1854	日本初の電気通信が行われる →p.73
		日米和親条約で下田・函館が開港する
	1855	マグニチュード7.0～7.2の安政の大地震が起こる →p.297
	1856	アメリカ総領事・ハリスが下田にやってくる →p.223
	1858	日米修好通商条約に調印する →p.190
		安政の大獄で、小浜藩士・梅田雲浜が逮捕される →p.271
		西郷隆盛が僧・月照と入水する →p.342
	1859	吉田松陰が死刑になる →p.322
	1860	井伊直弼たちが江戸城で暗殺される(桜田門外の変) →p.81
	1861	日本初のボウリング場ができる →p.193
	1862	幕府を倒そうとする武士が殺される、寺田屋騒動が起こる →p.133
		武士が外国人を殺す、生麦事件が起こる →p.254
	1863	薩摩藩とイギリス艦隊が戦いになる →p.204
		新選組の前身、壬生浪士組が誕生する →p.91
		武市瑞山(半平太)がろうやに入れられる →p.285
		八月十八日の政変で天皇を敬う武士たちが京を追われる →p.251
	1864	江戸幕府と長州藩が戦う(禁門〈蛤御門〉の変) →p.221
		四国連合艦隊が下関を攻撃する →p.238
	1866	幕府を倒すために薩長同盟が結ばれる →p.39
		龍馬とおりょうが日本初の新婚旅行をする →p.107

時代	西暦	主なできごと
江戸時代		徳川家茂が亡くなる →p.222
	1867	夏目漱石が生まれる →p.23
		明治天皇が即位する →p.27
		高杉晋作が亡くなる →p.124
		大政奉還によって、江戸幕府が終わる →p.309
		坂本龍馬が京都で暗殺される →p.341
		江戸幕府が薩摩藩邸を焼き打ちする →p.381
	1868	徳川慶喜が大坂を脱出する →p.24
		天皇の政治を復活させるための王政復古の大号令が出る →p.365
		明治天皇が紫宸殿で「五箇条の御誓文」をちかう →p.92
		一世一元の制が出され、元号が明治に改元される →p.272
		沖田総司が亡くなる →p.170
		白虎隊が飯盛山で最期をむかえる →p.256
明治時代		会津藩主・松平容保が降伏開城。会津戦争が終結 →p.286
		外国への玄関口の一つ「神戸港」が開港される →p.363
	1869	小学校設置令が出される →p.54
		アイスクリームが日本国内で製造・販売される →p.149
		榎本武揚たちが五稜郭の戦いで負け、戊辰戦争が終わる →p.158
	1871	日本のお金の単位が「円」になる →p.150
		藩を県に置きかえる廃藩置県が行われる →p.216
		お昼を知らせる「ドン」という音が鳴るようになる →p.273
		岩倉使節団が横浜を出発 →p.338
	1872	島崎藤村が生まれる →p.66
		樋口一葉が生まれる →p.103
		日本国内でラムネが製造・販売される →p.144
		明治天皇が日本各地に行く、巡幸に出発する →p.163
		富岡製糸場が生産を開始する →p.299
	1873	日本の暦が太陰暦から太陽暦へ変更される →p.19
		国民を兵役につかせるための、徴兵令が出される →p.28
	1874	民撰議院設立建白書が提出される →p.35
	1875	平民にも名字が義務づけられる →p.62
	1876	日曜日が休日となる →p.90
		身分の差をなくすために刀を禁じる廃刀令が出される →p.106
		札幌農学校でアメリカ人教師・クラークが教頭として指導する →p.247
		政府に不満を持つ士族の反乱が起こる（萩の乱） →p.323
		野口英世が生まれる →p.335
		福沢諭吉の『学問のすゝめ』最終刊が出版される →p.351
	1877	税金の率を改め、軽減される →p.22
		西南戦争が起きる →p.64
		西南戦争が日本赤十字社の設立のきっかけとなる →p.141
		日本国内でえんぴつが製造・販売される →p.142
		アメリカの学者・モースが「大森貝塚」の発掘を開始する →p.280
		西南戦争が終わり、西郷隆盛が自殺する →p.288

明治は社会が大きく変わった激動の時代だよ

時代	西暦	主なできごと
明治時代	1878	明治新政府の中心人物、大久保利通が亡くなる →p.154
	1879	大正天皇が生まれる →p.264
	1880	日本で最後のかたき討ちが行われる →p.373
	1881	国会を開設すると発表される →p.307
	1882	上野動物園が開園する →p.98
		板垣退助が暗殺未遂事件にあう →p.116
	1883	日本の近代化を象徴する、洋館・鹿鳴館が開館する →p.354
	1884	農民が高い税金にいかり、秩父事件が起こる →p.326
	1885	のちの特許法となる、専売特許条例が出される →p.128
		日本初の駅弁が発売される →p.218
		内閣制度が確立し、第一次伊藤博文内閣ができ上がる →p.378
	1886	イギリス船遭難で乗っていた日本人全員がおぼれ死ぬ →p.319
	1887	電力会社が営業を開始する →p.40
		郵便記号「〒」が制定される →p.57
	1890	府県制・郡制が出される →p.157
		第1回総選挙が行われる →p.203
		天皇からの教育についての言葉、教育勅語が出される →p.325
		日本初のエレベーターが設置される →p.336
		大日本帝国憲法が使われ始める →p.355
	1892	日本初の伝染病研究所が設立される →p.356
	1894	松下幸之助が生まれる →p.353
		日清戦争が始まる →p.234
	1898	大隈重信・板垣退助内閣が成立する →p.201
		西郷隆盛像が上野公園に建てられる →p.374
	1900	東京に公衆電話が初登場する →p.275
		津田梅子が女子英学塾を開く →p.278
	1903	新橋と品川の間に路面電車が走る →p.255
	1904	ロシアに宣戦布告する →p.59
	1905	ポーツマス条約に調印し、日露戦争が終わる →p.269
	1907	日本人初のノーベル賞受賞者・湯川秀樹が生まれる →p.41
		銅をほり出す労働者による足尾暴動事件が起こる →p.53
	1908	海外移住をする日本人781人がブラジルに到着する →p.189
	1909	初代内閣総理大臣・伊藤博文が暗殺される →p.321
	1910	条約が出され、韓国を日本の領土にする →p.262
	1911	初の国産飛行船が東京の空を飛ぶ →p.284
	1912	女性専用車両が登場する →p.49
		明治天皇が発病からわずか半月で亡くなる →p.232
大正時代	1914	桜島が噴火する →p.30
		東京駅が開業 →p.376
	1922	ワシントン会議で海軍軍縮条約が結ばれる →p.55
		森鷗外が亡くなる →p.211
		ドイツの物理学者・アインシュタインが来日する →p.344
	1923	関東大震災が起こる →p.265
	1925	国と考えがちがう人をとりしまる、治安維持法が出される →p.132

時代	西暦	主なできごと
大正時代		NHKラジオの放送が開始される →p.214
昭和時代	1927	景気が悪くなり、金融恐慌が始まる →p.93
		日本初の地下鉄が、上野ー浅草間で開通する →p.386
	1928	日本で初めて、男性による普通選挙が行われる →p.69
		虫歯予防デーが制定される →p.175
	1930	お子様洋食が登場する →p.357
	1931	東京科学博物館が開館する →p.328
		渋沢栄一が亡くなる →p.337
	1932	満州国の建国宣言が行われる →p.79
		血盟団事件で、団琢磨が殺害される →p.83
		社会に不満をもつ軍人によって、五・一五事件が起こる →p.155
	1933	満州事変が終わり、仲直りの協定を結ぶ →p.171
	1934	渋谷駅前に忠犬ハチ公の銅像が建てられる →p.131
	1936	プロ野球の最初の試合が行われる →p.58
		政権をとろうとする陸軍の青年たちによって、二・二六事件が起こる →p.75
		1940年のオリンピックが東京に決まるが、中止になる →p.233
	1937	盧溝橋事件が起こり、日中戦争へ突入する →p.209
		日本軍が中国の首都をうばい、南京事件が起こる →p.369
	1938	国の資源をすべて戦争に使うための、国家総動員法が出される →p.111
	1940	杉原千畝が「命のビザ」を発給して、ユダヤ人たちを助ける →p.227
		ドイツとイタリアと日本の3国で助け合う、日独伊三国同盟が成立する →p.291
	1941	真珠湾攻撃などにより、太平洋戦争が始まる →p.364
		戦艦大和が完成する →p.372
	1942	与謝野晶子が亡くなる →p.169
		アメリカとの戦い、ミッドウェー海戦が始まる →p.176
		世界初の海底トンネル・関門トンネルが開通する →p.182
	1943	野球用語で英語が禁止される →p.80
		学生も戦争に行くことになり、学徒出陣の壮行会が行われる →p.316
	1944	ソ連のスパイをしていた、ゾルゲと尾崎秀実が処刑される →p.333
	1945	東京大空襲 →p.87
		広島に原爆が落とされる →p.239
		ソ連が日本に宣戦布告する →p.241
		長崎に原爆が落とされる →p.242
		日本が負けてポツダム宣言を受け入れ、戦争が終わる →p.248
		連合軍最高司令官マッカーサーが厚木に到着する →p.263
		日本初の宝くじが発売される →p.324
		GHQが財閥を解体して力を弱めるよう指令する →p.332
		GHQの指令で、教科書に神話をのせることが禁止になる →p.387
	1946	日本ではじめて女性が選挙に参加する →p.120
		学校が男女共学になる →p.304
		民主的な新しい憲法、日本国憲法が出される →p.329
	1947	6・3・3・4制の学校教育が発足される →p.109

昭和時代は
戦争に関わるできごとが多いね

時代	西暦	主なできごと
昭和時代		日本国憲法が使われ始める →p.143
		全国の都市で学校給食が始まる →p.38
		配給されたものだけでは栄養が足りず、山口判事が餓死する →p.306
		本田實が新彗星を発見する →p.340
	1949	20歳で大人の仲間入りを祝う成人の日が制定される →p.33
		法隆寺で火災が起き、金堂の壁画が焼ける →p.44
	1950	朝鮮半島が南北に分かれ、朝鮮戦争が起こる →p.196
	1951	第55回ボストンマラソンで日本人が初優勝する →p.129
	1952	サンフランシスコ平和条約が発効され、日本の主権が回復する →p.138
	1953	テレビ放送が開始される →p.50
	1954	世界の途上国を助けるため、日本のODAが始まる →p.301
	1956	日ソ共同宣言にサインし、ソ連と仲直りする →p.314
	1958	東京タワーが完成する →p.379
	1959	南極観測基地の犬・タロとジロの生存が確認される →p.32
	1964	東京オリンピックが開催される
	1965	江戸川乱歩が亡くなる →p.230
	1966	ザ・ビートルズが来日する →p.200
		建国記念の日が制定される →p.60
	1968	川端康成がノーベル文学賞を受賞する →p.312
		3億円分のボーナスがうばわれる、三億円事件が起こる →p.366
	1971	沖縄返還協定にサインし、沖縄がアメリカから日本に復帰する →p.188
	1972	横井庄一さんがグアム島で発見される →p.42

時代	西暦	主なできごと
昭和時代		札幌冬季オリンピックが開催される →p.52
		高松塚古墳で極彩色の壁画が見つかる →p.99
		中国と仲直りして、国交が結ばれる →p.293
		上野動物園にパンダが登場する →p.331
	1973	原油の価格が上がり、オイルショックが起こる →p.311
	1974	佐藤栄作がノーベル平和賞を受賞する →p.303
	1985	四国と本州を結ぶ、鳴門大橋が開通する →p.179
	1988	東京ドームが完成する →p.95
		消費税法案が国会を通過する →p.380
平成時代	1990	日本人が初めて宇宙へ旅立つ →p.358
	1994	世界初の海上空港、関西国際空港が開港する →p.268
	1995	日本生まれの野生のトキが1羽になる →p.140
	2002	北朝鮮と会談を初めて行い、日朝平壌宣言が発表される →p.281
	2005	地球温暖化を防ぐ京都議定書が発効される →p.65
	2006	兵庫県丹波市で恐竜の化石が出土する →p.240
	2007	PASMOの運用が開始される →p.96
	2011	東日本大震災が起こる →p.89
令和時代	2019	平成の天皇の退位により、元号が令和になる

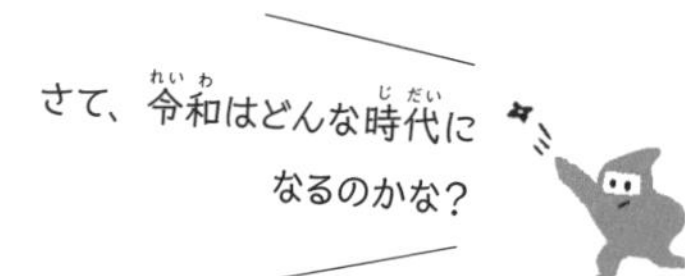

参考文献

『ゼロからやりなおし！ 日本史見るだけノート』小和田哲男 監修（宝島社）

『ゼロからやりなおし！ 戦国史見るだけノート』小和田哲男 監修（宝島社）

『400字で読む あらすじ日本史』小和田哲男 監修（宝島社）

『マンガで教養 やさしい日本史　一生モノの基礎知識』
本郷和人 監修　みかめゆきよみ マンガ（朝日新聞出版）

『総図解 よくわかる　古代史』瀧音能之 編（新人物往来社）

『早わかり戦国史』外川淳 編 著（日本実業出版社）

『詳説日本史研究』佐藤信、五味文彦、高埜利彦、鳥海靖 編（山川出版社）

『やりなおし高校日本史』野澤道生 著（ちくま新書）

『いっきに学び直す日本史 古代・中世・近世【教養編】』
安藤達朗 著、佐藤優 企画・編集・解説、山岸良二 監修（東洋経済新報社）

『今日は何の日? 366　偉人の誕生日から世界の歴史、記念日まで』
PHP研究所 編（PHP研究所）

『学研まんが事典シリーズ　日本史できごと365日事典』横田とくお（学研）

『今日は何の日？ 366日大事典：放送委員会のヒントがいっぱい！』
校内放送研究所　編（あかね書房）

『できごと日本史365日』左方郁子、高野澄、百瀬明治 著（駸々堂出版）

『すぐに役立つ366日記念日事典』加瀬清志 著、日本記念日協会 編（創元社）

『今日は何の日？ 366日 毎日の保育が面白くなる！』
清水洋美　著、横山洋子　監修（世界文化社）

監修 小和田哲男

早稲田大学大学院文学研究科博士課程修了。静岡大学名誉教授。公益財団法人日本城郭協会理事長。専門は日本中世史、特に戦国時代史で、戦国時代史研究の第一人者として知られている。また、NHK総合テレビ「歴史秘話ヒストリア」およびNHK Eテレ「先人たちの底力 知恵泉（ちえいず）」などにも出演し、わかりやすい解説には定評がある。NHK大河ドラマでは、1996年の「秀吉」、2006年の「功名が辻」、2009年の「天地人」、2011年の「江～姫たちの戦国～」、2014年の「軍師官兵衛」、2017年の「おんな城主 直虎」で時代考証を務め、2020年の「麒麟がくる」も担当している。

STAFF

編集	細谷健次朗、柏もも子、楠りえ子（株式会社 G.B.）
執筆協力	龍田昇、野村郁朋、村沢譲、米良厚
装画・イラスト	TOA
イラスト協力	熊アート
装丁デザイン	辻中浩一、小池万友美（ウフ）
フォーマットディレクション	辻中浩一
デザイン・DTP	森田千秋（G.B. Design House）
DTP	POOL GRAPHICS
取材協力	日本郵政株式会社、日本郵便株式会社、郵政博物館、三菱鉛筆株式会社
写真協力	共同通信社、国立国会図書館
校正	主婦の友社
編集担当	諏訪京子（主婦の友社）

日本の歴史366

令和2年11月30日　第1刷発行
令和6年 1 月31日　第8刷発行

編者　主婦の友社
発行者　平野健一
発行所　株式会社主婦の友社
〒141-0021
東京都品川区上大崎3-1-1 目黒セントラルスクエア
電話 03-5280-7537（内容・不良品等のお問い合わせ） 049-259-1236（販売）
印刷所　大日本印刷株式会社

 Printed in Japan ISBN978-4-07-444725-1

■本のご注文は、お近くの書店または主婦の友社コールセンター（電話0120-916-892）まで。
＊お問い合わせ受付時間　月～金（祝日を除く）10:00～16:00
＊個人のお客さまからのよくある質問のご案内https://shufunotomo.co.jp/faq/

※本書で紹介している歴史上のできごとや内容については、諸説あります。
※歴史上のできごとの名称や人名の読み方は、近年ポピュラーとされるものでふりがなをふっています。
※難しい歴史用語や言いまわしは、子どもにもわかりやすい表現に言いかえています。
※イラストの表現上、当時は存在しなかった小物などをとり入れてユーモラスなイラストにしてあります。